Die unsichtbare Guillotine

Ulrich Trebbin

Die unsichtbare Guillotine

Das Fallbeil der Weißen Rose und seine Geschichte

VERLAG FRIEDRICH PUSTET
REGENSBURG

Bibliografische Information der Deutschen Nationalbibliothek
Die Deutsche Nationalbibliothek verzeichnet diese Publikation in der Deutschen Nationalbibliografie; detaillierte bibliografische Daten sind im Internet über http://dnb.dnb.de abrufbar.

Gutenbergstraße 8 | 93051 Regensburg
Tel. 0941/920220 | verlag@pustet.de

ISBN 978-3-7917-3387-6
Umschlaggestaltung: www.martinveicht.de
Satz: Vollnhals Fotosatz, Neustadt a. d. Donau
Druck und Bindung: Friedrich Pustet, Regensburg
Printed in Germany 2023

eISBN 978-3-7917-6231-9 (epub)

Unser gesamtes Programm finden Sie unter
www.verlag-pustet.de

„Jeder einzelne Mensch hat einen Anspruch auf einen brauchbaren und gerechten Staat, der die Freiheit des Einzelnen als auch das Wohl der Gesamtheit sichert.“

(III. Flugblatt der Weißen Rose)

Inhalt

Verschollen, versteckt, verboten

„Das Vergangene ist nicht tot. Es ist nicht einmal vergangen.“
(William Faulkner)

Mit der Guillotine aus dem Gefängnis München-Stadelheim sind während der NS-Zeit etwa 1.200 Menschen geköpft worden. Die meisten dieser Hinrichtungen waren Justizmorde: Die Betroffenen mussten entweder wegen Bagatelldelikten sterben oder weil sie Widerstand gegen das NS-Regime geleistet oder auch nur Kritik an der Obrigkeit geübt hatten. Unter den Opfern des Stadelheimer Fallbeils waren auch die Geschwister Scholl und fünf andere Freiheitskämpfer der Weißen Rose.

Nach 1945 war die Guillotine plötzlich verschwunden. Laut einem Gerücht hatte man sie zu Kriegsende bei Straubing in der Donau versenkt.[1] Erst im Herbst 2013 bin ich bei einer journalistischen Recherche darauf gestoßen, dass das Fallbeil noch existiert und seit 1974 mit Wissen des Bayerischen Justizministeriums im Depot des Bayerischen Nationalmuseums in München verwahrt wird. Die Öffentlichkeit hatte davon keine Ahnung.

Bald darauf durfte ich mir die Guillotine ansehen – eine Erfahrung, die mich nachhaltig beeindruckt hat. Obwohl ich fürs Radio viele Beiträge und Sendungen zum Dritten Reich und zur Weiße Rose gemacht hatte, geschahen beim Anblick des Fallbeils zwei für mich überraschende Dinge.

Erstens: Selbstverständlich hatte ich nie daran gezweifelt, dass Hans und Sophie Scholl, Christoph Probst, Professor Kurt Huber, Alexander Schmorell, Willi Graf und Hans Leipelt unter dem Fallbeil gestorben waren. Aber als ich vor der Guillotine stand, mit der sie getötet wurden, erschien mir ihre Ermordung so wahrhaft und gegenwärtig wie nie zuvor: Auf eben dieser Hinrichtungsmaschine aus Holz und Eisen, die ich hätte anfassen können, hatten in den letzten Sekunden ihres

Lebens Hans und Sophie Scholl sowie ihre Freunde gelegen, bevor das 14 Kilogramm schwere Messer in dem noch einmal 39 Kilogramm wiegenden Messerschlitten heruntersauste und ihnen die Köpfe abschlug.[2] Ich begriff beim Anblick dieses schrecklichen Messers, dieser abgenutzten und vom vielen Spritzwasser ausgelaugten Bank noch einmal auf eine viel unmittelbarere Weise, was ich im Schulunterricht gehört und in Geschichtsbüchern gelesen hatte: Das Barbarische war geschehen! In diesen Momenten wurde das Fallbeil für mich zum Bürgen für die Geschichte.

Und *zweitens*: Ich empfand so stark wie nie zuvor die Ungeheuerlichkeit, dass meine Landsleute vor gut 70 Jahren diese aufrechten Menschen tatsächlich hatten ermorden lassen, nur weil sie ihrem Gewissen gefolgt waren und politisch gehandelt hatten. Alles bäumte sich in mir auf, und wenn ich intellektuell natürlich schon früher erkannt hatte, dass diese Todesurteile Unrecht gewesen waren, stiegen jetzt in mir – so scharf wie bisher noch nicht – Scham, Schmerz und Empörung auf.

Der Anblick des realen historischen Gegenstandes hatte in seiner Unmittelbarkeit das erreicht, was ich in früheren Jahren nur bei Interviews mit Auschwitzüberlebenden wie Hugo Höllenreiner oder Max Mannheimer erfahren hatte: Er hatte Geschichte aus der Vergangenheit in meine erfahrbare Gegenwart gebracht, Gefühle in mir ausgelöst und mich noch intensiver als bislang zu einer moralischen und politischen Haltung geführt.

In diesem Moment wurde mir klar, dass ich nachholen musste, was Nationalmuseum und Freistaat jahrzehntelang versäumt hatten: Die Öffentlichkeit darüber informieren, dass das Fallbeil 1945 nicht verschollen war, sondern die Zeit überdauert hatte und hier im Depot darauf wartete, die furchtbare Vergangenheit zu bezeugen und zum Mahnmal zu werden. Dieser außerordentliche und schreckliche Gegenstand sollte nicht hier versteckt bleiben. Zum einen, weil ich in ihm das Potenzial sah, für die Authentizität der Geschichte zu bürgen und andere Menschen ebenso zu erreichen wie mich gerade eben, und zum anderen, weil es mir so vorkam, als wolle der Staat mit der Guillotine auch die Geschichte der nationalsozialistischen Todesurteile verstecken.[3]

Doch auch als ich 2014 die Existenz des Fallbeils im Bayerischen Rundfunk öffentlich gemacht hatte, was einen Widerhall in weiten Teilen der deutschen Medienwelt und auch in der internationalen Presse hervorrief, änderte sich nichts am staatlichen Umgang mit der Guillotine: Sie wird bis heute versteckt. Der damalige Kunst- und Wissenschaftsminister berief zwar einen Runden Tisch aus Historikern, Politikwissenschaftlerinnen, Menschen aus der Erinnerungsarbeit, Museumspädagogen, Ethikerinnen und Nachkommen der Weißen Rose ein, die sich bei einem einzigen Treffen darüber austauschten, ob man die Guillotine ausstellen kann. Mehrere Teilnehmerinnen und Teilnehmer berichteten mir jedoch im Anschluss, dass der vom Minister bestellte Diskussionsleiter nach ihrem Eindruck bereits zu Beginn eine vorgefasste Meinung und Agenda über das Votum des Runden Tisches hatte und deshalb am Ende die differenzierten Beiträge so zusammenfasste, dass es offensichtlich nicht möglich und sinnvoll sei, die Guillotine auszustellen. Die erwähnten Teilnehmerinnen und Teilnehmer fühlten sich überrumpelt. Hatte der Runde Tisch also lediglich eine Alibifunktion?

Bereits drei Monate, nachdem ich die Existenz des Stadelheimer Fallbeils öffentlich gemacht hatte, entschied der bayerische Kunst- und Wissenschaftsminister im April 2014 unter Berufung auf besagten Runden Tisch, dass die Guillotine bis auf Weiteres im Depot bleiben solle und für die Öffentlichkeit nicht zu sehen sein dürfe. Die Begründung: Man wolle die Würde der Opfer und die Gefühle ihrer noch lebenden Angehörigen schützen und bei Besuchern nicht Sensationslust und Voyeurismus wecken. Andere Erinnerungsorte wie Brandenburg-Görden oder Ludwigsburg zeigen jedoch, dass eine Ausstellung rund um eine Guillotine durchaus pietätvoll gestaltet und empfunden werden kann. Und in Interviews mit den Nachfahren der Opfer der Weißen Rose hat sich mir gegenüber niemand von ihnen gegen eine Ausstellung ausgesprochen.

Auch nach der „Wiederentdeckung“ 2014 darf also kaum jemand die Guillotine von Stadelheim sehen. Dahingehende Anfragen von Filmjournalisten, Dokumentarfilmerinnen und Historikern wurden fast ausschließlich abschlägig beschieden – die Leihanfrage eines Museums ebenso. Kann man das anders nennen als Zensur? Meines Wissens gibt es in der deutschen Nachkriegsgeschichte keinen zweiten Fall, in dem der Staat untersagt hätte, ein Museumsobjekt auszustellen – verfassungsfeindliche Gegenstände ausgenommen. Das ist zweifellos auch gut so, denn ein Staat, dessen Vorgängerregime bestimmt hat, was Menschen lesen dürfen und was nicht, sollte darauf bedacht sein, seine Bürgerinnen und Bürger nicht zu bevormunden, indem er ihnen Gegenstände, die der Allgemeinheit gehören, vorenthält. Ob dieses Objekt ausgestellt werden kann, sollten Fachleute entscheiden und nicht die Politik.

Durch das Wegschließen ist die Guillotine zum Tabu geworden. Und Tabu bedeutet, dass niemand an eine Sache rühren darf, weil man sich nicht in der Lage sieht, mit ihr umzugehen und ihre Berührung auszuhalten. Doch der Preis für das Tabu ist Verdrängung. Stattdessen sollten wir die Geschichte der NS-Justizmorde aus dem „Keller" holen, denn neben den Themen Holocaust, Weltkrieg oder Zwangsarbeit, die den meisten Deutschen einigermaßen geläufig sind, ist der nationalsozialistische Justizmord von etwa 12.000 vollstreckten zivilgerichtlichen Todesurteilen so gut wie vergessen. Es gibt in Deutschland kaum Orte, an denen angemessen an ihn erinnert wird – in Bayern meiner Kenntnis nach keinen einzigen.

Selbstverständlich tragen wir keine Schuld an den Verbrechen, die unsere Vorfahren unterm Hakenkreuz begangen haben, aber wir haben die Verpflichtung, sie für alle ans Tageslicht zu holen, im Gedächtnis zu behalten und aus ihnen heraus ethische und politische Haltungen zu entwickeln – gerade in Zeiten, in denen demokratisches Denken in Europa immer wieder in Frage gestellt wird. Im Anblick der Guillotine hätten junge Menschen die Gelegenheit, die Verbrechen des NS-Staates ganz unmittelbar zu reflektieren und in einem zweiten Schritt zu erkennen, was Deutschland seit 1945 alles geleistet hat, um ein freies Land zu werden. Sie könnten stolz darauf sein und würden begreifen, dass es sich lohnt, dafür einzutreten, die Freiheit zu erhalten.

In dieser Überzeugung bestärkt hat mich ein Interview, das ich im Juli 2021 für ein Radiofeature mit einer 11. Klasse des Willi-Graf-Gymnasiums in München geführt habe.[4] Zuvor hatte ihr Geschichtslehrer sie mit den historischen Begebenheiten von Todesstrafe und Guillotine vertraut gemacht und dabei auch ein großformatiges Farbfoto des Stadelheimer Fallbeils an die Wand geworfen, das die Schülerinnen und Schüler erkennbar tief beeindruckte. In der anschließenden Diskussion vor dem Mikrofon waren sie rege beteiligt – und empört, dass ihnen die Guillotine und ihre Geschichte bislang vorenthalten worden war. Sie forderten vehement, sie aus dem Depot zu holen und öffentlich zugänglich zu machen. Ich gebe einige Ausschnitte der Diskussion hier im Wortlaut wieder:

> David: „Ich würde sie (die Guillotine) eigentlich schon gerne sehen wollen, weil es so ein wichtiger Punkt in der deutschen und bayerischen Geschichte – Justizgeschichte auch – ist."
> Elli: „Ich finde auch wichtig zu sehen, wie brutal sie getötet wurden, wie demütigend und entwürdigend das auch war."
> Asra: „Ich finde, es spricht einfach nichts dagegen (sie auszustellen), weil diese grausame Atmosphäre gehört halt einfach dazu. Es ist einfach da."
> Elli: „Man hat immer Angst vor einer gewissen Faszination, aber ich finde, es ist auch absolut berechtigt, von so etwas fasziniert zu sein. Es ist einfach kein Argument, das deshalb nicht auszustellen, da überwiegt dieser Aufklärungsfaktor, den dieses Objekt eben hat."
> David: „Wenn man Schülern sagt, die wurden mit einer Guillotine hingerichtet: Mei, ein Schüler kann sich das nicht bildlich vorstellen, wie die Menschen sich in dieser Situation gefühlt haben. Wenn man jetzt diese Guillotine sieht, dann kann man sich auch vorstellen, wie es den Personen dann ging, als sie auf dieser Guillotine lagen, die letzten Sekunden noch gewartet haben, bis der Henker dann eben dieses Beil fallen lässt."
> Schülerin: „Ich denke mir, dass dieser moralische und ethische Aspekt ziemlich wichtig ist für die Politik. An oberster Stelle steht bei uns ja die Würde des Menschen, die ist ja unantastbar, und wenn man sich überlegt, so eine Ausstellung zu machen mit der Guillotine, ist halt das Problem, dass ein richtiges Konzept erstellt werden muss, um die Würde dieser Opfer und der Angehörigen nicht zu verletzen, und ich denke mal, dass man das versucht hat, so ein bisschen zu verdrängen, und gesagt hat, wir lassen das mal lieber, bevor wir die Menschen und Angehörigen verletzen."
> Luzia: „Ich glaube tatsächlich, dass es eher entwürdigend ist, wenn man die Guillotine nicht ausstellt, weil man dadurch das so ein bisschen verdrängt."
> David: „Ich finde es schwierig, dass man die Guillotine einfach im Keller stehen lässt, weil das hat ja auch eine symbolische Aussagekraft, wenn es quasi hinter verschlossenen Türen bleibt, dass diese Geschichte nicht dem Volk gezeigt wird, dass das Volk sich damit auseinandersetzen kann."

> Asra: „Ich bin der Meinung, dass eine einzige Person oder nur eine Gruppe von Personen darüber nicht entscheiden kann, wie wertvoll das ist für die Bevölkerung."
> Fiona: „Ich kann mir vorstellen, dass sie versuchen, die Bevölkerung zu schützen, und dass es ihnen wahrscheinlich auch vielleicht ein bisschen zu aufwendig ist, dass man sich da was überlegt, dass sich jeder das anschauen kann, ohne dass er davon total angeekelt ist und damit nicht klarkommt."
> Schülerin: „Vielleicht finden sie es auch schwierig, sich zu rechtfertigen, dass es (das Fallbeil) die ganze Zeit verschollen war und dass man nicht wusste, wo es ist, und dass sich auch eigentlich keiner so richtig darum gekümmert hat, wo es jetzt ist und was man damit machen sollte. Und vielleicht haben sie dann deshalb auch versucht, das so ein bisschen zu verdrängen, damit man da nicht so drüber reden muss."[5]

Ich bin davon überzeugt, dass die politische Kraft des Fallbeils bei Weitem größer ist als sein eventueller Schaden. Zwar ist nicht auszuschließen, dass seine öffentliche Ausstellung bei manchen Besucherinnen und Besuchern unter anderem auch Sensationsgier, Grusel oder Voyeurismus auslösen würde, doch dieses Risiko könnten Kuratorinnen und Kuratoren auffangen oder minimieren, indem sie die Guillotine kontextualisieren – sie also in eine audiovisuelle Präsentation mit vielen Aspekten einbetten. Überlegungen dazu liefert das letzte Kapitel dieses Buches.

Ich halte es für richtig, die Guillotine von Stadelheim der Öffentlichkeit zugänglich zu machen. Deshalb habe ich hier ihre Geschichte aufgeschrieben: Wie sie 1855 im Königreich Bayern zur vermeintlichen Humanisierung, Modernisierung und auch zur Aufrechterhaltung der Todesstrafe eingeführt wird; wie die Nationalsozialisten mit ihr (und zahlreichen anderen Guillotinen) die Hinrichtungen „industrialisieren" – nicht mehr um Gerechtigkeit walten zu lassen, sondern um Auslese zu betreiben und die eigene Macht zu festigen; und wie man sie nach dem Zweiten Weltkrieg von der Bildfläche hat verschwinden lassen – bis heute.

Der König wünscht eine Fallschwertmaschine

„Der heutige Fall beweist wieder,
wie sehr gerechtfertigt die Einführung des Fallschwertes wäre“
(Der Bayerische Landbote, 12.5.1854)

Sieben Schläge für einen Kopf

Am 11. Mai 1854 steht in München die Hinrichtung des 19 Jahre alten Sattlergesellen Christian Hussendörfer an. Er soll seinen Lehrherrn im Wald bei Eurasburg auf abscheuliche Weise ermordet und ausgeraubt haben. Zunächst behauptete er, sein Meister und er seien von Räubern überfallen worden, was die weiteren Ermittlungen am Tatort jedoch widerlegten. Eine Zeitung schreibt über den Mordfall:

> „Der Anblick war grässlich, der Sattler Lindermayer lag todt in seinem Blute mit 36 Stich- und Quetschwunden bedeckt. Kein Glied des Körpers war verschont geblieben und unter den Verwundungen waren mehrere, die allein schon nothwendig den Tod zur Folge haben. Die Hirnschale des Hinterhauptes war vollständig zerschmettert (...).“[6]

Bei der Köpfstätte auf dem damaligen Marsfeld – heute etwa an der Stelle des Zentralen Omnibusbahnhofs östlich der Hackerbrücke und gegenüber dem Augustinerkeller – hat sich jede Menge Volk eingefunden, um dem Spektakel beizuwohnen. In Art. 5 des Ersten Buches des Strafgesetzbuchs für das Königreich Bayern von 1813 heißt es:

> „Wer das Leben verwirkt hat, soll mit entblößtem Kopfe, gekleidet in einen grauen Kittel, mit einer Tafel auf Brust und Rücken, worauf sein Verbrechen genannt ist, zum Richtplatze geführt und daselbst enthauptet werden. Sein Vermögen fällt an seine Erben; doch ist er vom Tage der Rechtskraft des Urtheils unfähig zu einer letzten Willensverordnung oder Schenkung unter Lebenden.“[7]

Zu dieser Zeit war es in Bayern nicht ungewöhnlich, dass sich Tausende oder sogar Zehntausende um das Schafott drängten. Oft waren alle Übernachtungsmöglichkeiten einer Stadt vor einer Hinrichtung lange im Voraus ausgebucht. Die Mengen von Schaulustigen fanden sich gerne schon ab vier Uhr früh an der Richtstätte ein, um einen Platz mit guter Sicht zu ergattern.[8] Bisweilen standen Zehntausende am Straßenrand, um den oder die Verurteilte im Armesünderkarren zum Richtplatz fahren zu sehen. Sogar ihre Kinder nahmen die Leute zu dem Spektakel mit und hoben sie sogar noch hoch, damit sie etwas sehen konnten. Das Landgericht Mühldorf beklagte sich darum im April 1827 beim Appellationsgericht, dass die Kunde von einer anstehenden Hinrichtung „wie ein Lauffeuer (…) in die entferntesten Gegenden" sprang und Tausende zur Hinrichtung strömten.

Immer wieder bereitete es den Ordnungskräften erhebliche Schwierigkeiten, eine Exekution ohne Störungen oder gar Aufruhr durchzuführen. Wer es sich leisten konnte, gab den Scharfrichtersknechten ein Trinkgeld, damit sie ihn auf die Hinrichtungsplattform – den sogenannten Rabenstein – ließen, wo er die Enthauptung aus nächster Nähe verfolgen konnte.[9]

Diese Lust an der Gewalt ist zunächst ein irritierendes Phänomen. Schon die gebildeten Zeitgenossen sprachen angewidert vom blutrünstigen „Pöbel", der sich in obszöner Weise am Leid anderer ergötze. Sie blendeten jedoch meist aus, dass Angehörige der gehobenen und gebildeten Schichten ebenfalls gerne bei Hinrichtungen zusahen – und sei es nur, um ein „poetisches Grauen" dabei zu empfinden und so die eigene Erhabenheit zu kultivieren.

Es spricht viel dafür, dass diese Schaulust kein Relikt aus barbarischen Zeiten der Menschheitsentwicklung war, sondern genuin zum Menschen gehört. Schon kleine Kinder empfinden Genuss und Schadenfreude, wenn Gerechtigkeit waltet und beispielsweise im Puppentheater der Kasperle das „böse" Krokodil von der Bühne knüppelt. Und viele Erwachsene erleben einen köstlichen *Thrill*, wenn sie Horrorfilme und Actionthriller sehen, am Computer *Egoshooter* spielen, auf Volksfesten lebensgefährlich erscheinende Fahrgeschäfte besteigen, Extremsportarten ausüben oder vom Gaspedal gehen, wenn sie mit dem Auto an einem Verkehrsunfall vorbeifahren.[10]

Worin also besteht der Reiz dabei zuzusehen, wie ein Mensch mehr oder weniger qualvoll zu Tode gebracht wird, und sich vielleicht sogar an seiner Angst und seinen Schmerzen zu weiden? Zunächst war die Hinrichtung eine Abwechslung im Alltag der Menschen, der im 19. Jahrhundert deutlich reizärmer war als heute. Die Schaulustigen konnten dabei aufregende Gefühle wie Angst, Schrecken, Ekel, Genugtuung, Grauen, Empörung oder Mitgefühl erleben und dabei spüren, dass sie lebendig waren. Dass diese Gefühle so widersprüchlich und scheinbar unvereinbar waren, machte das Ereignis nur faszinierender.

Vor allem aber bedeutet eine Hinrichtung – ebenso wie der Actionthriller oder der schwere Verkehrsunfall am Straßenrand – eine tiefe, aber gefahrlose Begegnung mit dem Tod und damit eine illusionäre Überwindung der eigenen Sterblichkeit: Dort oben am Schafott stirbt man nicht selbst, sondern ein anderer, und wenn die Zuschauer den Richtplatz anschließend verlassen, sind sie dem eigenen Tod für dieses Mal gewissermaßen entkommen und erfahren laut dem Philosophen Immanuel Kant „nach der Beängstigung (…) das sanfte, aber doch ernste Gefühl einer Abspannung, welche den darauf folgenden Lebensgenuss desto fühlbarer macht".[11] Wohl weil danach das schlechte Gewissen wegen der Lust am Töten und Sterben kam, musste der Henker als Sündenbock herhalten und wurde geächtet. Mit dieser Spaltung konnte man guten Gewissens auch zur nächsten Hinrichtung gehen.

Dazu kommt, dass bei Exekutionen Volksfeststimmung herrschte, weil Massen zusammenkamen und die sonst geltenden Regeln der Gewaltlosigkeit durch die erlaubte Tötung eines Menschen gelockert waren. So konnten die Zuschauer ihren Aggressionen ungestraft Luft machen, den Verurteilten beschimpfen und sich selbst durch diese Projektionen frei von Schuld und Makel fühlen; konnten dem Henker juxend zurufen, er solle mit dem Schwert nur ja genau zielen, oder auch Kritik an der Obrigkeit zum Ausdruck bringen.[12]

Doch die Enthauptung von Christian Hussendörfer an jenem 11. Mai 1854 in München wird ein über die Maßen abscheuliches Schauspiel, das über das gewohnte Amüsement hinausgeht und die Zuschauer empört. Zwar hält der „Spitzwürfel" genannte Henkersknecht den Schopf des sitzenden Todeskandidaten wie üblich gut fest oder zieht seinen Kopf mit einer Lederschlinge nach oben, damit er dem Hieb nicht im

Abb. 1 Hinrichtung des Doppelmörders Friedrich Cörper in Nürnberg (1830). Bis 1854 war in Bayern die Hinrichtung mit einem horizontalen Schwerthieb üblich. Die Enthauptungen waren öffentlich und fanden auf einem podestartigen Schafott statt, um möglichst viele Zuschauer von Verbrechen abzuschrecken und die Macht der Obrigkeit zu demonstrieren.

entscheidenden Moment ausweichen kann, aber der „Nachrichter" Lorenz Scheller sieht sich seiner Aufgabe offenbar nur mit einem beträchtlichen Alkoholpegel gewachsen: Er ist so schwer betrunken, dass er – wie er später zugibt – zwei Köpfe sieht statt nur einem und nicht weiß, welchen der beiden er abschlagen soll. Es wird auch berichtet, er habe die alte Scharfrichterausrede benutzt, der Teufel habe ihm einen dreiköpfigen Verurteilten vorgespiegelt.[13] Jedenfalls wird am nächsten Tag in der *Neuen Münchener Zeitung* zu lesen sein:

> „Man kann sich den fürchterlich peinlichen Eindruck denken, den es auf die bei dem günstigen Wetter zahlreicher als je zu dem traurigen Akte zusammen-

geströmte Volksmenge machen musste, als es dem Nachrichter erst nach dem siebenten Hiebe gelang, den Kopf des Delinquenten vom Rumpfe zu trennen. (...) Wir können nur mit dem Wunsche schließen, dass, bei der nun einmal anerkannten Unerlässlichkeit der Beibehaltung der Todesstrafe, dies die letzte *öffentliche* und mit dem unsicheren Mittel des Schwertes vollzogene, Hinrichtung in Bayern sein möchte."[14]

Angesichts dieser Schlächterei fallen die Soldaten, die das Schafott schützen sollen, reihenweise in Ohnmacht. Die Schaulustigen schreien vor Entsetzen, Mitleid und Empörung und wollen auf den Henker losgehen, um ihn zu lynchen – schließlich erwarten Gesetz und Zuschauer von jedem Scharfrichter, den Todeskandidaten mit einem einzigen Hieb zu köpfen. Und so gehörte es seit Jahrhunderten zum Ritual, dass der Henker nach vollzogener Enthauptung den anwesenden Richter fragte, ob er „recht" gerichtet habe. Im günstigen Falle bekam er die formelhafte Antwort: „Du hast gerichtet, wie Urteil und Recht mitgebracht." Darauf hatte der Henker zu erwidern: „Dafür danke ich Gott und meinem Meister, der mich solche Kunst gelehrt." Für stümperhafte Hinrichtungen wurden Henker vom aufgebrachten Volk hingegen des Öfteren gesteinigt oder erschlagen.[15]

So können an jenem 11. Mai nicht einmal die anwesenden Gendarmen die Wut der Schaulustigen auf den Henker bremsen. Ein Augenzeuge berichtet, das Volk habe den Scharfrichter um ein Haar „zerrissen". Zum Glück hat ein Beamter die rettende Idee, dem größtenteils katholischen Volk zu erklären, das Schwert sei doch der Jungfrau Maria geweiht, der verblichene Delinquent aber sei Protestant gewesen: Kein Wunder also, dass das Schwert sich gesträubt habe. Das beruhigt die Menge, und man läuft auseinander. Dennoch müssen den Scharfrichter neben den üblichen zwei Gendarmen zusätzlich sieben Kürassiere begleiten, damit er sicher nach Hause kommt.[16]

Als König Maximilian II. die Geschichte zu Ohren kommt, ist er äußerst besorgt. Der bayerische Monarch will schließlich keine Erhebung des Pöbels riskieren – zu sehr stecken ihm noch die Revolutionen von 1848/49 in den Knochen. Außerdem sollen die öffentlichen Hinrichtungen kein Chaos verursachen, sondern im Gegenteil die Ordnung wiederherstellen und nebenbei noch die Macht der Obrigkeit demonstrieren. Man ist in Deutschland der Ansicht, dass eine sachgerecht vollzogene Exekution an einem Missetäter vor möglichst zahlreichem Publikum eine abschreckende Wirkung habe und zur Läuterung der Zuschauer beitrage. Möglicherweise hat Maximilian am Tag nach der Hinrichtung auch den *Bayerischen Landboten* aufgeschlagen und gelesen:

> „Der heutige Fall beweist wieder, wie sehr gerechtfertigt die Einführung des *Fallschwertes* wäre, dessen man sich in neuerer Zeit in Sachsen und Württemberg zur Vollstreckung der Todesstrafe bedient.“[17]

Solche Forderungen stellen an diesem Tag gleich mehrere Zeitungen. Und tatsächlich beauftragt der König sein Justizministerium, die Einführung der Guillotine zu prüfen. Der mit dem Gutachten betraute Minister-Verweser Josef von Aschenbrenner gelangt bald zur selben Ansicht:

> „Die Todesstrafe ist an und für sich schon für das begangene Verbrechen die höchste der irdischen Strafen. Durch dieselbe ist der Verbrecher des Lebens, also des höchsten irdischen Gutes verlustig erklaert, und hiemit der Gesetzgebung Genüge gethan. Durch den Tod ist das Verbrechen gesühnt, und den Anforderungen des Staates genügt. Wenn aber nicht die Art des Todes sondern der Tod selbst als die Strafe erachtet werden muß, so erwächst hieraus für den Staat die Verpflichtung, diejenige Art des Todes zu wählen, welche am sichersten und schnellsten den Tod bringt.“[18]

Also wurde im August 1854 – nur wenige Monate nach der unglücklichen Enthauptung – beschlossen, „daß in den Landestheilen diesseits des Rheines der Vollzug der Todesstrafe durch Enthauptung (…) nunmehr mittelst des Fallschwertes zu geschehen habe“. Ein Novum: In anderen Teilen Deutschlands wie in Hessen-Darmstadt, Sachsen oder im Rheinland war sie zwar bereits Usus, aber im monarchistischen Bayern – abgesehen von der Pfalz, dem linksrheinischen Bayern – hatte sie bis dato wenig Freunde gefunden, und mehrere frühere Versuche sie einzuführen, waren fehlgeschlagen. Schließlich war die Guillotine eng mit Aufklärung, Französischer Revolution und der daraus erwachsenen Terrorherrschaft verbunden: Damals hatten die Revolutionäre den ursprünglichen Zweck der Guillotine – nämlich allen zum Tode Verurteilten einen gleichen und vor allem möglichst qualfreien Tod zu garantieren – pervertiert und sie für ihren Blutrausch missbraucht, mit weit über zehntausend Todesurteilen. Auch Jahrzehnte später steckte den europäischen Herrscherhäusern noch der Schrecken darüber in den Knochen, dass damals jede Menge aristokratischer und auch einige königliche Häupter unter der Guillotine gefallen waren.[19]

Münchner Universalgenie konstruiert bayerische Guillotine

Im Bayern des Jahres 1854 überwand man diese Hemmungen vor einem Hinrichtungsapparat schließlich und erteilte dem Münchner Erfinder, Maschinenbauer und königlich-bayerischen Turmuhrenfabrikanten Johann Mannhardt (1798–1878) den Auftrag, eine „Fallschwertmaschine" zu konstruieren – wohlweislich vermied man den Ausdruck „Guillotine".

Der Erfinder Johann Mannhardt

Johann Mannhardt war ein mechanisches Allroundgenie, und wir täten ihm unrecht, wenn wir hier nur im Zusammenhang mit der Guillotine an ihn erinnern würden: Der 1798 nahe dem Tegernsee Geborene hat vor allem die Turmuhr revolutioniert und damit dazu beigetragen, dass nicht nur die Uhren *einer* Stadt einigermaßen gleich gingen, weil man sie nach der zuverlässigsten Uhr im Ort stellte, sondern auch über große Entfernungen hinweg in einem ganzen Land. So konnten später dann auch die Fernzüge nach einem verlässlichen Fahrplan verkehren.

Der Mechanikus vereinfachte die Turmuhr, sorgte dafür, dass sie kein Öl und Fett mehr brauchte und somit in der Winterkälte nicht mehr langsamer ging als im Sommer, wenn das Fett flüssiger war, und er erfand das Minutenremontoir sowie ein freischwingendes Pendel, das einen witterungsunabhängigen, gleichmäßigen Lauf der Uhr garantierte. Mannhardts Uhren waren preiswerter als die bisher üblichen, leichter zu pflegen und zu reparieren und sie gingen genauer. So schlugen sie Ende des 19. Jahrhunderts nicht nur in der Münchner Frauenkirche, im Kölner Dom, am Berliner Rathaus sowie in vielen bayerischen Dorfkirchen, sondern sie zeigten auch die Stunden im Vatikan, in Dublin, London, Ungarn oder Venedig an und verkauften sich bis nach Ägypten, Jerusalem, Russland, Indien, China, New York, Mexiko, Valpa-

raiso oder Kapstadt. Mehr als 1.200 Turmuhren verließen Johann Mannhardts Werkstatt allein zu seinen Lebzeiten. 1857 hatte seine Firma 200 Angestellte.
Mannhardts Plombiermaschine fand in allen bayerischen Zollämtern Verwendung, und seine Fässeraufzüge hievten die Bierfässer aus den Kellern der bayerischen Brauereien. Außerdem konstruierte er die Oberlichter der Alten Pinakothek in München sowie den eisernen Dachstuhl der Walhalla bei Regensburg, und zu seinen Erfindungen zählen mechanische Kinderreitpferde, Strickmaschinen, Lithografie- und Torfpressen, Riesenkaffeemühlen, Drehbänke für Eisenbahnwagenräder, Zündhütchenmaschinen, hydraulische Pressen und Ölmühlen sowie Maschinen zum Drucken von Eisenbahnbillets, zum Reiben von Schokolade, Spalten von Zündhölzern, Vergolden von Pfeifenköpfen oder zur Herstellung von Gewehren. Und eben auch ein Fallschwert.[20]

Obwohl mit der neuen Apparatur bald in sieben bayerischen Städten geköpft werden sollte, bestellte das Königreich Bayern bei Mannhardt aber nicht sieben vollständige Guillotinen, sondern – auch aus Kostengründen – nur zwei: eine für München und eine für Würzburg. So wurden für Augsburg, Straubing, Amberg, Bayreuth und Ansbach lediglich die Bänke angeschafft, auf die die Verurteilten gelegt werden sollten.[21] Den 2,56 Meter hohen senkrechten Fallbeilrahmen mit dem Messer mussten der Scharfrichter und seine zwei Gehilfen bei ihrer Anreise aus München bzw. Würzburg mitbringen, damit er an die örtliche Bank geschraubt werden konnte. Von München aus hatten fortan die Hinrichtungen in Augsburg und Straubing zu erfolgen und von Würzburg aus die in Amberg, Bayreuth und Ansbach (Abb. 1).[22]

Die Todesstrafe: Jahrhundertelang keine Frage

Heute sind sich die meisten demokratischen Staaten einig: Der Staat hat kein Recht, einen Menschen mit dem Tod zu bestrafen. Wir empfinden diese Art der Sühne als ungerechtfertigt, grausam und nicht mit der Menschenwürde vereinbar. Sie spricht den Verurteilten jede Fähigkeit und Gelegenheit ab, sich zum Besseren zu ändern, und ist noch dazu auch nicht rückgängig zu machen, falls sich Jahre nach einer Verurtei-

Abb. 2 Die Hinrichtungen in der Fronfeste Amberg fanden im Hof unter diesem Baldachin statt, dessen Vorhänge kurz zuvor aufgezogen wurden. Rechts am Auslösehebel der Münchner Guillotine ist Scharfrichter Joseph Kißlinger zu sehen, ganz links sein Gehilfe und Nachfolger Franz Xaver Reichhart (Aufnahme vor 1894). Das Gestänge des Baldachins ist vor Ort rekonstruiert und mit diesem Foto illustriert.

lung herausstellt, dass die Delinquentin oder der Delinquent unschuldig ist. In Deutschland ist die Todesstrafe seit 1949 abgeschafft, und innerhalb von drei Generationen ist sie uns inzwischen so fremd geworden, dass wir die Guillotine nur noch als ein monströses Instrument empfinden, das ihrem Opfer in einem reichlich blutigen Vorgang mit dem Kopf auch seine Würde und Individualität abschlägt.

Zusätzlich befremdet uns die Vorstellung, dass der Tötungsvorgang mechanisiert wird und eine Maschine die Hinrichtung durchführt, denn sie degradiert den Verurteilten zu einer Sache: Würdelos wie ein Werkstück wird er in die Maschine eingespannt und zum Objekt eines Arbeitsganges. Der Scharfrichter schwingt nicht mehr ein Schwert und verursacht den Tod mit seiner Körperkraft, sondern bedient lediglich einen unscheinbaren Hebel, der das Messer des Fallbeils ausklinken lässt und der Schwerkraft überantwortet. So kann er sich vom eigentlichen Vorgang teilweise entkoppelt fühlen, als würde er nur mit einem Hebel eine Flasche Wein entkorken oder den Hammer eines Klaviers an die Saiten schlagen. Noch weiter von der Tötung entkoppelt ist es allerdings, heute den Abzug einer Pistole zu betätigen oder per Joystick eine Kampfdrohne auf ihre tödliche Reise zu schicken.

Im Bayern des Jahres 1854 war die Todesstrafe – wie in anderen Staaten auch – etwas völlig Normales und Zeitgemäßes. Die meisten Menschen fanden es richtig und legitim, wenn die Justiz einen Mörder zum Tode verurteilte und hinrichten ließ.[23] Man strafte zwar nicht mehr für eine Sünde gegen Gottes Gebote, sondern wegen eines Verstoßes gegen weltliche Normen des Zusammenlebens, aber für die Zeitgenossen war es selbstverständlich, dass Mörder dafür mit dem Leben bezahlen müssen.[24] So wie ein Mensch sich mit Gewalt wehren dürfe, wenn er tätlich angegriffen wird, so dürfe der Herrscher bzw. der Staat eine körperliche Strafe verhängen, damit so der gesellschaftliche Frieden wiederhergestellt und einem gewissen Rachebedürfnis der Geschädigten und der Gesellschaft Genüge getan würde.[25]

In Europa gab es zwar bereits im ausgehenden 18. Jahrhundert unter Intellektuellen und dann auch in der Politik eine Debatte darüber, ob die Todesstrafe wirklich angemessen sei, in Bayern jedoch standen Politik und Bevölkerung noch nahezu geschlossen hinter ihr.[26] Während Württemberg, Baden, Hessen, Nassau, die Thüringischen Staaten, Oldenburg und Bremen die Todesstrafe 1848 – aufgrund der von der Frankfurter Nationalversammlung verabschiedeten „Grundrechte des deutschen Volkes" – mit Ausnahme von See- und Kriegsrecht aus dem Strafgesetzbuch vorübergehend strichen, diskutierte der Bayerische Landtag die Frage zum ersten Mal 1867, um sich dann dagegen zu entscheiden.[27]

Immerhin befand sich Bayern in einem Dilemma, weil es die Menschenrechte anerkannt hatte, zu denen auch die Unantastbarkeit des

Lebens gehörte. Die Lösung fand man in dem Argument, dass die Todesstrafe notwendig sei, um das Leben zu schützen – gerade wegen des Rechts auf Leben. Wer also einen Menschen töte, wisse, dass er damit sein eigenes Leben aufs Spiel setze. Somit trage ein Mörder selbst die Verantwortung für seine Hinrichtung.[28]

So grausam uns die Enthauptung heute erscheint, war sie im Vergleich zu früheren Hinrichtungsarten eine erhebliche Erleichterung für die Verurteilten. In der Frühen Neuzeit hatte man nämlich für die Verurteilten – nicht nur in Bayern – außerordentlich qualvolle Todesarten vorgesehen, die wir heute als barbarisch und sadistisch empfinden: Man verbrannte die sogenannten „Armesünder" auf Scheiterhaufen, ertränkte sie (zusammen mit einer Katze oder einer Schlange) in einem Sack, begrub sie lebendig, steinigte, pfählte oder vierteilte sie, erhängte sie am Galgen oder zertrümmerte ihnen mit einem schweren Wagenrad sämtliche Glieder, um sie dann auf das Rad zu flechten, das anschließend über Wochen auf einen Pfahl gesteckt blieb, bis die Rabenvögel die Knochen abgefressen hatten. Der letzte in München so geräderte Delinquent war offenbar 1805 der jugendliche Ferdinand Bündel.[29]

Häufig gab es vorher noch Folter, um das für die Beweisführung notwendige Geständnis zu erzwingen, oder man zwickte die Verurteilten strafverschärfend mit glühenden Zangen, schleifte sie zur Richtstätte oder riss ihnen die Zunge aus. Damals herrschte die Überzeugung, dass die Todesart und die damit verbundenen Qualen in einem inhaltlichen Zusammenhang zu der zu sühnenden Tat stehen müssten („spiegelnde Strafen"). So wurde ein Holzdieb statt an einem Strick an einer Weidenrute aufgehängt, Brandstifter, Gotteslästerer, Ketzer, Hexen, Falschmünzer und Sodomiten starben häufig auf dem Scheiterhaufen, Verbrecher gegen Religion und Sittlichkeit wurden ertränkt, was die Zeitgenossen – wie das Feuer – als reinigend betrachteten.[30]

Die Bevölkerung sollte zunächst das Urteil für das jeweilige Verbrechen anhören und dann auch möglichst zahlreich dabei zusehen, wie der oder die Verurteilte unter Qualen zu Tode kam. Denn der Staat hoffte, dass die Menschen sich so nicht nur ihrer eigenen destruktiven und gewalttätigen Impulse bewusst würden, sondern sich auch von ihnen reinigten, um nicht eines Tages selbst ein ähnliches Schicksal zu

Abb. 3 Bis 1813 waren in Bayern noch qualvolle Hinrichtungsmethoden wie das Rädern üblich. Dabei brach der Henker die Extremitäten des am Boden festgepflockten Verurteilten entweder, indem er – wie hier – ein hölzernes Wagenrad senkrecht auf sie hinabfallen ließ, oder er wurde auf ein Rad geflochten, und der Henker zertrümmerte ihm die Gliedmaßen mit einer Eisenstange.

erleiden. Am Ende symbolisierte der malträtierte Leichnam des Bestraften sein Verbrechen, die Souveränität von Staat und Gerichtsbarkeit sowie die Wiederherstellung von Gerechtigkeit und gesellschaftlicher Stabilität. Derart drakonische und für die Bevölkerung erschreckende Strafen hielt die Obrigkeit allein schon deshalb für notwendig, weil Polizei und Justiz damals noch so ineffektiv arbeiteten, dass nur ein Bruchteil der tatsächlich begangenen Freveltaten aufgedeckt und bestraft werden konnte.[31]

Damals herrschte der Aberglaube, dass dem Blut und den Körperteilen des Hingerichteten Heilkräfte innewohnten. Das frisch aus dem Rumpf des Enthaupteten spritzende Blut heilte angeblich Epileptiker, und so standen sie in der ersten Reihe und streckten den Henkersknechten gegen Bezahlung mitgebrachte Trinkgefäße entgegen, um sie mit frischem Blut füllen zu lassen und sogleich leer zu trinken. Hinter dieser „Heilmethode", die Ärzte noch im frühen 18. Jahrhundert empfahlen, stand offenbar die Vorstellung, dass die Reinigungskraft des Hinrichtungsrituals sich auch auf die Epileptiker übertrüge, die man als besessen betrachtete. Gegen Ende des 18. Jahrhunderts kommt die Medizin dann davon ab, beharrt aber für weitere hundert Jahre in dem Glauben, eine der Hauptursachen der Epilepsie sei die Masturbation.

Vom aufs Rad geflochtenen Leichnam wurden überdies immer wieder Zehen, Finger, Knochen und Kleidung gestohlen, weil man sie als Heilmittel u. a. gegen Warzen, als Schutz vor Hexerei und Feuergefahr oder einfach als Glücksbringer ansah: Wenn ein Gastwirt den Finger eines Hingerichteten in sein Bierfass hängte, war er überzeugt davon, dass das unweigerlich zahlende Gäste herbeilockte – vorausgesetzt, sie wüssten nichts davon.[32]

Die Praktiken von Folter und qualvoller Hinrichtung stießen Ende des 18. Jahrhunderts vor allem bei den oberen Schichten zunehmend auf Ekel und Ablehnung.[33] Die bürgerliche Gesellschaft war empfindsam und mitfühlend geworden. Während in früheren Jahrhunderten übelste Gerüche von Kot oder Verwesung keinerlei Anstoß erregt hatten, beklagte man sich nun darüber, dass der Galgen oder das auf einen Pfahl gesteckte Rad mit den verwesenden Leichnamen der Hingerichteten vor der Stadt Augen und Nasen der Vorbeikommenden beleidige. Außerdem befand man es zunehmend für richtig, das Verbrechen nicht mehr zu sühnen, indem man dem Verurteilten körperliche Qualen zufügte, sondern begnügte sich damit, die von ihm ausgehende Gefahr zu beseitigen. Mit der Vernichtung des Missetäters war gleichsam auch das von ihm begangene Unrecht getilgt und der Frieden wiederhergestellt.[34]

Ab 1750 reformierte Bayern dementsprechend zusehends sein Strafrecht, schaffte 1806 die Folter ab, Körperstrafen wie Brandeisen, Pranger oder das Abhacken von Gliedmaßen wurden nach und nach durch Geld- oder Haftstrafen ersetzt, und ab 1813 wurden zum Tode Verurteilte ausschließlich enthauptet, was – im Gegensatz etwa zum Galgen – als ehrenvolle und schmerzarme Hinrichtungsart galt. Als Verschärfung der Todesstrafe gab es nun auch keine glühenden Zangen mehr, sondern der Armesünder konnte allenfalls unmittelbar vor der Hinrichtung eine halbe Stunde lang an den Pranger gestellt werden. Vor allem seit der Aufklärung setzte sich mehr und mehr die Überzeugung durch, dass nicht der Körper des Verurteilten bestraft werden sollte, sondern sein Geist, und die Gesetzgeber setzten weniger auf Strafe als auf Besserung.[35]

Eine Humanisierung – sofern eine humane Todesstrafe überhaupt denkbar ist – hatte der bayerische Staat bei den strafrechtlichen Reformen jedoch nicht in erster Linie im Sinn, sondern das Gerichtswesen sollte vor allem effizienter und rationaler werden. Zum einen weil die Justiz mit zu vielen und zu langwierigen Prozessen kostspielig geworden war, zum anderen bedeutete Effizienz auch, kein unnötiges Blut zu vergießen. Außerdem hatten vergangene Epochen gezeigt, dass übermäßig strenge Strafen nicht die Zahl der Verbrechen senkten. Dass die Hinrichtungskandidaten nun weniger leiden mussten, war also eher ein Nebeneffekt – wenn auch ein erwünschter, denn die Ideale der Aufklärung von Menschlichkeit und Zivilisiertheit hatten längst auch weite Teile der Deutschen überzeugt. Man wollte keine barbarischen Spektakel mehr, die die Verurteilten unnötig ängstigten und quälten, die Zuschauer schockierten und brutalisierten und das Zivilisationsniveau des Staates Lügen straften.[36]

Die Enthauptung erschien in doppelter Weise als zweckmäßig, schreibt der Göttinger Philosoph und Professor Christoph Meiners im Jahr 1784. Erstens müssten die Kandidaten nicht mehr die Qualen des Räderns oder einer Vierteilung erleiden, sondern könnten einen schnellen Tod sterben, und zweitens erziele die Hinrichtung mit dem Schwert ein hohes Maß an Abschreckung bei den Zuschauern:

> „Das unvergessliche Geräusch, das von dem tödtlichen durch den Hals fahrenden Eisen hervorgebracht wird, das fürchterliche Rauschen und Spritzen des kochenden Bluts, die plötzliche Entseelung eines Körpers, der sich noch vor wenigen Augenblicken gleich andern bewegte, die scheusliche Todesblässe, die sich auf dem verbluteten Gesichte zeigt, endlich die gräßliche Verstümmelung des entseelten Leichnams prägen sich tiefer und unauslöschlicher ein, als die Bilder von andern langsamern und qualvollern Todesarten.“[37]

Jedoch berichtet Meiners wie viele andere Augenzeugen, dass auch die Enthauptung mit dem Schwert längst nicht immer so human und schmerzfrei verlief wie erhofft, denn der Henker musste mit seinem mächtigen Richtschwert eine nur wenige Zentimeter schmale Zone am Nacken des – noch dazu meist sitzenden – Kandidaten treffen. Der übliche horizontale Hieb erforderte ein hohes Maß an Kraft, Konzentration und Treffsicherheit, und Letztere wurde immer wieder beeinträchtigt, wenn Scharfrichtern ihre Aufgabe zu sehr zu Herzen ging oder wenn sie sich vorher Mut antranken, um ihre schwere Pflicht zu ertragen. Viel Übung hatten sie zudem auch nicht mehr, weil Hinrichtungen in Deutschland zu Beginn des 19. Jahrhunderts vergleichsweise selten geworden waren. Deshalb fordert der Philosoph Meiners in seiner Schrift von 1784, die Todesstrafe nur noch mit dem Beil zu vollziehen, oder noch besser mit einer Hinrichtungsmaschine. Er hatte nämlich erfahren, dass solche Apparate erfolgreich in Italien zum Einsatz kämen.[38]

Auch in Bayern ereigneten sich immer wieder stümperhafte Enthauptungen, was bei den Zuschauern regelmäßig für Mitleid, Entsetzen und Empörung sorgte. Die erwähnte Exekution des Christian Hussendörfer von 1854 ist also bei Weitem nicht der erste Fall einer missratenen Hinrichtung, erläutert der erwähnte Joseph von Aschenbrenner in seinem Gutachten für den König:

> „Hiebei hat sich die (...) traurige Erfahrung der Unsicherheit dieser Todesart leider wiederholt bestätigt, und die Akten im Staatsministerium der Justiz liefern den Nachweis, daß im Zeitraum von neun Jahren (1813–1823) bei sechs Hinrichtungen dem Scharfrichter der Streich mißlungen ist, und daß diese sechs Hinrichtungen mehr oder weniger marternd für den Delinquenten, und schauerlich für das Publikum waren."[39]

Zum Beispiel die Enthauptung des Johann Scheid in Aschaffenburg im Jahr 1823: Versehentlich fuhr der Hieb des Henkers tief in die Schulter des Todeskandidaten, sodass er aufsprang, rücklings zu Boden fiel und der Henker ihn umdrehen und ihm den Kopf von hinten abschneiden musste. Der Scharfrichter Kaiser, dem dieses Missgeschick passiert war, soll bald darauf an einem „Nervenfieber" gestorben sein.[40]

> „Das geringste Zittern des Armes, ein Sonnenstrahl, der das Auge blendet, ein Mückenflug kann dem Streiche des geübtesten Scharfrichters eine falsche

> Richtung geben. Selbst bei der Annahme, daß in dem Scharfrichter das bittere Gefühl, einen Menschen, der sich in namenloser Seelenangst windet, unmittelbar zu tödten, schweige, so lebt in ihm jedenfalls die Angst, daß er fehlhauen, und der allgemeinen Entrüstung, ja Mißhandlungen und dem Verluste des Dienstes sich aussetzen kann."[41]

Aschenbrenner ist sich bewusst, dass solche Vorfälle nicht im Sinn des Staates sind. Man will reibungslose Hinrichtungen ohne Pannen – schon damit die Bevölkerung nicht auf die Idee kommt, die Todesstrafe in Frage zu stellen. Auch entwickelten die bayerischen Staatsdiener im Laufe des 19. Jahrhunderts eine Scheu vor der Brutalität der Todesstrafe. Sie empfanden es als roh und unzivilisiert, die Verurteilten zu quälen, und wollten neben den körperlichen auch die psychischen Belastungen für den Todeskandidaten so gering wie möglich halten.[42] Aschenbrenner empfiehlt seinem König also, die Hinrichtungen in Bayern künftig mit der „Fallschwertmaschine" vollziehen zu lassen, und Maximilian II. schreibt in kunstvoll geschwungener Schrift an den Rand der letzten Seite:

> „In allen Beziehungen einverstanden und ist das hienach Nöthige einzuleiten. Hohenschwangau, den 18ten Juni 1854. Max"[43]

Mehr als 60 Jahre nach der Französischen Revolution überzeugt das schnelle und vor allem störungsfreie Funktionieren der Guillotine also auch die Bayern: Schließlich wird der Schlitten des Messers sicher in einer Schiene geführt, was menschliches Versagen ausschließt. Sobald der Kandidat ordentlich fixiert ist, muss der Scharfrichter nur noch einen Hebel betätigen. Dass eine Maschine dem Henker seine blutige Aufgabe abnahm, empfanden die Staatsdiener als technische und zivilisatorische Errungenschaft.[44]

Auch wenn sich weiterhin kleinere Pannen ereignen, kann der Staat mit der Fallschwertmaschine aus einem blutigen Strafspektakel einen perfekten klinischen Tötungsakt machen. Das soll die Bevölkerung davon überzeugen, die Todesstrafe sei auch weiter angemessen und modern.[45]

Dass die bayerischen Politiker ihre beträchtlichen Vorbehalte gegen die revolutionäre Guillotine am Ende doch überwanden, legt die Vermutung nahe, dass sie inzwischen Zweifel am staatlich verordneten Blutvergießen bekommen hatten. Sie könnten in der Fallschwertmaschine eine Möglichkeit gesehen haben, die Todesstrafe in Bayern aufrechtzuerhalten. Ohne sie hätten sie vielleicht mehr darüber nachdenken müssen, ob sie die Todesstrafe nicht besser abschaffen sollten. Eine verpasste Gelegenheit?

Wie lange lebt der abgeschlagene Kopf?

Die Guillotine tötet treffsicherer als Schwert oder Beil und sie erspart körperliche Qualen. Doch wie schnell tötet sie wirklich? Wie lange lebt der abgetrennte Kopf noch? Wie viel Schmerz spürt der Sterbende noch? Neben der Legende um Klaus Störtebeker, der elf seiner Kumpane gerettet haben soll, indem er nach seiner Enthauptung noch an ihnen vorbeilief, haben Ärzte immer wieder unterschiedliche Experimente mit guillotinierten Menschen gemacht. Spätestens gegen Ende des 18. Jahrhunderts diskutierten auch deutsche Mediziner und Juristen die Frage leidenschaftlich und unterzogen abgetrennte Köpfe von zum Tode Verurteilten zahlreichen Versuchen.[46]

Im Jahr 1880 pumpte der französische Arzt Docteur Dassy in das Haupt eines Geköpften Blut, das er einem lebenden Hund abgezapft hatte. Obwohl die Enthauptung schon drei Stunden zurücklag, berichtete Dassy, das Gesicht des Getöteten habe sich gerötet, die Lippen seien angeschwollen und die Gesichtszüge hätten ihre Schlaffheit verloren. Schließlich hätten sich die Lippen bewegt und stumm gesprochen, die Augenlider gezuckt und das Gesicht einen staunenden Ausdruck angenommen. Dassy zieht daraus den Schluss, dass der Kopf eines Enthaupteten das gesamte Geschehen um seinen Tod noch hinlänglich mitbekomme, und spricht sich darum gegen die Guillotine aus.[47] Da jedoch nach heutigem Kenntnisstand ein Mensch drei Stunden nach seiner Hinrichtung längst als unumkehrbar hirntot gelten muss, kann Docteur Dassy wohl keine Wiederbelebung des Gehirns beobachtet haben.

Näher an heutige Erkenntnisse kommt das Experiment des französischen Arztes Gabriel Beaurieux am frühen Morgen des 28. Juni 1905. Anlässlich der Enthauptung des verurteilten Mörders Henri Languille durch den Scharfrichter Anatole Deibler berichtet der Mediziner, die Augenlider und Lippen des abgetrennten Kopfes hätten noch fünf bis sechs Sekunden lang „in unregelmäßigem Rhythmus“ gezuckt. Als er dann den Kopf des Enthaupteten, der zufällig auf die Schnittseite gefallen sei, laut beim Namen gerufen habe, hätten die halb geschlossenen Augen sich langsam und ohne jede krampfhafte Bewegung geöffnet, die Pupillen scharfgestellt und den Arzt ganz normal angeblickt. Das sei nicht der vage Blick eines Sterbenden gewesen, wie ihn der Arzt gut kannte, sondern der eines ganz und gar lebendigen Menschen. Nach einigen Sekunden hätten sich die Lider dann aber wieder halb geschlossen. Beim zweiten Zuruf hätten die Augen des Enthaupteten ihn „vielleicht noch durchdringender" angesehen als beim ersten Mal, sich dann aber wieder etwas weniger als beim ersten Mal geschlossen. Erst als er – etwa 25 bis 30 Sekunden nach dem Fall des Beiles – den Kopf ein drittes Mal beim Namen gerufen habe, hätten sich die halb geschlossenen Augen nicht mehr geöffnet und seien gläsern geworden wie bei jedem anderen Toten. Beaurieux hält es für möglich, dass er nur reflexhafte Zuckungen beobachtet habe, will aber auch nicht ausschließen, dass der Enthauptete noch ansprechbar war. In jedem Fall ist er sich sicher, dass Bewusstsein und Leidensfähigkeit – wenn überhaupt – nur sehr kurze Zeit nach der Enthauptung bestehen bleiben. Darum reduziere die Guillotine die Schmerzen der Todesstrafe auf ein Minimum.[48]

Moderne Forschungen gehen davon aus, dass Enthauptete noch für einige Sekunden Schmerz empfinden können. EEG-Experimente an guillotinierten Ratten zeigen, dass die bewusste Aktivität ihres Gehirns nach vier Sekunden halbiert ist und danach schnell erlischt.[49] In jedem Fall muss man wohl annehmen, dass die Zeit, in der das Gehirn noch ausreichend versorgt wird, genügt, um zu begreifen, dass der Kopf, in dem es sitzt, nicht mehr mit dem Körper verbunden ist, den es ein Leben lang als den seinen betrachtet hat. Ob der oder die Sterbende das mit Grauen und Entsetzen zur Kenntnis nimmt, mit Verwunderung oder mit Gleichgültigkeit, muss offen bleiben. Für die in unmittelbarer Nähe stehenden Zuschauer und die Scharfrichter allerdings ist es furchtbar mitanzusehen, wie ein Strom von Blut sich auf das Schafott ergießt und dann womöglich noch der entseelte, blutende Kopf in die Höhe gehalten wird. Und schließlich: Wie wirkt es sich auf die Beziehung eines Volkes zu seinem Staat aus, wenn es mit eigenen Augen sieht, wie blutig der Staat die Leiber seiner Untertanen oder Bürger entzweischneidet?

Von der Diele zur Guillotine: Die Geschichte des Fallbeils

„Mit meiner Maschine werde ich euch
den Kopf im Nu herabtanzen lassen,
ohne dass ihr das kleinste bisschen Schmerz verspürt.“
(Joseph-Ignace Guillotin)

Köpfmaschinen: Die Vorläufer der Guillotine

„Bei den mancherlei Missgriffen und Gräuelscenen, welche durch die ehemals gewöhnlichen Hinrichtungsarten veranlaßt wurden, war es nicht zu verwundern, wenn man nach und nach anfing, auf Mittel zu sinnen, beiden entgegen zu wirken. Man verließ nicht nur eine grausame Todesart nach der anderen, sondern man suchte auch die Vollziehung derjenigen, welche man beibehalten zu müssen glaubte, möglichst zu erleichtern (...).“[50]

Das Fallbeil ist keine Erfindung der Französischen Revolution. Seine vorrevolutionäre Geschichte scheint jedoch wissenschaftlich bisher nicht befriedigend geklärt. Die Erwähnungen beruhen oft auf – teilweise mündlichen – Erzählungen von Reisenden, auf Hörensagen oder Berichten von bildlichen Darstellungen. Es gibt Vermutungen, sogar die Spartaner, Römer, die alten Chinesen oder Perser hätten bereits Enthauptungsapparate gekannt, oder dass sich in Ostindien Spuren davon fänden. Nachweisbar sind Köpfmaschinen zwischen 1154 und 1248 in Böhmen. Spätestens ab dem 14. Jahrhundert scheinen sie in Irland, Schottland, England, Neapel, Holland, Frankreich und auch in Deutschland in Verwendung gewesen zu sein.[51]

Am Nürnberger Rathaus soll sich bis zu seiner Zerstörung im Zweiten Weltkrieg ein Fresko aus der Mitte des 14. Jahrhunderts befunden haben, das eine Enthauptungsmaschine namens „Diele“ zeigte – eine Art Fensterrahmen, in dem ein breites Beil nach unten bis auf den Nacken des Armesünders geschoben wurde, bis der Henker mit einem Vorschlaghammer darauf schlug. Auch in der „großen Rathstube“ von

Lüneburg soll auf einer Tür aus dem 15. Jahrhundert die Schnitzerei einer Hinrichtungsapparatur zu sehen gewesen sein. Diese Maschinen waren vielfach wohlhabenden Verurteilten vorbehalten.[52]

Die in vielen Ländern Europas verbreiteten Nachfolger dieser Fallbeile hatten Namen wie Mannaja, Doloire, Planke, Welsche Falle, Halifax Gibbet oder Scottish Maiden und kamen offenbar häufig bei der Hinrichtung

Abb. 4 Die französische Guillotine war keine vollkommen neue Erfindung, sondern hatte in verschiedenen Gegenden Europas ihre Vorläufer, die bereits im 12. Jahrhundert nachweisbar sind. Dabei lief ein Beil in einer Art Fensterrahmen. Für die deutsche *Diele* etwa war die Schneide in die Kante eines Holzbretts eingearbeitet.

Abb. 5 Die *Scottish Maiden* war eine Hinrichtungsmaschine, die im 16. Jahrhundert verwendet wurde – also bereits 200 Jahre vor der Guillotine.

von adeligen oder sonst wie höherstehenden Personen zum Einsatz. Mit der Scottish Maiden wurde im 16. Jahrhundert in Schottland enthauptet; ein Exemplar ist im Nationalmuseum von Edinburgh zu sehen.[53]

Auf einem Holzschnitt von Lucas Cranach dem Älteren (1472–1553) ist die Hinrichtung des Apostels Matthias mit einem Fallbeil dargestellt, das den französischen Guillotinen schon sehr ähnlich sieht, wenn man davon absieht, dass der Delinquent bei Cranach am Boden kniet und die Schneide horizontal und nicht diagonal geschmiedet ist.[54]

Warum man die Apparate in Deutschland, England oder Frankreich – anders als offenbar in Italien – nicht als Hinrichtungswerkzeug beibehalten hat und wieder zu Schwert und Beil zurückgekehrt ist, ist anscheinend nicht geklärt.[55]

Abb. 6 Das Martyrium des hl. Matthias (Holzschnitt von Lucas Cranach d. Ä., um 1548). Dieses Fallbeil hatte zwar noch keine Hinrichtungsbank und die Schneide des Messers war auch noch nicht schräg, ansonsten sieht es aber schon sehr nach einer Guillotine aus.

Im Namen der Gleichheit: Ein Tod für alle

Das berühmteste und berüchtigtste Modell einer Köpfmaschine entstand dann in der Französischen Revolution. Als die Nationalversammlung im Dezember 1789 über ein reformiertes Strafgesetzbuch diskutiert, schlägt der Arzt und Politiker Joseph-Ignace Guillotin sechs Gesetzesartikel vor: Seiner Vorstellung nach sollen alle zum Tode Verurteilten auf dieselbe Weise hingerichtet werden, egal welchem Stand sie angehören – nämlich durch Enthauptung; ihre Familien sollen keinen Schaden erleiden und die Leiche beerdigen dürfen; niemand dürfe Angehörige von Hingerichteten beleidigen oder beschimpfen; das Vermögen des Armesünders solle nicht mehr eingezogen werden und die Todesart nicht im Totenregister stehen.

Für die Enthauptung schlägt Guillotin vor, eine „einfache Mechanik" zu verwenden. Der Arzt schließt seine Ausführungen mit den Worten: „Mit meiner Maschine werde ich euch den Kopf im Nu herabtanzen lassen, ohne dass ihr das kleinste bisschen Schmerz verspürt" – was die Teilnehmer der Nationalversammlung nicht wenig erheitert haben soll.[56]

Das Volk findet die Vorstellung einer solchen Apparatur ebenfalls urkomisch. Man amüsiert sich köstlich über diesen Arzt, der – entgegen dem Hippokratischen Eid – Menschen ins Jenseits befördern will. Ein populärer Gassenhauer treibt den Spaß auf die Spitze und prägt den Spottnamen „Guillotine", der dem Gerät letztendlich anhängen wird – neben einigen anderen volkstümlichen Bezeichnungen wie „Rasiermesser der Nation", „Louisette", „machine à charlot", „Mirabelle" oder „Witwe".[57]

Guillotin versuchte, sich gegen die Benennung nach ihm zu wehren – vergeblich. Lieber hätte er es wohl gesehen, man hätte mit seinem Namen die Tatsache verbunden, dass er in Frankreich die Pockenschutzimpfung durchgesetzt hatte.[58] Die Legende will übrigens, dass seine Mutter – hochschwanger – die Schreie eines grausam gemarterten Todeskandidaten hörte, was sie so unter Schock gesetzt habe, dass sie vorzeitig mit dem kleinen Joseph-Ignace niedergekommen sei. Diese Erzählung sollte offenbar seine Suche nach einer qualfreien Hinrichtungsmethode erklären.[59]

Die französischen Volksvertreter diskutieren das zu erneuernde Strafrecht, und eine selbstbewusst auftretende Fraktion will die Todesstrafe sogar gleich ganz abschaffen. Die Vertreter wollen keine Exempel mehr statuieren, die Strafen entsprechend Artikel 8 der Erklärung der Menschenrechte auf ein nötiges Maß beschränken und die Gewaltanwendung von Bürgern von Seiten des Staates nicht mit Gleichem vergelten, weil das die Gewaltbereitschaft im Volk nur noch befördere. Unverhältnismäßig harte Sanktionen seien unzweckmäßig. Dem zugrunde liegen die Ideen des Italieners Cesare Beccaria, der den Nutzen von Strafe nur darin sieht, die öffentliche Ordnung aufrechtzuerhalten.[60] Man findet zudem, es stehe einem modernen, aufgeklärten Staat nicht an, mit der Grausamkeit des Mittelalters zu strafen.

Doch die Mehrheit sieht keine Alternative zur Todesstrafe. Sie schaffe am ehesten den Frieden für die Opfer oder deren Angehörige und schütze die Gesellschaft besser vor Gewalttätern als das Gefängnis, das solche eher hervorbringe. So bleibt die Todesstrafe auch im neuen französischen Strafgesetzbuch verankert. Immerhin wird die Zahl der mit der Todesstrafe zu ahndenden Verbrechen durch die Nationalversammlung von 115 auf 32 verringert, die Folter abgeschafft und unnötige Qualen für den Todeskandidaten werden untersagt. Darum votiert man als Hinrichtungsmethode für die Enthauptung und schließlich – zweieinhalb Jahre nach der Anregung von Doktor Guillotin – für eine Hinrichtungsmaschine.

Den Anstoß dazu gibt eine Eingabe des Pariser Scharfrichters Charles-Henri Sanson an den Justizminister. Darin kritisiert er die bisherige Enthauptung durch das Schwert, vor allem weil der Delinquent fixiert werden müsse, damit bei seiner Hinrichtung nichts Unvorhergesehenes geschehe. Vor allem aber sei das Schwert für mehrere Exekutionen nacheinander ungeeignet: Schließlich werde es bei jeder Enthauptung schartig und müsste eigentlich vor der nächsten geschliffen werden. Überflüssige Qualen seien darum nicht auszuschließen.

Den Henker von Paris treiben jedoch auch ganz persönliche Interessen zu diesem Schreiben: Zum einen ist er nicht sehr geschickt mit dem Schwert und hat schon seine erste Enthauptung scheußlich verpfuscht, zum anderen hofft er, sich durch die Einführung einer Hinrichtungsmaschine vom Makel des Schlächters zu befreien und sein Handwerk zu rehabilitieren.[61]

Ein deutscher Klavierbauer konstruiert die französische Guillotine

Dem geben die Revolutionäre nach. So entwirft der Sekretär der Akademie für Chirurgie, Antoine Louis, ein zehn Fuß hohes Gerät mit halbkreisförmiger Schneide, und der deutsche, in Paris lebende Klavierbauer Tobias Schmidt konstruiert schließlich eine Fallschwertmaschine, deren Klinge am Ende in einem 45-Grad-Winkel angeschrägt sein wird. Letzteres ist wohl die eigentliche Neuerung im Vergleich zu den bisherigen Enthauptungsmaschinen: Denn anders als das horizontale hackt und quetscht das schräge Messer nicht mehr, sondern es schneidet, was die Schmerzen des Opfers vermutlich deutlich verringert und den Kopf sicherer mit einem Hieb abtrennt. Somit ist aus dem Fallbeil genau genommen ein Fallschwert geworden. Als Erfinder der Guillotine können Louis und Schmidt gelten, und somit wären „Louisette“ oder „Schmidtine“ die passenderen Bezeichnungen gewesen als „Guillotine“.[62]

Nach Versuchen an Schafen und dann an Leichen wird mit der neuen Maschine am 25. April 1792 als Erster ein Straßenräuber hingerichtet.

Abb. 7 Die Enthauptung des französischen Königs Ludwig XVI. im Jahr 1793 in Paris auf der Guillotine (zeitgenössische Lithografie von unbekanntem Künstler).

Nach weiteren Verbesserungen liefert ein anderer Hersteller für jedes der damals 83 französischen Départements eine Guillotine.

Wie sieht nun die französische Guillotine aus und wie funktioniert sie? Zwei aufrecht stehende, fast vier Meter hohe und 15 Zentimeter dicke Balken sind an ihrem oberen und unteren Ende mit einem Querbalken verbunden und auf dem Schafott verankert. Zwischen diesen vertikalen Balken läuft ein insgesamt 40 Kilogramm schweres Gewicht in senkrechten Nuten auf und ab, an dem unten das schräge Messer befestigt ist. An die Vorderseite der beiden Balken ist eine waagrechte Bank montiert und an deren Fußende eine kippbare Wippe *(bascule)*. Der Todeskandidat wird stehend an die Wippe geschnallt, bäuchlings in die Horizontale auf die Bank gekippt und mit dem Nacken unter das Messer geschoben. Sein Hals liegt in einem halbrund ausgeschnittenen Holzbrett *(lunette)*, und ein zweites solches wird von oben auf seinen Nacken geschoben, sodass der Hals nahe der Schulter vollständig umschlossen und fixiert ist. Jetzt löst der Henker das Fallbeil aus und zieht es anschließend mit einem Seil über eine Rolle wieder nach oben. Der abgetrennte Kopf wird von einem auf dem Boden stehenden Korb aufgefangen.[63]

Die Guillotine verändert die Wahrnehmung der Hinrichtungen: Zum einen drängt sie Henker und Opfer in den Hintergrund und wird selbst zur „Hauptperson“, und zum anderen geht die Hinrichtung nun so blitzschnell vonstatten, dass das Auge des Betrachters sie nicht mehr verarbeiten kann – für viele Schaulustige damals eine Enttäuschung: Das Theater des Schreckens, mit dem Justizsysteme früherer Jahrzehnte und Jahrhunderte ihre Verurteilten als Sühne zu Tode gequält hatten, ist auf einen kurzen Moment zusammengeschrumpft.

Und so fragen sich die Zuschauer: Büßt der Täter denn überhaupt noch für seine Tat? Kann er so mit Gott versöhnt in die Ewigkeit eingehen? Als kleine „Entschädigung“ dafür, dass die tausenden Schaulustigen fast nichts zu sehen bekommen, hebt der Henker den Kopf des Hingerichteten für sie aus dem Korb und hält ihn zum Beweis und wohl auch zu ihrer Genugtuung in die Höhe.[64]

Wie erschreckend schnell die Guillotine ihre Aufgabe erledigt, ist in Filmaufnahmen von Frankreichs letzter öffentlicher Hinrichtung festgehalten: Am 17. Juni 1939 umringen etwa 200 Schaulustige eine Guillotine, die vor dem Gefängnis von Versailles aufgebaut ist. Zehn-

Lena Christ
MARITA A. PANZER
Ludwig II.
MARCUS SPANGENBERG
Die Wagners
DOMINIK TOMENENDAL
Ludwig I.
KARL BORROMÄUS MURR
Albrecht Dürer
ANNA SCHIENER
Die Brüder Asam
PETER MORSBACH
Sebastian Kneipp
Liesl Karlstadt
Die reichen Herzöge von Bayern
Ludwig Thoma
Die Wagners
Ludwig IV. – der Bayer
Die Manns
Leon von Klenze
Veit Stoß
INÉS PELZL
MARITA A. PANZER
Hedwig
DIE BRAUT DER LANDSHUTER HOCHZEIT
VERLAG FRIEDRICH PUSTET
MICHAEL ECKERT
Joseph von Baader
TECHNIKPIONIER IM VORINDUSTRIELLEN BAYERN
VERLAG FRIEDRICH PUSTET
KARIN SCHNEIDER-FERBER
Kaiser Heinrich II. und Kunigunde
DAS HEILIGE PAAR
VERLAG FRIEDRICH PUSTET

kleine bayerische biografien

Die Bücher erzählen kurz und prägnant aus dem Leben bayerischer Persönlichkeiten. Jeder Band kostet **€ (D) 14,95**.

Michael Eckert

JOSEPH VON BAADER

Technikpionier im vorindustriellen Bayern

168 S, 24 Abb., kart.

ISBN 978-3-7917-3348-7

AUCH ALS EBOOK

Noch heute zeugen die hydraulischen Anlagen im Nymphenburger Schlosspark von Joseph von Baaders (1763–1835) Ingenieurleistungen. Der Schlosspark diente ihm zudem als Versuchsfeld für neue Technologien. Der Band stellt das Leben dieses streitbaren Erfinders, das erfüllt war von hochfliegenden Erwartungen und bitteren Enttäuschungen, vor.

Karin Schneider-Ferber

KAISER HEINRICH II. UND KUNIGUNDE

Das heilige Paar

160 S., 23 Abb., 1 Stammbaum, kart.

ISBN 978-3-7917-3354-8

AUCH ALS EBOOK

Als Könige, Kaiser, Stifter und Heilige sind Kaiser Heinrich II. (973–1024) und seine Gemahlin Kunigunde (975/985–1033) bis heute bekannt. Das Paar blieb kinderlos und wandte sich daher mit ganzer Leidenschaft der Kirche zu. Höhepunkt ihres Engagements war die Gründung des Bistums Bamberg mit dem ersten Dom.

Abb. 8 Kurz vor der letzten *öffentlichen* Hinrichtung mit der Guillotine in Frankreich am 17. Juni 1939 vor dem Gefängnis in Versailles. Der Verurteilte war der deutsche Serienmörder Eugen Weidmann. Zum letzten Mal wurde die Todesstrafe in Frankreich im Jahr 1977 in Marseille mit der Guillotine vollzogen.

tausende haben hier johlend und feiernd die Nacht verbracht, sodass der Todeskandidat sie in seiner Zelle hören musste. Der Großteil der Schaulustigen wird von der Polizei in größerem Abstand gehalten, nur etwa zweihundert sind hinter einer Absperrung zugelassen. Von dem Moment an, als das Gefängnistor sich öffnet und die Helfer des Scharfrichters den verurteilten Serienmörder Eugen Weidmann auf die Straße führen, vergehen kaum mehr als zehn Sekunden, bis sie ihn mit der *bascule* in die Horizontale geschoben haben, das Beil herabgesaust, der Kopf in einen Behälter gefallen ist und die Helfer noch im selben Moment den leblosen Körper von der *bascule* in eine daneben stehende, aus Korb geflochtene Kiste gerollt haben. Die Zuschauer sehen also bereits eine Sekunde nach dem Fall des Beils nur noch die leere Guillotine und die umstehenden Henker. Das Ganze erinnert an einen industriellen Arbeitsgang in einer Fabrik.[65]

Auch wenn dieser Vorgang im Jahr 1792 noch etwas länger dauert, ist das Volk von dem neuartigen technischen Wunderwerk fasziniert und begeistert: Bald gibt es Mausefallen in Form einer Guillotine, die Damenwelt steckt sich Miniaturguillotinen auf die hochtoupierten Frisuren, und auch Kinder spielen mit Guillotinen im Kleinformat und köpfen damit Vögel oder Mäuse, und Erwachsene schneiden mit kleinen Guillotinen Brot oder Früchte. Angehörige der Ganovenwelt haben Guillotinen als Tätowierungen, und einer von ihnen lässt sich aus Galgenhumor einen Kreis mit Punkten auf Hals und Nacken tätowieren – mit der ebenfalls eintätowierten Aufforderung, doch bitte an der gepunkteten Linie zu schneiden. Kurz: Eine derartige Volkstümlichkeit hat bisher kein Hinrichtungswerkzeug erreicht.[66]

Ein Grund für die Popularität der Guillotine ist neben ihrem meist reibungslosen Funktionieren auch ihr äußeres Erscheinungsbild: Laut dem französischen Kunsthistoriker Daniel Arasse brennt sich ihr Bild mit den klaren geometrischen und damit universell gültigen Formen von Rechteck, Dreieck und Kreis dem Betrachter ein. Bei der öffentlichen Hinrichtung mit der Guillotine werde „die Gültigkeit der Mechanik und der Geometrie zelebriert und damit der Triumph zweier ‚gerechter' und ‚vernünftiger' Denksysteme versinnbildlicht". Arasse sieht sie als Mittelpunkt eines Schauspiels, bei dem die Revolution sich selbst feiert. Sogar ins Theater findet die Guillotine Eingang, wenn etwa der Kasper mit ihr den Hanswurst köpft.[67]

Daniel Arasse stellt die Guillotine als ein Werkzeug der Erneuerung dar. Sie habe geholfen, das Volk nach jahrhundertelanger Unterdrückung zu befreien und als politische Macht zu etablieren. Die Enthauptung des Königs sei so etwas wie ein „Erstes Abendmahl", bei dem sein vom Gottesgnadentum sakralisierter Leib als Opfer dargebracht worden sei, um damit die Republik zu heiligen und das Volk als Souverän einzusetzen.[68]

Scharfrichter Sanson zeigt sich beeindruckt von der Hinrichtungsapparatur und zugleich nachdenklich: „Tolle Erfindung! Hoffentlich führt die leichte Handhabung nicht zum Missbrauch." Doch genau das geschieht, und die von der Revolution so oft beschworenen Werte Vernunft und Menschlichkeit bleiben schon wenige Monate später auf der Strecke: Zwei Jahre lang werden Menschen auf der Guillotine wie am Fließband geköpft – in der überwiegenden Mehrzahl keine Straftäter mehr, sondern politische Gegner. Robespierre, der 1789 noch gefordert hat, die Todesstrafe abzuschaffen, lässt im Namen der Revolution morden, bis er 1794 selbst auf der Guillotine landet. Insgesamt sterben während der 14-monatigen Terrorherrschaft der Französischen Revolution auf diese Weise rund 16.600 zum Tode verurteilte Menschen. Die Schätzungen der Opfer insgesamt reichen aber auch bis zu 40.000.[69]

Die Hoffnungen des Pariser Henkers Charles-Henri Sanson, durch die Guillotine eine Verbesserung seiner Arbeitsbedingungen zu erfahren, zerschlagen sich nicht nur, sondern er, der es auf bis zu 300 Hinrichtungen in drei Tagen bringt, leidet nun regelrecht unter seinem Amt und fürchtet, wahnsinnig zu werden. In sein Tagebuch schreibt er:

> „Die Tage folgen und gleichen sich. Heute wieder einundzwanzig Verurteilte. Einige behaupten, man werde vertraut mit dem Blut; dies ist nicht wahr in bezug auf das Blut unserer Mitmenschen. Ich spreche nicht von mir, sondern von meinen Gehilfen, die ich seit der Zeit, wo man uns ganze Karren voll Männer und Frauen guillotinieren lässt, beobachte. Zwei sind seit zwölf Jahren bei mir, vier sind ehemalige Fleischer, zwei der übrigen wären, wenn man sie hängen wollte, nicht einmal einen Strick wert; und unter allen diesen befindet sich nicht einer, der bei seiner Arbeit ein unverändertes Gesicht behält. Das Publikum sieht davon nichts; aber ich bemerke, dass ihr Herz pocht und zuweilen ihre Beine zittern (…) die Geschwätzigsten sind stumm geworden; erst wenn sie Branntwein getrunken haben, erhalten sie ihre Fassung wieder."[70]

So wird die Guillotine zu einem widersprüchlichen Gegenstand zwischen vorgeblich humanisierter Todesstrafe und blutrünstigem Terror. Über diesen Widerspruch disputieren eifrig auch die Intellektuellen der Zeit, und es gibt durchaus Autoren, die die Maschine ebenso barbarisch finden wie die Strafen des Mittelalters, weil der Betroffene die Abtrennung seines Kopfes bei vollem Bewusstsein miterlebe, dabei Schmerz verspüre und jede Menge Blut fließe.[71]

Auch der Wunsch des Pariser Scharfrichters Sanson nach einem besseren Ansehen seiner Person erfüllt sich nicht: Das Volk ekelt sich vor diesem Mann, von dessen Hand sich wahre Ströme von Blut auf die Hinrichtungsbühne ergießen. Einer der vielen Spitznamen der Guillotine *(La machine à Charlot)* leitet sich von Sansons Vornamen Charles-Henri ab. Der Scharfrichter bleibt ein Stigmatisierter und Außenseiter, was sich auch darin zeigt, dass eine Prostituierte es angeblich einmal ablehnt, ihm zu Diensten zu sein.[72]

Die Guillotine geht um die Welt

Auf seinen Feldzügen durch Europa hat Napoleon nicht nur die Ideen der Französischen Revolution mit im Gepäck, sondern auch das französische Strafgesetzbuch. Bald stehen Guillotinen also auch in Florenz, Genua oder Turin, in Genf, Luxemburg, Brüssel oder Amsterdam sowie in linksrheinischen deutschen Städten wie Aachen, Koblenz, Mainz und Trier. In seinen Kolonien, Strafkolonien und Einflussgebieten führt Frankreich die Guillotine ebenfalls ein – auch um die eigene Herrschaft durchzusetzen, die Bevölkerung zu unterdrücken und Aufstände niederzuschlagen. Dementsprechend wird in Algerien, Marokko, Tunesien oder im Senegal ebenso unter dem Fallbeil gestorben wie in Guyana, auf Tahiti oder den Antillen, auf La Réunion und Madagaskar oder in Indien, Neukaledonien und Indochina. Aber auch Staaten, die weniger oder gar nicht unter französischem Einfluss stehen, führen die Guillotine ein – unter ihnen Schweden oder Griechenland.[73]

Im Laufe der Jahrzehnte entwickeln mehrere Konstrukteure eigene Fallbeile und nehmen immer wieder Veränderungen vor. Manche lassen die Gurte weg, mit denen die Kandidaten ursprünglich auf der *bascule* festgeschnallt wurden, andere fügen Puffer ein, die den Aufprall des Schlittens am Fußende dämpfen, und wieder andere verblenden oben das Messer, wohl damit die Opfer nicht den grausigen Anblick der schrägen Klinge ertragen müssen und dann eventuell Schwierigkeiten machen. Einer der innovativsten Konstrukteure ist wohl der erwähnte Münchner Maschinenbauer Johann Mannhardt.[74]

Im 20. Jahrhundert werden Deutsche die Guillotine erneut weiterentwickeln – mit dem sogenannten Tegel-Fallbeil (vgl. Kap. Der „gesunde Volkskörper“: Die Guillotine zwischen 1933 und 1945). Und sogar noch nach dem Zweiten Weltkrieg baut die Schlosserei Tiggemann im westfälischen Hamm – offenbar unter Zwang der britischen Besatzer – eine neue Guillotine in einer Stückzahl von drei Exemplaren: Eine steht bereits ab dem 4. Oktober 1945 in Dortmund bereit, mit einer werden in Rastatt zwischen 1946 und 1949 noch elf Menschen hingerichtet (sie ist heute im Strafvollzugsmuseum Ludwigsburg zu sehen), und die dritte ist für Mainz bestimmt, kommt aber nicht mehr zum Einsatz, weil Schlosser Tiggemann und andere Beteiligte die Arbeit offenbar absichtlich so

Abb. 9 Enthauptung eines Verurteilten in der Strafkolonie Französisch Guyana – wohl auf der Île Royale, so die Recherchen des Spezialisten Sylvain Larue. Er nimmt als Henker Louis Auguste Chomet an und datiert die Aufnahme auf den 23. Mai 1893. An die Wippe der Guillotine geschnallt sei der maghrebinische Araber Si Salah ben El Mouhoub.

verzögern, dass die Todesstrafe vor Fertigstellung abgeschafft ist. Modell für die drei Fallbeile stand übrigens die Wolfenbütteler Guillotine, die Johann Mannhardt 1859 für Hannover angefertigt hatte.[75]

Auf dem Gebiet der späteren BRD werden zwischen dem Ende der NS-Diktatur und der Abschaffung der Todesstrafe im Jahr 1949 noch 927 Menschen hingerichtet. 903 von ihnen waren von Gerichten der Alliierten und 24 von deutschen Gerichten zum Tode verurteilt worden

Abb. 10 Rastatter Guillotine der Schlosserei Tiggemann aus Hamm (Westfalen) von 1946, mit der am 18. Februar 1849 zum letzten Mal das Todesurteil eines westdeutschen Gerichts vollstreckt wurde. Der Verurteilte war der Raubmörder Richard Schuh. Die Guillotine ist im Strafvollzugsmuseum Ludwigsburg zu besichtigen.

(13 in Nordrhein-Westfalen, zwei in Hamburg, einer in Württemberg-Hohenzollern und acht in Berlin). Als Hinrichtungsmethode dienten hier Erschießen, Erhängen – und auch die Guillotine.[76] Auf dem Gebiet der späteren DDR sind zwischen 1945 und 1949 noch 47 Guillotinierungen bekannt, nach 1950 werden 170 Todesurteile vollstreckt – in der Mehrzahl aus politischen Gründen.[77]

In Frankreich wird das letzte Todesurteil mit der Guillotine 1977 vollzogen, 1981 wird die Todesstrafe abgeschafft.

„Ganz ruhig, aber mit Blitzesschnelle“: Die Guillotine wird in Bayern eingeführt

„Eine solche Hinrichtung ist nichts mehr als ein Spektakelstück für Ungebildete und Gebildete, (und) kostet dem Staate viel Geld.“[78]

Ein Trio auf dem Schafott

Die bayerische Justiz will mit dem Hinrichten per Fallschwert nicht warten, bis eine eigene Maschine zur Verfügung steht. Darum leiht man sich eine aus Württemberg aus. Eine Kommission aus bayerischen Beamten, Technikern und Gerichtsärzten begutachtet die Maschine bei dieser Gelegenheit und kritisiert vor allem die große Gesamthöhe von etwa vier Metern und die zu große Fallhöhe des Messers von etwa 2,50 Metern, weil es so mehr Gelegenheit hat, beim Herabsausen zu verkanten und stecken zu bleiben. Außerdem muss der Delinquent länger die Erschütterungen des herabgleitenden Messers spüren und auch das dabei entstehende Geräusch hören. Also macht man in der Anatomie Experimente an Leichen, um eine möglichst geringe Fallhöhe und so auch eine handlichere und leichter zu transportierende Maschine zu erreichen.[79]

Die Württembergische Maschine ist aber nicht nur zu Anschauungszwecken in Bayern, sondern auch zu ersten Exekutionen von zum Tode Verurteilten. Am 19. August 1854 sollen auf ihr drei Armesünder sterben, unter ihnen der 31-jährige Georg Markritter aus Lenggries. Der unfreiwillig eingezogene Rekrut des 2. Infanterieregiments „Kronprinz“ hatte nach seiner Fahnenflucht gemeinsam mit einem weiteren Deserteur in der Jachenau einen Bauern auf dessen Hof ermordet. Sie überfielen ihn am Fronleichnamstag 1853, brachten ihm 15 Schnitt- und Stichwunden bei, hieben mit einem über einen Meter langen Pickel auf ihn ein und entwendeten anschließend 200 Gulden sowie weiteres Hab und Gut, um sich damit eine Flucht in die Türkei zu finanzieren.

Markritter wird in Österreich gefasst und an Bayern ausgeliefert. Vor Gericht schildern ihn Zeitgenossen als „rauf- und rachsüchtig", die Rede ist ferner von seinem Hang zu exzessivem Glücksspiel und Zechen und von häufigem Fernbleiben von der Truppe, was ihm bereits mehrere militärische Strafen eingetragen hat. Außerdem wird zur Vervollständigung seines Persönlichkeitsbildes erwähnt, dass er als Jugendlicher einen Lottogewinn von mehreren hundert Gulden durchgebracht habe. Markritter gesteht den Raubmord und wird am 1. Juli 1854 zum Tode verurteilt.[80]

Die zweite Todeskandidatin ist die von den Gerichtsreportern übereinstimmend als ausnehmend hübsch beschriebene Bäuerin Maria Aschmaier aus dem heutigen Landkreis Mühldorf. Die junge Frau hatte gemeinsam mit ihren auf dem Hof lebenden Eltern beschlossen, ihren ungeliebten Ehemann Peter durch einen Auftragsmord aus dem Weg zu räumen – sie hatte ihn erst im Vorjahr geheiratet und erwartete ein Kind von ihm. Für 100 Gulden heuerte sie den niederbayerischen Weber Lambert Denkl an. Dieser versteckte sich Anfang September 1853 in einem Wäldchen, um Aschmaier auf seinem Heimweg von der Kirchweih aufzulauern. Bei sich trug Denkl zwei Terzerole, also einschüssige Vorderladerpistolen. Jedoch versagte die erste ganz und die zweite verletzte den Bauern nur leicht, sodass Aschmeier seinen Mörder mit einem Stock in die Flucht schlagen konnte.

Wenige Wochen später überfiel Denkl ihn dann ein zweites Mal – nun gemeinsam mit einem Helfer – und schoss ihm vor seinem Haus mit einer Flinte eine Ladung Schrot in Bauch, Brust und Arm. Der Schwerverletzte donnerte verzweifelt an die Haustür und brüllte, seine Frau solle ihm öffnen. Die blieb jedoch gemeinsam mit ihrer Mutter hinter der verschlossenen Tür und hörte minutenlang seinem Todeskampf zu. Erstaunlicherweise konnte der kräftige Bauer sich aber immer noch gegen die beiden Angreifer zur Wehr setzen und zertrümmerte dabei auch Denkls Gewehr. Trotzdem hatte er keine Chance: Zwar wäre er später ohnehin an seinen Verletzungen gestorben, wie die Obduktion ergab, aber die beiden erschlugen ihn auch noch, wobei sein Kopf in über 30 Knochenstücke zersplitterte.[81]

Beim Prozess am 9. und 10. Juni 1854 vor dem Schwurgerichtshof von Oberbayern herrscht großer Besucherandrang, sogar Pressevertreter aus dem Ausland sind angereist. Die *Neue Münchener Zeitung* beschreibt die beiden des Mordes Angeklagten als „Leute von sehr abschreckendem Äußeren", die in der Gegend weithin gefürchtet seien.[82] Mit auf der Anklagebank sitzen auch die junge Bäuerin und ihre Eltern als die Anstifter. Alle fünf werden am zweiten Verhandlungstag zum Tode verurteilt. Später jedoch wandelt König Maximilian II. die Strafe für die Eltern und Denkls Komplizen in sogenannte Kettenstrafe um, was bis 1861 bedeutete, dass die Verurteilten – lebenslang und abgesondert von anderen Häftlingen – mit einer langen Kette und einer schweren Eisenkugel an den Füßen eingesperrt blieben und schwerste Arbeiten zu verrichten hatten, etwa im Steinbruch, beim Festungsbau oder Trockenlegen von Sümpfen. Außerdem bedeutete diese Strafe bis 1848 den bürgerlichen Tod: Kettensträflinge hatten keine Rechtsfähigkeit mehr, durften nicht mehr vor Gericht auftreten, konnten nichts besitzen oder erwerben, ihr Vermögen fiel an ihre Erben, und bereits geschlossene Ehen wurden ungültig – als wären sie tatsächlich gestorben. Ab 1862 stand die Kettenstrafe nicht mehr im Strafgesetzbuch, und wer nun von der Todesstrafe begnadigt wurde, musste ins Zuchthaus – zunächst lebenslang, später für eine festgesetzte Anzahl von Jahren.[83]

Als Hinrichtungstag für Georg Markritter, Maria Aschmaier und Lambert Denkl wird der 19. August 1854 bestimmt.[84] Zum ersten Mal soll die Guillotine im rechtsrheinischen Bayern eingesetzt werden. Seit zwei Wochen ist sie die gesetzlich vorgesehene Enthauptungsmethode.[85] Außerdem werden die Exekutionen vom Vormittag auf die frühen Morgenstunden verlegt, und der Transport vom Gefängnis dorthin hat auf möglichst schnellem Wege und nicht durch die dicht besiedelten Stadtteile zu erfolgen. Die Fahrt geht also nicht wie bisher zuerst zum Gericht, um den Verurteilten noch einmal das Urteil zu verlesen, sondern direkt zur Hinrichtungsstätte. So hofft die Obrigkeit, Tumulte wie bei der unglücklichen Hinrichtung Christian Hussendörfers zu vermeiden.[86]

Nichtsdestotrotz – und obwohl noch dazu gerade die Cholera in München wütet und allein in dieser Woche schon 250 Todesopfer gefordert hat – wartet an der Köpfstätte auf dem Marsfeld schon eine „ziemliche Volksmenge", um bei Bayerns ersten Guillotinierungen dabei zu sein.[87] Bereits um kurz nach fünf verlassen zwei Armesünderkarren die Angerfrohnveste. Darauf sitzen in grauen Kitteln Maria Aschmaier und

Lambert Denkl. An Brust und Rücken tragen sie Schilder, auf denen ihr Verbrechen geschrieben steht. Vor dem Gefängnis werden noch einmal die Todesurteile verlesen und, um rituell die Endgültigkeit der Sache zu bekräftigen und das „Abbrechen" des Lebens zu symbolisieren, bricht man einen Stab in zwei Stücke und wirft ihnen diese vor die Füße.[88] Eine Abteilung Kürassiere eskortiert die beiden Wagen zum Marsfeld, wo das Gerüst mit der württembergischen Guillotine aufgebaut ist.

Den Anfang soll der Auftragsmörder Denkl machen. Der Gedanke an seinen Tod hat ihn körperlich zusammenbrechen lassen, sodass ihn einer der Gehilfen des Scharfrichters vom Wagen herabheben und zum Schafott tragen muss. Der Reporter der *Neuen Salzburger Zeitung* berichtet später, dass nun alles sehr schnell vonstatten gegangen sei:

> „Der Delinquent wird an ein vor der Maschine senkrecht stehendes Brett geführt, an dieses durch 3 Riemen geschnallt, umgelegt und an die Maschine geschoben, worauf der Scharfrichter das an einem Hebel 20 Fuß hoch hängende Fallschwert herablässt, welches ganz ruhig, aber mit Blitzesschnelle den Hals des Delinquenten durchschneidet. Der Kopf fällt in einen nebenstehenden mit Sägespänen gefüllten Korb."

Der Geistliche spricht ein kurzes Gebet, und sogleich steigt als Zweite Maria Aschmaier aufs Schafott. In Händen hält sie ein Kruzifix, von dem sie ihre Augen nicht mehr abwendet. Genau eine Viertelstunde nach Denkl, wie die Journalisten es für berichtenswert halten, stirbt sie um sechs Uhr früh unter dem Fallschwert.

In der Zwischenzeit ist der Karren mit dem dritten Todeskandidaten, dem Raubmörder Georg Markritter, am Marsfeld angekommen. Dem desertierten Soldaten wurde zuvor im Hof des Militärgefängnisses „vor einer aufgestellten Kompanie des 2. Infanterieregiments der Kragen von der Uniform abgerissen".[89] Damit ist er auf entehrende Art und Weise aus dem Heer ausgestoßen, was sicher auch den anwesenden Soldaten zur Abschreckung dienen sollte. Markritter geht nun „festen Schrittes" ins Armesünderstübchen, das sich im Podest unter der Guillotine befindet. Er legt vor einem Geistlichen die letzte Beichte ab und bekommt die Absolution. Aufs Schafott hinaufsteigen kann er vor Todesangst jedoch nur noch mit der Hilfe des Scharfrichtergehilfen. Um 6.20 Uhr durchtrennt die Guillotine auch seinen Hals.

Die drei Leichname werden zum Friedhof gebracht, die Zuschauer gehen ihrer Wege. Man ist zufrieden mit dem reibungslosen Ablauf. Schließlich sind die Verurteilten wie erhofft ohne unnötige Qualen gestorben – soweit man das wissen kann. Lediglich zwei Soldaten des aufgestellten Infanteriebataillons wurden „von Ueblichkeiten befallen und auf einem Sanitätswagen ins Militärspital geschafft". Auch die Presse erwähnt das gute Funktionieren der Guillotine. Nur die Münchner Polizei moniert, dass die Verurteilten über zwei Minuten in der angeschnallten Position mit dem Nacken unter dem Messer in Todesangst warten mussten, bis die Maschine endlich betriebsbereit war. Außerdem bemängelt die Münchner Bauinspektion später, dass das aus eisenbeschlagenem Holz gefertigte Obergestell bei Nässe aufquellen könnte.[90]

Die Guillotine reist in die Oberpfalz

Noch am selben Vormittag begibt sich Scharfrichter Scheller mit der Fallschwertmaschine und seinen zwei Gehilfen auf eine Reise durch Bayern. Zunächst geht es nach Amberg in der Oberpfalz, um an der dortigen Richtstätte drei Armesünder hinzurichten. Einer von ihnen ist der Müller Johann Lobenhofer, der bis zu seiner Verhaftung nördlich von Grafenwöhr lebte: Er hatte sich entschieden, seine 52-jährige Frau Margaretha beiseitezuschaffen, weil er mit ihr allerhand Streitigkeiten hatte – vor allem wegen seines ehebrecherischen Lebenswandels.[91] Er hatte bereits einen rostigen Sargnagel in ihre Fußspur gelegt, in der Hoffnung, sie mit diesem Zauber loszuwerden, dann mischte er zerstoßenes Glas in die Leberwurst, die sie gerne aß. Als auch das nicht zu dem gewünschten Ergebnis führte, stellte er ihr im Oktober 1853 eine Falle: Lobenhofer gab vor, am kommenden Sonntag 12 Gulden Alimente für eines seiner unehelichen Kinder ins südlich gelegene Freihung bringen zu wollen. Er konnte darauf zählen, dass seine Frau damit nicht einverstanden sein würde, weil sie fürchtete, er könne sein Liebesverhältnis mit der Mutter des Kindes fortsetzen. Also bestand die Unglückliche darauf, das Geld selbst zu überbringen. Im Wald nördlich von Freihung aber warteten ihre Mörder: der 73-jährige Hirte Michael Lutz, der im Verdacht stand, 30 Jahre zuvor seine Frau vergiftet zu haben, und sein Sohn Georg. Für einen Lohn von 30 Gulden hatte Lobenhofer die beiden dazu bewogen, Margaretha am 23. Oktober im Wald abzupassen und mit einem dünnen Strick zu erdrosseln, den sie frisch gewachst hatten, damit er sich leichter zuziehen ließe. Die Tat gelang. Allerdings blieb dabei im weichen Erdboden ein unverwechselbarer Fußabdruck zurück, der später das Geständnis von Lobenhofer bestätigte. Die zwölf Geschworenen des Prozesses vor dem „Schwurgericht der Oberpfalz und von Regensburg" erklärten alle drei Angeklagte für schuldig, und das Gericht fällte am 13. Juni 1854 drei Todesurteile.

Die Hinrichtungen sind nun für den 24. August angesetzt, was wahre Völkerscharen in Bewegung setzt, die nach mehr als 40 Jahren zum ersten Mal mit eigenen Augen sehen möchten, wie einem zum Tode Verurteilten der Kopf abgeschlagen wird. Die neuartige Fallschwertmaschine wird ebenfalls einiges an Anziehungskraft auf die Leute ausgeübt haben. Schon in der Nacht reisen Tausende an, wie der „Königliche Stadtkommissarius" von Amberg später berichtet:

> „Von Stunde zu Stunde kamen neue Karawanen Fußgänger und neue aus Schaulustigen schwer beladene Wagen an, aus allen Gegenden, von Hersbruck, wie von Waldmünchen, von Burglengenfeld, wie von Tirschenreuth waren Schaulustige da. Alle Gasthäuser waren blockirt und die übrigen Bewohner von Amberg in der nächtlichen Ruhe gestört. Aber auch der neugierige Teil der hiesigen Bevölkerung war schon zur rechten Zeit auf den Beinen. Um vier Uhr morgens war schon der ganze sogenannte Paradeplatz mit Menschen besetzt, um da von der Fronveste aus die Verlesung des Urtheils zu hören und das Stabbrechen zu sehen."[92]

Ein Gerichtsvertreter liest den Armesündern in aller Frühe noch einmal das Urteil vor und bricht den Stab über sie. Die Verurteilten besteigen jeder einen Karren, auf dem noch je ein Geistlicher und ein Wachmann zur Richtstätte an der Straße nach Bayreuth mitfahren. Dort sichert eine Militäreinheit das Schafott ab, um das herum wohl drei- bis viertausend Zuschauer auf die Enthauptung warten.

Der erste Kopf fällt bereits um halb sechs Uhr, kurz darauf steigt der zweite Mörder ohne übermäßiges Widerstreben aufs Schafott. Nur ihr Auftraggeber, der Ehemann der Ermordeten, verliert die Fassung, als die Reihe an ihn kommt, und bricht in Tränen aus. Der Geistliche muss ihm gut zureden, bis er sich schließlich zusammennimmt und sich auf die Guillotine schnallen lässt. Allerdings gelingt es ihm, mit den Händen das Kippbrett zu packen und kurzzeitig zu verhindern, dass es mit ihm an das Beil herangeschoben wird. Es ist nur ein kleiner Aufschub: Um sechs Uhr ist das Schauspiel vorbei.

Der erwähnte Amberger „Stadtkommissarius" ist mit dem Prozedere der öffentlichen Hinrichtung und der Enthauptung per Guillotine trotz des fast reibungslosen Ablaufs ganz und gar nicht einverstanden. In seinem Schreiben an die „Koenigliche Regierung der Oberpfalz und von Regensburg" bemängelt er die unwürdige Position der Todeskandidaten und die Befestigung des Kopfes. Er nennt die Guillotine „grausam (...) gegen den Delinquenten (...), welcher wie ein Schlachttier behandelt wird, und verschiedene Manipulationen an sich vollziehen lassen muss, sodass er viel länger in Todesangst schwebt, als bei der Hinrichtung mit dem Schwerte durch die Hand des Scharfrichters". Außerdem bedauert er, dass die Guillotine keinen abschreckenden Eindruck mehr auf die Bevölkerung mache:

> „(...) und so sollen einige Bauernburschen die Aeußerung gemacht haben, dass sie auf solche Art den ganzen Tag fort hinrichten sehen könnten. Wenn man sich schon längst überzeugt haben dürfte, daß die öffentlichen Hinrichtungen durchaus nicht das Maß an der Abschreckungs Theorie bilden, so fällt dieser Abschreckungsgrund durch die Guillotine umso mehr weg. Eine solche Hinrichtung ist nichts mehr als ein Spektakelstück für Ungebildete und Gebildete, (und) kostet dem Staate viel Geld."[93]

Die Guillotine fährt auf der Donau nach Passau

Die Württemberger Guillotine setzt nun ihre Reise durch Bayern fort, fährt in zwei große Koffer verpackt per Dampfschiff donauabwärts nach Passau und wird dort am großen Exerzierplatz auf der Maierhofwiese ein drittes Mal auf einem Schafott verankert.[94]

Es ist der 2. September 1854 in aller Herrgottsfrühe. Mehrere hundert Mann Infanterie sind angetreten, um eine gewaltige Menge an Schaulustigen im Zaum zu halten. Am entscheidenden Hebel der Hinrichtungsmaschine steht ein weiteres Mal Lorenz Scheller in einer seiner dunkelgrünen oder roten Blusen und wartet gemeinsam mit den beiden Helfern auf seinen „Kunden". Diesmal ist es der 22-jährige

Sattlergeselle und beurlaubte Soldat Michael Alber aus Ottmaring bei Deggendorf. Mit neun Messerstichen in den Hals hat er Magdalena Schwaiger, die Frau seines ehemaligen Lehrherrn, ermordet und dann aus einem Wandschrank 100 Gulden gestohlen. Als Tatzeitpunkt hatte er einen Sonntagvormittag gewählt, da er darauf hoffte, niemanden auf dem Anwesen in Moos südlich von Deggendorf anzutreffen – doch Magdalena Schwaiger war zu ihrem Unglück zu Hause geblieben. Nach der Tat wurde er auf dem Heimweg gesehen und bereits tags darauf verhaftet. Tränenreich und reumütig verabschiedete er sich nach dem Prozess von seinem Vater, der ihn im Gefängnis besuchte.

Am Hinrichtungsmorgen entlässt man ihn in der Kaserne unehrenhaft aus dem Heer, bricht nach Verlesung des Urteils den Stab über ihn und steckt ihn in die graue Kutte des Armesünders. Während der Fahrt zum Richtplatz trägt er auf Brust und Rücken je eine Tafel, auf der neben seinem Namen auch steht, dass er wegen „qualifizirten Mordes zum Tode verurtheilt“ sei. Angekommen, steigt Alber weinend vom Wagen, wird ins Armesünderstübchen im Inneren des Schafotts gebracht, wo man ihm die Augen verbindet und die Schultern entblößt. Über ein Treppchen geht es hinauf aufs Schafott zur Guillotine. Schlag sechs fällt sein Kopf in den Korb. In der nahegelegenen Stadtpfarrkirche St. Paul wird eine Seelenmesse für ihn gelesen und die Totenglocke geläutet.

Auch der Passauer Stadtkommissär verfasst anschließend einen Bericht an die Königliche Regierung von Niederbayern in Landshut. Im Gegensatz zu seinem Amberger Kollegen hat ihn nicht nur die Sicherheit der neuen Maschine überzeugt, sondern auch ihre Schnelligkeit. Offenbar haben der Scharfrichter und seine Helfer inzwischen einige Übung und kennen die notwendigen Handgriffe. Was aber die Hinrichtungen in aller Öffentlichkeit anlangt, pflichtet der Passauer Stadtkommissär dem Kollegen in Amberg bei. Auch ihn stört in erster Linie, dass der ernste und hochoffizielle Akt der Vollstreckung des richterlichen Willens kaum mehr eine Abschreckungswirkung habe, sondern zu einem „Volksspektakel“ werde, bei den Unmengen an Schaulustigen „in widerlicher Weise“ ihre „roheste Neugier“ befriedigen wollten. Er plädiert darum entschieden dafür, „dass der Vollzug der Todesstrafe in einem geschlossenen Raume vor einer Anzahl Zeugen weit vorzüglicher sey“.[95]

Die Regierung von Niederbayern ist jedoch anderer Ansicht und schreibt an König und Staatsregierung in München:

> „Allerdurchlauchtigster Großmächtigster König Allergnädigster König und Herr! (...) Der von dem Stadtkommissär in Passau bezielte Antrag auf Beschränkung der Öffentlichkeit des Actes der Hinrichtung stellt sich dennoch, so viel hiefür auch im Allgemeinen sich anführen läßt, nach den gegenwärtig bestehenden gesetzlichen Standpunkten als verfrüht dar."[96]

Vorsicht scharf! Der Staat fürchtet sein eigenes Fallschwert

Unter den Münchner Zuschauern der drei Hinrichtungen am 19. August 1854 befand sich vielleicht auch der Münchner Mechanikus Johann Mannhardt, um die württembergische Guillotine in Aktion zu sehen und etwaige Mängel zu erkennen. Unabhängig davon nahm er sie gemeinsam mit einer Kommission aus Ministerialbeamten, Technikern und Ärzten in näheren Augenschein und studierte ihre technischen Details, um sich für seine Fallschwertmaschine Anregungen zu holen und Verbesserungen vorzuschlagen.[97]

Während Mannhardt die Maschine entwickelte, arbeiteten die Beamten des Justizministeriums schon einmal erhebliche Vorsichtsmaßnahmen für die Lagerung der neuen Hinrichtungsgegenstände aus. Was die sieben hölzernen Richtbänke anlangte, sollten die örtlichen Lokalbaukommissionen dafür sorgen, dass ihre jeweilige Bank in einer Kiste verschlossen und in einem abgesperrten Raum gelagert würde.[98] Die eisernen Obergestelle in München und Würzburg sollten getrennt von den Unterbauten und ebenfalls in einer eisenbeschlagenen Eichenholzkiste aufbewahrt werden – dafür sollte die Kommandantur der örtlichen Militäreinheiten zuständig sein. Die Schlüssel der Kisten wiederum sollte der Direktor des jeweiligen Kreis- oder Stadtgerichtes, das auch die Oberaufsicht über die Obergestelle hatte, in seiner Obhut haben. In München war als Lagerungsort für das Obergestell das Artilleriedepot am Oberwiesenfeld ausersehen.

Nach jeder Verwendung der Fallschwertmaschinen sollten die Messer aus den Obergestellen geschraubt und an einem dritten Ort separat aufbewahrt werden. Zu jedem Obergestell gehörten nämlich zwei identische Messer, die, in Kisten verschlossen, im Depositengewölbe der Kriminalregistratur des zuständigen Gerichts zu lagern wären. Als Schlüsselwart war wieder dessen Direktor vorgesehen.[99]

Warum dieser Aufwand, der bei jeder Verwendung der Guillotinen zu einer Menge Bürokratie und zu Transporten von unterschiedlichen Orten aus führte – und anschließend wieder zurück? Ganz offensichtlich hatte man im Justizministerium noch die Schrecken der Französischen Revolution vor Augen, während der die Guillotine zu blutigen Exzessen geführt hatte, und wollte Missbrauch durch Unbefugte verhindern.[100]

Auch dem bayerischen König bereitete das Kopfzerbrechen. In einem Schreiben vom 9. November 1854 ordnete er darum sogar an, ein weiteres Mal zu prüfen, ob es denn wirklich bei der getroffenen und auch von ihm befürworteten Entscheidung für die Fallschwertmaschine bleiben oder ob man nicht vielleicht doch lieber wieder zur Hinrichtung mit dem Schwert zurückkehren solle. Hierfür sei zu untersuchen, wie oft denn seit 1813 bei Hinrichtungen mit dem Schwert mehr als ein Schlag nötig gewesen sei.

Den Grund für seine Bedenken nennt der König unumwunden: Er befürchte, die Guillotine könne im Falle eines Umsturzes in fremde Hände gelangen und dann „leicht in vermehrte Anwendung geraten". Sicher dachte er dabei auch an seinen eigenen Kopf und forderte, bei der Aufbewahrung der Maschine müsse jedenfalls „besondere Sicherheit getroffen werden". Am Ende einigte man sich, wie erwähnt, darauf, die Einzelteile der Fallschwertmaschine getrennt aufzubewahren. Am 22. Januar 1855 schließlich bekommt Johann Mannhardt den endgültigen Auftrag zum Bau zweier vollständiger Fallschwertmaschinen und fünf weiterer Böcke.[101]

Bevor allerdings die Guillotine jedes Mal in einer der sieben Städte betriebsbereit aufgebaut wird, vereinbart man zur zusätzlichen Sicherheit ein umfangreiches Prozedere: Zunächst sollte das jeweilige Schwurgericht an das Königlich-Bayerische Kreis- und Landgericht München links der Isar schreiben und darum ersuchen, dass ein Scharfrichter mit dem Obergestell der Fallschwertmaschine samt Messern anreiste. Das Gericht sollte sodann den jeweiligen „Stadtcommissär" von der bevorstehenden Hinrichtung informieren und die lokale

„Civil-Bau-Inspektion" beauftragen, das Podium für die Maschine aufzubauen und das Untergestell herbeizuschaffen. Dann sollte das Gericht durch die Civil-Bau-Inspektion das Obergestell und die Messer von ihren Lagerorten in die Angerfrohnveste – ab 1894 ins neu errichtete Gefängnis München-Stadelheim – transportieren lassen. Dafür musste der Transporteur jeweils ein entsprechendes Auftragsschreiben vorweisen und sich den Empfang quittieren lassen. Am Tag vor der Hinrichtung schließlich sollte der Nachrichter mit seinen zwei Gehilfen im Münchner Gefängnis das Obergestell an das dort eingelagerte hölzerne Untergestell schrauben und mit einer „Fallschwertprobe" sicherstellen, dass die Maschine funktionstüchtig sei. Man kann sich vorstellen, dass dieses Vorgehen zu einem enormen Papierkrieg zwischen den verschiedenen Stellen führte. Immerhin wissen wir so heute gut über die Abläufe Bescheid.

Für Hinrichtungen in Augsburg oder Straubing sollte der Scharfrichter die Münchner Guillotine nach der Probe wieder zerlegen, das Obergestell und die Messer zurück in ihre Kisten packen, diese verschließen und das Obergestell am Münchner Hauptbahnhof zum Transport aufgeben. Nach dem „Einsatz" sollte ein Beamter der Bau-Inspektion die Maschine ein weiteres Mal überprüfen, woraufhin Obergestell, Bock und Messer wieder an ihre Lagerorte verteilt werden sollten. Für die Würzburger Guillotine und ihre drei zusätzlichen Einsatzorte im nördlichen Bayern war ein ähnliches Prozedere vorgesehen.[102]

Um diese langen und kostspieligen Transportwege – vor allem nach Einweihung des weit vom Stadtzentrum entfernten Gefängnisses Stadelheim – zu vermeiden, ließ das Kreis- und Landgericht München I im Jahr 1897 ein weiteres, sehr einfach gefertigtes Untergestell als Probebock anschaffen, das wie das Obergestell im Artilleriedepot lagerte, um die Fallschwertprobe dort stattfinden lassen zu können.[103] (Als das Artilleriedepot 1918 vom Oberwiesenfeld ins weiter stadtauswärts gelegene Milbertshofen verlegt wurde, gab es eine Initiative, Ober- und Untergestell gemeinsam in der Innenstadt unterzubringen. Das wurde ohne Begründung – wie auch schon einmal 1905 – abgelehnt.[104])

Zusätzlich zur Fallschwertmaschine musste vor jeder öffentlichen Hinrichtung ein Podium aufgebaut werden, auf dem die Maschine stehen sollte. So konnten Schaulustige die Exekution auch aus größerer Entfernung verfolgen, wovon sich die Obrigkeit eine abschreckende Wirkung erhoffte. Außerdem war jede Hinrichtung für den Staat eine Gelegenheit, seine Macht öffentlichkeitswirksam zu demonstrieren.

„Zuagricht, hergricht, hingricht“: Das Fallschwert zwischen 1855 und 1918

„Da habt's mein Hütl, den Kopf könnt's morgen auch haben!“[105]

Innovation aus Bayern: Die technische Weiterentwicklung der Guillotine

Weniger als ein Jahr nach der bayerischen Entscheidung für die Guillotine ist Johann Mannhardts erster Prototyp einer Fallschwertmaschine im Januar 1855 fertig. Und er weist einige technische Neuerungen auf: Mannhardt kannte offenbar ein wesentliches Problem bisheriger Guillotinen. Bislang fiel das Messer nämlich in einer Holzschiene nach unten auf den Nacken des Verurteilten, was, wie erwähnt, zu erheblicher Reibung führte und eine große Fallhöhe nötig machte. Außerdem blieb das Messer häufig auf halber Strecke hängen, da sich das Holz bei unterschiedlicher Luftfeuchtigkeit ausdehnte bzw. zusammenzog. Bei zahlreichen Hinrichtungen musste das steckengebliebene Messer darum mehrmals wieder nach oben gezogen und erneut ausgeklinkt werden.

Also befestigte Mannhardt das 14 Kilogramm schwere Messer mit vier Schrauben in einem 39 Kilogramm schweren schmiedeeisernen Schlitten, der in der Führungsschiene des erstmals ebenfalls aus Eisen gefertigten Fallbeilrahmens vergleichsweise reibungsarm und wegen der langen Kontaktfläche auch verkantungsfrei laufen konnte. Im Gegensatz zur Württembergischen Maschine, die eine Fallhöhe von rund 2,50 Metern hatte, kam Mannhardt darum mit einer Fallhöhe von 116 Zentimetern aus. Den Schlitten kurbelte der Scharfrichter vor der Hinrichtung über eine Rolle nach oben, bis er in einen kräftigen Haken einrastete; diesen brauchte er nur noch mit einem Hebel zu lösen, um das Messer dem nahezu freien Fall zu überantworten.[106]

Am Fußende der Guillotine brachte Mannhardt wieder eine *bascule*, ein Kippbrett, mit Trittfläche für den Verurteilten an. An dessen Rückseite ist ein T-förmiger Eisenbeschlag befestigt, der in eine breite, ebenfalls T-förmige Nut der Bankoberseite eingefädelt wird. Der Beschlag fungiert einerseits als Scharnier, um die *bascule* in die Horizontale zu kippen, und andererseits läuft er in der Nut in der Bank wie in einer Schiene, damit die Gehilfen die in die Horizontale gebrachte *bascule* mit dem oder der Verurteilten an das Messer heranschieben konnten.[107]

Die zerlegbare Fallschwertmaschine von Johann Mannhardt war leichter und einfacher zu transportieren als die französischen Modelle. Nicht zuletzt darum bewog die Qualität der Konstruktion auch andere Regierungen, ein Exemplar zu bestellen. So ging 1856 eines an das Großherzogtum Baden, 1859 eines ans Königreich Hannover, und noch 1912 ließ die Verwaltung des „Reichslandes“ Elsaß-Lothringen – lange nach Mannhardts Tod – eine Guillotine nach seinen Plänen anfertigen.[108]

Es wird immer wieder kolportiert, es habe verschiedene Messer gegeben, und die Scharfrichter hätten durch das Guckloch der Todeszelle an ihren Kandidaten „Maß“ genommen, um zu entscheiden, welches Messer sie für die Enthauptung in die Fallschwertmaschine einschrauben sollten.[109] Diese Überlieferung steht jedoch im Widerspruch zu den beiden nahezu identischen Messern im Bestand des Bayerischen Nationalmuseums, deren Schneiden nur minimal unterschiedliche Längen von 35,7 Zentimeter bzw. 37,5 Zentimeter und ebenfalls kaum voneinander abweichende Neigungswinkel haben.[110] Auch in der Überlieferung zur Stadelheimer Guillotine sind seit 1855 immer nur zwei Messer belegt. Möglicherweise hat der NS-Scharfrichter Johann Reichhart mit derartigen Äußerungen Aufmerksamkeit erheischen wollen. Wahrscheinlich war das zweite Messer lediglich als Ersatz gedacht, falls das eine durch eine Hinrichtung kurz vorher stumpf oder schartig geworden war. So musste das Messer zum Beispiel 1873 bei einer Doppelhinrichtung in Amberg nach der ersten Vollstreckung ausgewechselt werden.[111]

Die erste Hinrichtung mit dem Mannhardt-Fallbeil

Am 13. Januar 1855 wird die Fallschwertmaschine von einer Kommission aus Ärzten und Technikern in der Münchner Anatomie an einer Leiche getestet und „von beiden Theilen ihrem Zwecke entsprechend befunden“.[112] Zwei Wochen später stirbt unter ihr in Augsburg der erste

Delinquent. Es ist der 40-jährige Tagelöhner Joseph Anton Häusler aus Ofterschwang im Allgäu. Er hatte wegen mehrerer Diebstähle bereits zwei Mal für mehrere Jahre im Gefängnis gesessen und anschließend keine Arbeit mehr gefunden. In seiner Not erschlug er eine alte Bäuerin, obwohl er wusste, dass sie nur einiges an geräuchertem Fleisch, Brot, Butter und Käse bei sich hatte. Bei der Toten fand er noch ihre kleine Barschaft von ein paar Kreuzern und einen Rosenkranz. Er zerrte die Leiche an eine abseits gelegene Scheune, um sie dort unter Schindeln zu verstecken. Anschließend genehmigte er sich aus dem Raubgut mit gutem Appetit eine Brotzeit und wurde keine Woche später verhaftet, weil er in der Gegend gesehen worden war. Bei der Verhandlung vor dem Schwurgericht bat der offenbar verzweifelte Mann um die Todesstrafe, weil er nicht mehr ins Gefängnis zurückwolle.

Am 27. Januar 1855 muss Häusler laut Zeitungsberichten um 5 Uhr früh geweckt werden, hat also offenbar gut geschlafen, verzehrt noch Kaffee und einen Kranz und fährt – von Chevauxlegers im Trab eskortiert – auf dem Armesünderkarren durch Augsburgs Wertachbrucker Tor zur Richtstätte vor die Stadtmauer hinaus. Angeblich verlieh er seiner Zufriedenheit Ausdruck, dass er „nach neuer Mode“ hingerichtet werden solle.

> „Häusler bereitete sich mit zerknirschter Seele zu dem schweren Gange vor, legte eine aufrichtige Beicht ab und empfing die Segnungen seiner Kirche mit tiefergriffenem Gemüthe, – Dank den Bemühungen der Herren Geistlichen, die sich so warm und angelegentlich mit ihm beschäftigten.“[113]

Das Schafott mit der Fallschwertmaschine ist seit dem Vorabend aufgebaut und von einer Abteilung Infanterie umstellt. Häusler bekommt im Inneren des Schafotts die Augen verbunden, wird die Treppe hinaufgeführt, an das Kippbrett geschnallt und von Scharfrichter Scheller enthauptet. Anschließend hält ein Geistlicher eine Rede, die der *Bayerische Landbote* „ergreifend“ nennt. Darin fasst der Kaplan den Lebenslauf des Hingerichteten zusammen, hebt seine Reumütigkeit und Sühnebereitschaft anerkennend hervor, ermahnt die Zuhörerinnen und Zuhörer und betet mit ihnen ein Vaterunser.

> „Einen ferneren Lichtblick bei diesem erschütternden Akte bot die Wahrnehmung, daß unter den großen Massen, die sowohl auf beiden Seiten der Gassen,

> durch welche der Zug kam, als auch in der Umgebung der Richtstätte, dicht aneinander gedrängt standen, sich nur sehr wenige Kinder befanden."[114]

Schulpflichtigen Kindern ist es nämlich ausdrücklich untersagt, bei der Hinrichtung zuzusehen. Ein Mann, der dennoch seinen kleinen Neffen – offenbar aus pädagogischen Überlegungen – dorthin mitbringt, muss zur Strafe 36 Stunden in Arrest.[115]

Mannhardt änderte seine Konstruktion noch in zwei Details. Der Kopf sollte nämlich nicht in einen Korb mit Sägespänen fallen, sondern in einen Leinensack, der an einer weiten Spange am Kopfende der Guillotine eingehängt wurde. Außerdem fügte er dem Bock ein spatenförmiges, schräges Blech bei, über das das Blut entweder auf den Boden oder in ein mit Sägespänen gefülltes Kästchen ablaufen konnte.[116]

Am 7. Mai 1855, also fast ein Jahr nach Hussendörfers Hinrichtung, liefert Mannhardt die beiden vollständigen Fallschwertmaschinen samt fünf zusätzlicher Unterbauten. Seit dem 1. April regeln klare Anweisungen in 26 Paragrafen die Vorbereitung und Durchführung der Hinrichtungen mit der Fallschwertmaschine in Bayern.[117]

Das Zeremoniell der Enthauptung

Hinrichtungen waren einem festgelegten zeremoniellen Ablauf unterworfen, von dem Ende des 19. Jahrhunderts nur noch Reste übrig waren. Das Ritual sollte dem Eindruck der Barbarei entgegenwirken, der Ungeheuerlichkeit, dass der Staat, der doch das Leben zu schützen hatte, einen Menschen tötete: Hier kam der Tod nicht unangekündigt wie beim Mord daher, sondern folgte nüchtern dem Buchstaben des Gesetzes und dem Zeremoniell. Das Ritual half in seiner Unweigerlichkeit, das Tabu des Tötens zu überwinden und dem Volk vor Augen zu führen, welche Folgen gewisse Verbrechen hatten. Und schließlich symbolisierte es für den Verurteilten einen Ritus der Reinigung und des Übergangs vom Leben zum Tod. Es bereitete ihn auf das Unausweichliche vor und hielt ihn an, sich dem Ritual zu unterwerfen, das zudem alle Beteiligten ihrer Hemmungen und Zweifel enthob – und damit der Notwendigkeit, eine Entscheidung zum Einschreiten zu treffen, denn alles war bereits entschieden.[118]

Wie die Hinrichtungen mit der bayerischen Fallschwertmaschine in der zweiten Hälfte des 19. Jahrhunderts vonstatten gingen, als sie bereits unter Ausschluss der breiten Öffentlichkeit stattfanden, schildert anschaulich eine Reportage der *Bamberger Neuesten Nachrichten* vom 15. Februar 1879. Am Vortag wird in Nürnberg der Tagelöhner Georg Ulherr mit der aus München herbeigeschafften Guillotine geköpft. Der Mann ist schuldig gesprochen worden, seine siebenjährige Tochter im Wald vergewaltigt und bestialisch ermordet zu haben:

> „Der westliche Theil der Frohnvestbastei war durch einen bis zur Erde gehenden, in der Mitte theilbaren und verschiebbaren blauen Vorhang von dem östlichen getrennt, in welchem sich auf der nördlichen Seite der mit blauem Tuche überdeckte Tisch für den Exekutionsbeamten, in der Mitte ein weiß überdeckter Tisch mit einem Kruzifix befand; dem ersteren Tisch gegenüber stand der Stuhl für den armen Sünder.
> Auf dem Gerüste selbst befand sich der Scharfrichter Scheller mit seinen beiden Gehilfen, von denen der eine bereits seit 15 Jahren seinen Dienst versieht, – sie hatten die Fallschwert-Maschine, mit der die Enthauptung zu geschehen hatte, aufgestellt. Scheller selbst, bereits 64 Jahre alt, ist ein großer, stark gebauter Mann mit ergrauenden Haaren und fungirt schon nahezu an 30 Jahre in seinem Amte. Er ist glatt rasirt und trägt schwarzen bürgerlichen Anzug und Ueberrock.
> Die Fallschwertmaschine selbst besteht aus zwei oben mit einem Querholz verbundenen Säulen, zwischen welchen ein schweres, scharfes und schräg liegendes Eisen in Falzen herabgleitet und so dem (sic!) in den Ausschnitt eines beweglichen Brettes, auf welches der Verurtheilte festgebunden wird, ruhenden Kopf unfehlbar vom Hals trennt. Wenn das Brett eingeschoben ist, liegt der Kopf des Verurtheilten in einem halbkreisförmigen ledernen Sacke, der oben offen ist. Sämmtliche Theile der Maschine sind von Eisen. (…)
> Um 8 Uhr 5 Minuten war der Vollzugskommissär wieder aus der Frohnveste getreten, um 8 Uhr 12 Min. erschien Ulherr, mehr von den beiden Gehilfen des Nachrichters getragen, als daß er ging. Er schien vollständig gebrochen; das Auge stier und angstvoll blickend, die Hände gefaltet, die Gesichtsfarbe bleigrau. Er wurde auf den Stuhl gesetzt, die Gehilfen blieben bei ihm stehen. Auf Verlangen erhielt er während der folgenden Vorlesung stärkende Tropfen auf Zucker.
> Der Vollzugskommissär ließ nun durch den Aktuar vor der Versammlung eine kurze und gemeinfaßliche Geschichte der Verbrechen Ulherr's nebst dem Strafurtheile, von letzterem jedoch nur den Tenor mit Hinweglassung der Entscheidungsgründe verlesen und brach hierauf den Stab über den Verurtheilten. Es war dies um 8 Uhr 20 Minuten.

Der Geistliche, Herr Vikar Reindel, verrichtete hierauf ein kurzes Gebet. Er empfahl den armen Sünder der Gnade Gottes, der nicht den Tod des Sünders wolle, sondern daß er lebe, im Hinblick auf den Schächer, dem Christus noch am Kreuze vergeben hatte. Mit der Anrufung Gottes des Vaters, Sohnes und heiligen Geistes und Ertheilung des Segens schloß das Gebet.
Auf ein vom Kommissär gegebenes Zeichen verbanden die Gehilfen des Nachrichters dem Delinquenten die Augen, nahmen ihn in ihre Mitte und führten ihn auf das Schaffot. Es war 8 Uhr 22 Minuten.
Rasch und sicher geschah das Aufschnallen des Delinquenten auf das Brett; es wurde umgelegt, eingeschoben – ein Druck des Nachrichters an die Maschine – ein Blitzen des niedersausenden Eisens, ein Zischen – und das vom Rumpf getrennte Haupt fiel in den Korb, ein Schauer schien durch den aufzuckenden unter dem Drucke der Bande sich dehnenden Körper zu gehen. – Ein Moment. – Dann war Alles vorbei. – Bleich und erschüttert standen die Zuschauer. – Das strömende Blut färbte den Sand roth. Es war 8 Uhr 23 Minuten.
Das Klingen des Glöckchens, das unmittelbar nach Beendigung des Gebetes des Geistlichen und bei Verbindung der Augen des Delinquenten mit schriller Stimme den Beginn des Hinrichtungsaktes auch den Außenstehenden angezeigt hatte, verstummte. Der Geistliche verrichtete ein kurzes Gebet.
Das Haupt mit dem bekleideten Leichnam wurde nunmehr vor den Augen der Zuschauer in einen bereitstehenden Sarg gelegt, der vorher durch das Schaffot den Blicken verborgen gewesen war. Der Körper des Hingerichteten wird der anatomischen Abtheilung der Universität Erlangen übergeben und dorthin mit dem heutigen Vormittags-Schnellzuge verbracht werden.“[119]

Wenn der Henker dem Hinzurichtenden die Augen verbindet, schützt er sich ursprünglich vor dem „bösen Blick“ des Verurteilten. Außerdem braucht er ihm so nicht mehr in die Augen zu sehen und muss nicht seine Todesangst mitempfinden, die sich an den Augen wie nirgends sonst am Körper ablesen lässt. Das mindert auch seine Schuldgefühle und damit die Hemmschwelle, seines Amtes zu walten. Ganz praktisch gesehen ist ein Mensch mit verbundenen Augen aber auch wehrloser, weil er die Mordwerkzeuge nicht mehr sieht und im entscheidenden Moment der Hinrichtung nicht gezielt ausweichen kann.[120]

Die Verurteilten

Soweit bekannt, sind auf der Münchner und der Würzburger Fallschwertmaschine im 19. Jahrhundert ausschließlich Menschen gestorben, die wegen Mordes verurteilt waren – zwei von ihnen waren Frauen.

Die meisten kamen aus der einfachen bis einfachsten Bevölkerung: Tagelöhner, Dienstmägde und -knechte, kleine Bauern, Handwerksgesellen oder auch Soldaten. Die überwiegende Mehrheit hatte aus Habgier oder materieller Not gemordet, dabei aber häufig nur kleine Beträge oder auch nahezu bedeutungslose Gegenstände an sich gebracht, die ihre teilweise miserable Lebenssituation nicht grundlegend verbessern konnten. Viele der übrigen waren unglücklich in ihrer Ehe und wollten die Partnerin oder den Partner loswerden, oft um für eine andere Verbindung frei zu sein. Andere waren aus Hass, Wut, Rache, verschmähter Liebe oder tiefer Kränkung zu Mördern geworden – ihre Opfer waren zum Beispiel der Vater, die Ehefrau oder der Bauer, an dem sie sich etwa nach einer Kündigung rächen wollten, indem sie ihm die Scheune oder das Haus über dem Kopf anzündeten.

Manche Männer hatten durch Mord eine schwanger gewordene Geliebte aus dem Weg räumen wollen, um Unterhaltszahlungen, gesellschaftliche Nachteile und Vorwürfe zu vermeiden. Gelegentlich mussten auch Kinder sterben, weil ihre Väter keinen Unterhalt zahlen wollten oder konnten. Einige Täter sahen sich von der Gesellschaft gedemütigt und schikaniert, wenn sie zum Beispiel aufgrund ihres unangepassten Lebensstils im Gefängnis gelandet waren und dort mit aus ihrer Sicht ungerechter Behandlung gebrochen werden sollten. Aus Zorn und Rache brachten sie dann einen Wärter oder einen Mitgefangenen um. Einige wenige Täter hatten getötet, um sich sexuelle Lust zu verschaffen.

Adelige, Akademiker oder wohlhabende Leute sind unter den zum Tode Verurteilten nur in Ausnahmefällen zu finden. Das liegt vor allem daran, dass die einfache Bevölkerung die überwiegende Mehrheit der Gesellschaft bildete, aber auch an sozialen Faktoren: So konnten wohlhabende Angeklagte sich gute Anwälte leisten, die ihnen zu einer Verurteilung wegen Totschlags und damit zu einer Gefängnisstrafe verhalfen. Außerdem waren Gerichte, Staatsanwälte und Beamte des Justizministeriums sozial höher Gestellten generell gewogener, weil sie aus ihrem eigenen Milieu stammten; deshalb sorgten sie oft für eine weniger strenge Bestrafung, während sie einfache Leute oftmals aus Standesdünkel heraus als triebhaft, verdorben und verbrecherisch stigmatisierten. Und schließlich lastete auf der mittellosen Bevölkerung – etwa auf Mägden, Knechten oder Tagelöhnern – ein enormer finanzieller und gesellschaftlicher Druck. Auch konnten Gesellen oder Tagelöhner zum Beispiel erst heiraten und eine Familie gründen, wenn sie Grundbesitz erworben hatten. Dies alles barg jede Menge Zündstoff, förderte Konkurrenz, Neid oder Hass untereinander und machte die Menschen mutmaßlich auch verzweifelter, wütender und aggressiver.[121]

Einige wenige Verurteilte wurden zu Mördern, um gegen die soziale Ungleichheit zu protestieren und ihrem Unglück im Leben Ausdruck zu verleihen. Einer von ihnen ist Johann Baptist Straßer aus Niederalteich. Der Zinngießer geht 1897 auf Wanderschaft und bereist Österreich, das nördliche Italien und einige slawische Länder, sitzt aber des Öfteren wegen Landstreicherei und Bettelns im Gefängnis. Sein ansehnliches Erbe verliert er durch einen betrügerischen Unterhändler, kann jedoch nur eine Abfindung erstreiten. Verbittert von seinem misslungenen Leben und voller Neid auf gesellschaftlich sowie finanziell Bessergestellte geht der Mitdreißiger nach München, um durch einen aufsehenerregenden Mord vermeintlich ein Zeichen des Protests zu setzen und sich dann hinrichten zu lassen.

Vor der preußischen Gesandtschaft in der Prinzregentenstraße wird er fündig: Der Militärattaché Major Oskar von Lewinski aus Schwerin erscheint ihm als das geeignete Opfer. Straßer postiert sich auf der Prinzregententerrasse, folgt dem Major ein Stück und schießt ihn dann beim Friedensengel mit einer modernen Browningpistole, die er in Triest erstanden hat, ebenso nieder wie einen Oberwachtmeister, der dem Major zu Hilfe kommen will. Beide erliegen ihren Verletzungen. Straßer wird überwältigt, zwei Mal zum Tode verurteilt und am 25. September 1913 von Franz Xaver Reichhart in Stadelheim guillotiniert.[122]

Viele der Taten zeugen von erschreckender Rohheit oder einem ungeheuren Aggressionsstau der Täter und verliefen dementsprechend blutig: Da erschlägt der Dienstknecht Franz Xaver Marchner aus Thalmassing bei Regensburg an einem Januarmorgen des Jahres 1873 seine Schwester, ihren Mann, eine dreijährige Tochter und einen einjährigen Sohn. Das Blut steht zolltief an der Zimmertür. Als Einzige überlebt die neunjährige Tochter mit schweren Kopfverletzungen und kann den Onkel als Täter benennen. Vor Gericht sagt er aus, sein Vater habe ihn angestiftet, die Familie der eigenen Tochter auszulöschen, um gemeinsam Haus und Geld zu erben.[123]

Ein unverheirateter Vater aus Rosenheim ertränkt im Sommer 1855 seinen fünfjährigen Sohn in der Mangfall und vergräbt ihn anschließend am Ufer in einer Grube, die er tags zuvor ausgehoben hat. Zur Befestigung der Erdschicht über dem Leichnam springt er so auf den Rasenstücken herum, dass er es unter seinen Füßen knacken hört. Der Grund für die Tat: Er will die Alimente sparen, weil er noch ein weiteres uneheliches Kind hat und in erheblichen finanziellen Schwierigkeiten ist.[124]

Ein Mittenwalder Geigenbauer verspricht seiner Geliebten im September 1884, sie am kommenden Sonntag zum Tanz einzuladen. Weil aber dem „Hebammen-Toni", wie Anton Hornsteiner wegen des Berufs seiner Mutter genannt wird, das Geld dafür fehlt, legt er sich an der Straße zwischen Partenkirchen und Mittenwald auf die Lauer. Des Weges kommt ein ihm bekannter Berufskollege, dem er sich anschließt. Als er im Gespräch erfährt, dass sein Begleiter den Erlös einer verkauften Kuh in der Tasche trägt, malträtiert er ihn mit 39 Messerstichen an Kopf, Unterleib, Armen und Rücken, nimmt den Geldbeutel mit 183 Mark an sich und lässt die Leiche im Graben liegen. Er wird gewusst haben, dass sein Opfer eine schwangere Frau und drei kleine Kinder hinterlassen würde.[125]

Die Begnadigung

Wie jeder und jede zum Tode Verurteilte in Bayern kann sich auch der Geigenbauer noch an die Hoffnung klammern, vielleicht vom König begnadigt zu werden. Falls das geschieht, bezeugt der bayerische Herrscher dem Verurteilten damit aber nicht seine Gunst – das wäre ja Parteilichkeit –, sondern die Begnadigung soll nur dann die Strafe abmildern, wenn sie angesichts der Tatumstände und der Person des Täters als zu hart erscheint. In der Gerichtsverhandlung haben die Richter nämlich nur einen engen Ermessensspielraum, wenn es um mildernde Umstände geht.

Bis zur Strafgesetzreform von 1862 konnte der Richter nach dem Prozess eine Begnadigung anregen, wenn er ein Todesurteil für unangemessen hielt, ihn aber der Spruch der Geschworenen und die Gesetze dazu gezwungen hatten. Ab 1862 jedoch sieht das schriftliche und nicht-öffentliche Begnadigungsverfahren vor, dass ausgerechnet der

Staatsanwalt des Verfahrens, der naturgemäß nicht auf der Seite des Angeklagten steht, zum Fall ein Gutachten schreibt, das er dem Justizminister vorlegt. Der wiederum verfasst auf dieser Grundlage einen Antrag an den König. Seit der Revolution von 1848 kann der König allerdings nicht mehr allein über die Begnadigung entscheiden, sondern braucht dafür die Unterschrift des Justizministers.

Die Justizminister der Zeit erwägen im Begnadigungsverfahren oft nicht nur das begangene Verbrechen und seine angemessene Bestrafung, sondern auch politische Interessen. So drängen sie den König zunehmend häufig zu einer Begnadigung, weil die Kritik an der Todesstrafe lauter wird. Zuweilen üben sie aber auch Druck auf ihn aus, die Begnadigung abzulehnen: Das kann zum Beispiel passieren, wenn das Volk für eine Hinrichtung ist oder wenn ein Exempel statuiert werden soll, um zukünftige Täter abzuschrecken oder die Macht des Staates zu demonstrieren. Zum Beispiel setzt der Justizminister 1873 die Hinrichtung des erwähnten Franz Xaver Marchner durch. In den vergangenen Jahren sei kein Todesurteil mehr vollstreckt worden, schreibt der Minister, und es gebe Anzeichen, dass die Bayern nicht mehr daran glaubten, dass die Todesstrafe noch angewendet werde.[126]

Dem König gefällt es natürlich nicht, dass er in seiner Machtfülle beschnitten ist und nicht mehr allein entscheiden kann. Also kommt es immer wieder zu Kraftproben zwischen ihm und dem jeweiligen Justizminister. Einheitliche Regeln für die Begnadigung gibt es nicht, sondern es wird von Fall zu Fall entschieden – oder miteinander gerungen. Dabei hängt das Leben des Verurteilten mitunter also stark von den politischen Umständen ab, vom Machtverhältnis zwischen König und Justizminister und sicher auch ihrer Beziehung zueinander.

Gründe für eine Begnadigung können in den persönlichen Verhältnissen des Täters zur Tatzeit und in seiner Persönlichkeit liegen: Gute Chancen auf eine Begnadigung zu einer Zuchthaus- oder Kettenstrafe hat er, wenn er nicht vorsätzlich gemordet hat, ein reuevolles Geständnis ablegt, über einen guten Leumund verfügt oder sehr jung ist, wenn ersichtlich ist, dass er sich bessern wird, oder wenn die Entscheidung der Geschworenen falsch erscheint. Letzteres geschieht aber weniger, um dem Verurteilten kein Unrecht zu tun, sondern um mit einem Fehlurteil keinen Justizskandal zu riskieren. Schließlich will man den Zweifeln an der Legitimität der Todesstrafe nicht zusätzliche Nahrung geben.

Schlechte Karten hat der Delinquent hingegen, wenn er nicht geständig und reuig ist, wenn er vor Gericht einen schlechten Eindruck gemacht hat, „sittlich verkommen“ ist oder zügellos seinem „sündhaften Trieb zur Wollust“ folgt – für eine solche Beurteilung genügt schon ein uneheliches Verhältnis. Die Gutachter nehmen dabei gerne auch das Äußere und die Gesichtszüge des Delinquenten als Beweis ihrer Thesen.

Indem sie einen Täter als „todeswürdig“ erachten, grenzen sie sich und ihre Moralvorstellungen von der Person des Täters, seiner Tat und vom „Bösen“ ab und versichern sich ihres Standes, ihrer Überlegenheit und ihrer Integrität. Auch damals saßen Angehörige der gehobenen und gebildeten Schichten über meist ungebildete und mittellose Menschen zu Gericht. Aber wie viel weiß ein in der Stadt lebender, bürgerlicher Staatsanwalt oder Justizminister in bis zum Hals geschlossener Kleidung und ohne Hornhaut an den Fingern von der Härte des Landlebens oder der Lebenswirklichkeit und den Nöten eines Handwerksgesellen, der tagsüber schwere körperliche Arbeit leistet und nachts seinen Strohsack mit Flöhen teilt? Das Begnadigungsverfahren ist also intransparent, teilweise subjektiv, nicht ausschließlich an der Tat und am Täter orientiert und es konterkariert die Gerichtsverhandlung unabhängiger Richter. Die Gegner der Todesstrafe nannten es eine „Todeslotterie“.[127]

Für den Fall des Mittenwalder Geigenbauers, der aus Habgier seinen Kollegen erstochen hat, interessiert sich Ludwig II. besonders und lässt sich mehrfach davon berichten – möglicherweise wegen seiner Affinität zu den dortigen Bergen. Allerdings macht der König von seinem Recht auf Begnadigung keinen Gebrauch. Als der Geigenbauer von seinem abgelehnten Gesuch erfährt, beginnt er laut zu weinen. Am 15. April 1885 wird er um 6.45 Uhr morgens in München mit der Guillotine geköpft.[128]

Insgesamt lässt die bayerische Justiz jedoch im Verlauf des 19. Jahrhunderts immer mehr zum Tode Verurteilte begnadigen und damit immer weniger Todesurteile vollstrecken: Wenn die Vollstreckungsquote in den 1820er-Jahren noch bei 38 Prozent liegt, so sinkt sie auf sechs Prozent in den 1840er-Jahren und bleibt bis Anfang der 1880er-Jahre auf diesem niedrigen Niveau.

Eine Ausnahme sind lediglich die Jahre nach 1848, weil die Justiz nach einer Reform effektiver geworden ist: Viele Verfahren werden schnell wegen mangelnder Beweise eingestellt, sodass die Gerichte sich zügig anderen Prozessen zuwenden können. Außerdem kann ein Todesurteil nun auch ohne ein Geständnis verhängt werden, was die Verurteilung erleichtert und beschleunigt. Und schließlich führt auch die Einführung von Schwurgerichten mit zwölf Geschworenen, also nicht juristisch gebildeten Bürgern, zu mehr Todesurteilen – zum Teil, weil die Richter sie dahingehend manipulieren, zum Teil, weil die Geschworenen in einigen Fällen eine harte Bestrafung wünschen und sich damit ebenfalls von den – gesellschaftlich meist unter ihnen stehenden – Tätern abgrenzen. So werden in den 1850er-Jahren nicht nur mehr Gefängnisstrafen verhängt, sondern auch die Zahl der Todesurteile steigt auf 306 um ein Vielfaches an – 58 von ihnen werden vollstreckt (19 Prozent).[129]

Auf lange Sicht nahmen Todesurteile und Vollstreckungen jedoch ab, denn dem Staat widerstrebte das Blutvergießen durch die Justiz zunehmend. Außerdem wanderte der Fokus der Kriminologen mehr und mehr von der Tat auf den Täter. Darum vertrat die Gerichtsbarkeit immer öfter die Ansicht, der Delinquent habe im Moment der Gewalttat unvernünftig, von Sinnen oder von seinen Trieben überwältigt gehandelt und verdiene darum eher Mitleid als die Todesstrafe. So sind etwa Kindsmörderinnen und Brandstifter durchweg begnadigt worden. Wenn Frauen ihr – meist uneheliches – Kind töteten, nahm man an, sie seien nach der Geburt kurzzeitig geistig gestört und damit unzurechnungsfähig gewesen. Und auch für Brandstiftung empfand man die Todesstrafe immer weniger als angemessen.[130]

Keine Begnadigung erlangt der Kleinbauer Georg Buchner aus Rain bei Straubing, der seiner mehrere Jahre älteren Frau Anna Maria bald nach ihrer Eheschließung überdrüssig geworden ist, nachdem er sie 1845 nur wegen ihrer Mitgift geheiratet hatte. Die Zeitungen schildern ihn als gottlos, geldgierig, hinterlistig und schadenfroh. Er hatte Verhältnisse mit mehreren anderen Frauen und wurde Vater dreier unehelicher Kinder. Wenn Anna Maria ihm deswegen Vorwürfe machte, schlug er sie. Sie beklagte sich erst beim örtlichen Pfarramt Atting, dann beim bischöflichen Ehegericht Regensburg. Letzteres entschied

1849, dass sie auf unbestimmte Zeit von ihrem Mann getrennt leben dürfe und er ihr Unterhalt zahlen müsse. Weil er diese Ausgaben sparen möchte, lockt er sie sechs Jahre später mit wohl geheuchelter Freundlichkeit wieder ins gemeinsame Haus zurück. Bald darauf findet man ihre Leiche in einem kleinen Zufluss der Donau. Nachdem der Mordfall in der Umgegend für beträchtliches Aufsehen gesorgt hat, kommt zu der Hinrichtung des 37-Jährigen mit der Münchner Guillotine am 12. Februar 1857 in Straubing „eine große Menschenmenge, worunter ein großer Theil des zarten Geschlechts" gewesen sein soll.

> „Georg Buchner, welcher sicherem Vernehmen nach vor einer Gerichtskommission noch zwei Tage vor seinem Tode ein Geständniß seiner Schuld abgelegt hat, wornach er allein seine Ehefrau durch Hineinhalten in einen Wasserbarren ertränkte und Tags darauf in den Laberfluß versteckte, starb zerknirscht und mit ziemlicher Fassung."[131]

Die *Donau-Zeitung* druckt in einer Beilage eine Zeichnung von Buchner, wie er mit einem Kruzifix in der Hand auf einem Stuhl sitzt.[132]

Die Öffentlichkeit wird ausgeschlossen

Sieben Jahre nach den ersten Einsätzen der Fallschwertmaschine wurde den Regierenden klar, dass es besser wäre, die Todesurteile nicht mehr in aller Öffentlichkeit zu vollstrecken. Die Gründe dafür waren zahlreich und zeigen, dass die Todesstrafe in Bayern nicht mehr in vollem Umfang dem Zeitgeist entsprach.

Zum einen hatten die örtlichen Militärkräfte immer mehr Mühe, die Zuschauermengen im Zaum zu halten, sodass es zu Sicherheitsrisiken kam – mit der Gefahr von Ausschreitungen oder gar Unruhen. Johlende Zuschauer gerieten immer wieder außer Rand und Band, mokierten sich über die Obrigkeit oder feuerten die Scharfrichtergehilfen an, den Schopf des Verurteilten doch nur „ja nicht auszulassen". Immer wieder verkamen die Hinrichtungen also zu einem fröhlichen Spektakel, das kaum mehr erzieherischen Charakter hatte. Und zum anderen waren während der Exekutionen regelmäßig Diebe damit beschäftigt, den abgelenkten Zuschauern Geld und Uhren aus dem Hosensack zu ziehen.[133]

Zudem hatte die Überzeugung, dass öffentlich vollzogene Bestrafungen auf die Bevölkerung tatsächlich abschreckend wirkten, in den vergangenen hundert Jahren beträchtliche Einbußen erlitten. Manche Zeitgenossen waren im Gegenteil davon überzeugt, dass die öffentlich vollzogene und staatlich legitimierte Brutalität der Enthauptungen die Zuschauer sogar abstumpfen und verrohen ließe, was nur noch mehr Straftaten zur Folge habe. Außerdem war die Strafverfolgung deutlich effektiver geworden, sodass potenzielle Straftäter nicht mehr nur durch die Härte der Strafe abgeschreckt wurden, sondern vor allem durch die höhere Wahrscheinlichkeit, gefasst und verurteilt zu werden.[134]

Nicht zuletzt war es dem Staat ein Dorn im Auge, dass die Zuschauer mit den Verurteilten mitfühlten, sie vielleicht sogar bewunderten. Das Volk sollte sich doch abschrecken lassen, den Täter mit Abscheu betrachten und das Augenmerk nicht auf sein Verhalten richten, sondern auf den Akt der Hinrichtung und auf den Scharfrichter als Vollstrecker der staatlichen Allmacht! Und keinesfalls sollte es die Gesetze als unnötig grausam empfinden.

Weniger ins Gewicht gefallen sein mag, dass Anwohner sich über Richtstätten in ihrer Umgebung beschwerten, weil sie fürchteten, keine Mieter zu finden oder dass die Massen an Schaulustigen ihr Hab und Gut beschädigen könnten. Mehr dagegen zählte, dass die Sicherheitsvorkehrungen für öffentliche Hinrichtungen eine Menge Geld kosteten.[135] Gut zusammengefasst hatte die Sachlage bereits 15 Jahre zuvor das preußische Justizministerium in einem Memorandum an den König:

> „Die Hinrichtungen auf freiem Felde oder Markte werden vom Volke in der Regel als ein Schauspiel angesehen, an welchem die Neugierde Befriedigung sucht und findet. Der Zweck der Abschreckung geht meist verloren. Der große Haufe überläßt sich bei solcher Gelegenheit oft rohen Ausbrüchen seiner Laune; statt durch einen tiefen ernsten Eindruck auf die Sittlichkeit zu wirken, geben die öffentlichen Hinrichtungen Anlaß zu mancherlei Exzessen. Andererseits verfehlen sie die beabsichtigte Wirkung auch in der Beziehung, daß sie entweder ein brutales Vergnügen an dem traurigen Anblick oder Mitleiden mit dem Verbrecher oder eine Art Bewunderung seines Mutes, seiner Standhaftigkeit anregen. Die Feierlichkeiten, mit welchen die Exekution verbunden ist, das Aufsehen und die Aufmerksamkeit für den Delinquenten haben sogar, wie Beispiele ergeben, den Reiz und den Wunsch hervorgerufen, auf ähnliche Weise zu sterben, und dadurch zu schweren Verbrechen geführt."[136]

Um den Einfluss der Öffentlichkeit auf die Hinrichtungen zu verringern, wurden sie also nach 1861 in die Höfe von Gefängnissen verlegt – abgeschirmt von Blicken etwaiger Zaungäste. Aus einem detailreich inszenierten und zelebrierten Massenspektakel war also ein möglichst schneller Tötungsakt in größtmöglicher Diskretion geworden. Hörbar sollte die Hinrichtung aber weiterhin sein, denn während der Hinrichtung hatte eine Armesünderglocke zu läuten.

Im Hof der Amberger Fronfeste erhöhte man eigens die Zwingermauer zum Stadtgraben, um den Schaulustigen die Sicht zu nehmen. Doch die hangelten sich an der Mauer empor oder kletterten auf die Bäume im Stadtgraben, um dem Schauspiel trotzdem beizuwohnen. Für das Münchner Gefängnis „Angerfrohnveste" wurde ein 13 Fuß hoher Sichtschutz gebaut, der die Guillotine vor den Blicken aus dem benachbarten Angerkloster schützen sollte, zumal dort ein Mädchenpensionat eingerichtet war. Dennoch beklagten sich 36 Münchner Bürger darüber, dass während der Hinrichtungen die Glocke läutete und alle Nachbarn auf das schreckliche Ereignis aufmerksam machte. Dessen ungeachtet strömten Schaulustige weiterhin zu Hunderten vor das Gefängnis, wenn hinter den Mauern eine Hinrichtung stattfand, und immer wieder mussten – zum Beispiel am 15. April 1885 – „einige Gendarmen zu Pferd und zu Fuß sowie mehrere Polizeioffizianten (…) in den Straßen vor der Frohnfeste zur Aufrechterhaltung der Ruhe und Ordnung postirt" werden.[137]

Die Anzahl der Teilnehmer einer Hinrichtung war nun stark reduziert: eine Gerichtskommission (oder ein Beamter der Staatsanwaltschaft), ein oder zwei Geistliche, der Verteidiger des Verurteilten, 24 „achtbare Bürger", die den ordnungsgemäßen Ablauf der Hinrichtung als „Urkundspersonen" beglaubigen sollten, und Pressevertreter.[138]

Diese sogenannte „Intramuranhinrichtung" ist der Endpunkt einer Entwicklung, die die Vollstreckung von Todesstrafen zunehmend aus dem Blick der Öffentlichkeit rückte. Begonnen hatte diese Entwicklung zum Beispiel in München bereits um 1300, als die Hinrichtungen vom Marktplatz in der Stadtmitte an Richtstätten vor den Mauern der Stadt verlegt wurden.[139]

Eine der ersten nichtöffentlichen Enthauptungen in Bayern ist die von Ferdinand Hilz aus Riedlhütte im Bayerischen Wald. Der 24-Jäh-

Abb. 11 Die Fallschwertmaschine wohl um 1925 im Hof des Regensburger Gefängnisses mit Johann Reichhart (Mitte). – Deutlich erkennbar ist die senkrecht gestellte Wippe, auf welcher der Todeskandidat stehend festgeschnallt wurde. Mit den beiden Griffen oben zogen die Gehilfen ihn in die Horizontale und an das Fallbeil heran, bis sein Nacken unter dem Messer lag.

rige ist in einer Sägemühle und Holzwarenfabrik in Spiegelau beschäftigt und wohnt auch dort. Am 18. November 1865 geht er mit zwei Kollegen nach der Arbeit zum Kartenspielen und Biertrinken in eine Wirtschaft. Die drei haben soeben ihren Lohn bekommen und spielen um Geld. Einer von ihnen, Valentin Wudi, gewinnt dabei die beträchtliche Summe von 22 Gulden, den gesamten Lohn der beiden anderen. Wieder zurück in der Sägemühle, legen die drei sich schlafen. Doch Hilz erhebt sich wieder, geht ans Bett des siegreichen Kartenspielers, schlägt mit einem Beil auf den Schlafenden ein und trifft ihn dabei mehrfach im Gesicht und am Hals. Er nimmt dem Schwerverletzten seinen Geldbeutel mit dem Spielgewinn ebenso ab wie eine silberne Taschenuhr. Doch das Drama geht noch weiter: Um seine Tat zu vertuschen, legt Hilz kurz nach Mitternacht in dem vierstöckigen Holzhaus Feuer. Das Anwesen brennt nieder – mit einem Sachschaden von 30.000 Gulden, wovon die Versicherung jedoch nur etwas mehr als die Hälfte übernehmen wird. Der Besitzer der Sägemühle, Johann Baptist Heiß, kann sich – ebenso wie sein Bruder Alois – aus den Flammen retten und auch eines seiner Kinder noch aus dem Bett reißen, doch seine Frau und eine dreijährige Tochter kommen in den Flammen um. Die Magd muss in ihrer Not aus dem dritten Stock springen, überlebt aber. Der dritte Kartenspieler des Abends entdeckt bei der Flucht aus seiner schon brennenden Kammer den schwerverletzten Valentin am Boden und kann ihn noch mit sich nach draußen schleppen. Seine Wunden sind jedoch so tief, dass er aus seiner Bewusstlosigkeit nicht mehr erwacht und stirbt. Die Bewohner der Mühle glauben zunächst, er habe sich bei der Flucht aus dem Haus verletzt, doch dann stellt sich heraus, dass Valentins Verletzungen von einer Gewalttat herrühren müssen.

Den abgängigen Ferdinand Hilz wähnen die Bewohner umgekommen in der Feuersbrunst. Doch am nächsten Tag taucht er unversehrt wieder auf. Schnell wird er als Täter verdächtigt. Beim Verhör gibt er dann auch zu, die Beute vergraben zu haben, und die Ermittler finden Geld und Uhr an der von ihm angegebenen Stelle. Die Gerichtsverhandlung verfolgt er laut Presseberichten ohne sichtbare Reue und nimmt das Todesurteil kaltblütig auf. Am 13. Juli 1866 um 6 Uhr früh stirbt er im Gefängnis Straubing unter der Münchner Guillotine.[140]

Die Strafrechtsreform von 1861 schließt aber nicht nur die Öffentlichkeit von den Hinrichtungen aus, sondern schränkt auch die Todesstrafe selbst ein: Für eine ganze Reihe von Verbrechen, auf die nach dem Strafgesetzbuch von 1813 noch der Tod stand, ist sie nun abgeschafft, zum Beispiel für das Vergiften von Brunnen oder Weiden, bestimmte Raubüberfälle, Brandstiftung, Sprengen von Pulverminen, Notzucht dritten Grades oder ein Meineid von Zeugen, der zu einem Todesurteil führte. Auch Anführer von Räuberbanden müssen nicht mehr zwangsläufig mit einer Hinrichtung rechnen. Damit folgt das Gesetz der allgemeinen Praxis, da diese Täter in den letzten Jahren alle begnadigt worden sind.

Jetzt steht die Todesstrafe nur noch auf Mord, Raubmord, Hoch- und Landesverrat, schwere Majestätsbeleidigung („Wer … den König thätlich mißhandelt oder beleidigend Hand an ihn legt …") oder auf Missbrauch der Amtsgewalt zum Vollzug einer nicht rechtmäßigen Todesstrafe. Außerdem fällt die Strafverschärfung in Form des Prangers weg.[141] In der Praxis werden aber – soweit bekannt – nur noch Mörder und Raubmörder hingerichtet.

Die Münchner Fallschwertmaschine wird für Hinrichtungen nun zunächst in der Angerfrohnveste aufgebaut, wo bis 1892 geköpft wird. Mit der Eröffnung des Gefängnisses München-Stadelheim finden die Hinrichtungen dort statt. Obwohl ein Podium inzwischen überflüssig ist, da keine großen Volksmengen mehr zusehen, muss bei jeder Hinrichtung ein solches aufgebaut werden. Erst ab 1926 genügt eine „bodengleiche, betonierte" Fläche, auf der die Guillotine verankert wird.[142]

Man kann argumentieren, es sei ein Zeichen von wachsender Zivilisiertheit gewesen, die blutigen Hinrichtungen aus der Öffentlichkeit zu verbannen und die Zahl der „todeswürdigen" Delikte einzuschränken. Allerdings erlaubten es diese politischen Entscheidungen zugleich, die Todesstrafe beizubehalten. Sie können somit auch als ein Festhalten an einer überkommenen Strafpraxis gedeutet werden – zumal mit dem Ausschluss der Öffentlichkeit ein wesentliches Motiv für die Todesstrafe wegfällt: die Abschreckung. Anstatt die Hinrichtungen hinter verschlossenen Türen zu verstecken, hätten die Beamten und Politiker also auch zu dem Schluss kommen können, dass die Todesstrafe generell kein geeignetes Mittel (mehr) war, Mordtaten zu ahnden und noch nicht begangenen vorzubeugen. Die zweite verpasste Gelegenheit seit 1854, die letzte Körperstrafe in Bayern abzuschaffen.[143]

Die Nicht-Öffentlichkeit der Hinrichtungen fällt in eine Zeit, in der die Körperlichkeit zunehmend aus der allgemeinen Sichtbarkeit verschwindet: Menschen sterben öfter im Krankenhaus und nicht mehr zu Hause, und der Körper wird vor allem in den Städten verhüllt. Sogar die mit der Hinrichtung befassten Beamten empfinden im Lauf des 19. Jahrhunderts zunehmend Ekel und Abscheu dabei, Delinquenten den Kopf abschlagen zu lassen. Gleichzeitig erleben die Menschen den Tod dank der Fortschritte der Medizin nicht mehr als so unausweichlich und alltäglich, und sie fürchten ihn mehr, weil sie nicht mehr so selbstverständlich an ein Leben nach dem Tod samt Jüngstem Gericht glauben. Somit dürften sie eine staatlich verordnete Hinrichtung mit weniger Gleichmut und Ergebenheit zur Kenntnis genommen haben.[144]

In seinem persönlichen Umfeld will man jedenfalls nichts mit den Hinrichtungen zu tun haben und duldet auch den Scharfrichter nicht als Mieter in seiner Nähe: Man ekelt sich. Gleichzeitig ist das Interesse, Hinrichtungen mit eigenen Augen zu beobachten, ungebrochen. So finden die Karten für die Enthauptungen in den Gefängnissen – als eine der Urkundspersonen – reißenden Absatz: Ein Münchner Staatsanwalt schreibt dem Justizministerium im Jahr 1877, der Vollzugskommissär werde nach Bekanntgabe eines Termins sowohl an seinem Arbeitsplatz als auch zu Hause „von Männern aller Stände überlaufen und um Ertheilung einer Erlaubniskarte zum Eintritte in die Frohnfeste, um der Hinrichtung anzuwohnen, gebeten".[145]

1898 muss Justizminister Leopold von Leonrod darauf dringen, dass nur noch solche Personen bei einer Hinrichtung zusehen dürften, die ein „ernstes Interesse" glaubhaft machen könnten. Bei der Durchsicht der bisherigen Hinrichtungen habe man nämlich festgestellt, dass insgesamt schon 177 Personen einer Hinrichtung beigewohnt hatten, darunter Offiziere, Militärärzte, Unteroffiziere, Lehrer, Amtsrichter, Sekretäre, Geometer, Ärzte, Chirurgen, Lazarettgehilfen, Geschäftsleute und natürlich Journalisten, Geschworene, Rechtsanwälte und ihre Praktikanten.[146] Seit 1879 beglaubigen die Hinrichtungen nur noch 12 Urkundspersonen statt wie bisher 24, und es wird nur noch der entscheidende Teil des Urteils verlesen.[147] Der Scharfrichter Franz Xaver Reichhart erwähnt in seinem Tagebuch bis zur Jahrhundertwende im Durchschnitt zwischen 40 und 60 Personen als private Zuschauer mit Karten, und als am 5. Mai 1898 in Augsburg ein Sexualmörder hingerichtet wird, der ein 12-jähriges Mädchen bestialisch ermordet hat, seien es sogar 200 Zuschauer gewesen. Häufig sind laut Reichhart auch noch einige Dutzend Soldaten und Offiziere anwesend.

Es wird klar, dass das im Widerspruch zu der Maßgabe steht, die Hinrichtung unter Ausschluss der Öffentlichkeit stattfinden zu lassen. Der Minister ordnet also an, eine Teilnahme zu verweigern, wenn klar ist, dass es lediglich um die Befriedigung von Neugier geht. Ein Kanzleimitarbeiter schreibt an den Rand der Anordnung: „Nicht einmal mehr dieses billige Volksschauspiel wird den sensationslüsternen Gaffern gegönnt, wo diese sich doch so sehr daran ergötzen können, wenn jemand geköpft wird." Dessen ungeachtet erwähnt Reichhart in seinen Aufzeichnungen für die Jahre bis 1913 immer noch zahlreiche private Zuschauer – manchmal auch bis zu 50 Personen.[148]

Die Bevölkerung will sich ihre Faszination an den Enthauptungen also nicht nehmen lassen. Schließlich sind die Hinrichtungen auch eine Realityshow, ein großes Theater, das die Menschen in ihren tiefsten Fragen und Ängsten erreicht: Was ist das Gute und was das Böse? Was geschieht, wenn ich die Gesetze des Miteinanders überschreite? Wie wird es sein, wenn ich eines Tages sterbe?

Dieses natürliche Interesse, das in Voyeurismus und Sensationslust ausarten kann, findet auch in einer Attraktion auf dem Münchner Oktoberfest seinen Niederschlag: Seit 1869 inszeniert der Schausteller Michael August Schichtl für sein Illusionstheater nämlich die „Enthauptung einer lebenden Person auf offener, hell erleuchteter Bühne mittels Guillotine, also dem Fallbeil". Die Kuriosität hat entsprechenden Erfolg und wird unter dem Ausruf „Auf geht's beim Schichtl!" zur Tradition – bis heute. Wer das originale Schichtl-Fallbeil im Münchner Stadtmuseum besichtigt, erkennt schnell, dass damit nie und nimmer jemand hätte geköpft werden können.[149]

Tabus – also die Bereiche, die meist mit Angst und Gefahr verbunden sind – haben nun einmal ihren Reiz, und das Bedürfnis, ein Tabu zu brechen, ist nachvollziehbar: Nicht einmal ein Kind lässt sich Verbote gefallen, die es nicht einsehen kann. Der Mensch will möglichst über das ganze Leben Bescheid wissen – auch über seine unappetitlichen, beängstigenden und schmerzhaften Seiten. Neugier und Ekel schließen einander nicht aus.

Die Hinrichtungen in der Zeitung

Da der Großteil der Bevölkerung seit 1862 nicht mehr bei den Hinrichtungen zusehen darf, übernimmt die Presse die Aufgabe, sie zu informieren, und bedient damit in abgeschwächter Form ihre Sensationslust. Unter den Zeugen der Enthauptung sind daher auch sogenannte Hinrichtungskorrespondenten. Sie berichten teilweise ausführlich darüber, wie eine Vollstreckung abgelaufen ist und wie sich die Todeskandidaten dabei verhalten haben. Die Reporter wollen offensichtlich bei ihren Leserinnen und Lesern starke Gefühle wie Mitleid, Abscheu oder Bewunderung wecken, schließlich soll die Zeitung ja gekauft werden. Immerhin platzieren die Redaktionen – anders als heutige Revolverblätter – ihre Berichte über Prozesse und Enthauptungen nicht mit fetten Schlagzeilen auf der Titelseite, sondern erst im hinteren regionalen Teil.[150]

So ist die bevorstehende Hinrichtung des Gendarmenmörders Josef Placak den *Münchner Neuesten Nachrichten* eine tägliche Berichterstattung wert. Das Blatt informiert seine Leserinnen und Leser darüber, dass der zum Tode Verurteilte Braten und Salat zu sich nimmt, gerne und viel Wein trinkt, zur Beschäftigung Schächtelchen anfertigt, eifrig mit seinem Beichtvater betet und ruhige Nächte hat, aber doch auch hin und wieder heftige Weinkrämpfe bekommt. Woher diese Informationen kommen, erfahren wir nicht. Sind das offizielle Mitteilungen der Gefängnisse oder der Gerichtsbarkeit? Oder haben Aufseher oder Beichtväter gegen finanzielle Aufmunterungen geplaudert? Über den Tag von Placaks Hinrichtung, den 26. November 1887, bringen mehrere Zeitungen ausführliche Reportagen. Im Morgengrauen hat sich vor dem Münchner Gefängnis wieder einmal eine Menschenmenge angesammelt, obwohl die Leute von der Hinrichtung selbst nichts zu sehen bekommen werden. Sie starren vom gegenüberliegenden Bürgersteig aus „stumm und ernst“ auf die Mauern der Angerfrohnveste und ihre vergitterten Fenster.

Die etwa 30 zugelassenen, männlichen Zuschauer dürfen die Gendarmen und Wachen passieren und betreten den Innenhof mit der aufgebauten Guillotine. Dort steht das Fallbeil auf einem einen Meter hohen Podest, und ein Gerüst schirmt mit dunkelblauen Planen den Hinrichtungshof gegen Blicke aus den Nachbarhäusern ab.

Dann kommen noch die zwölf Urkundspersonen samt Presse, Gendarmen und Polizei in Zivil auf den Hof. Alle schauen auf die Tür, aus der gleich der Armesünder kommen soll. Endlich wird das nahende Beten der Geistlichen hörbar, und heraus treten Staatsanwalt, Landgerichtsräte, Landgerichtsarzt und auch ein Tambourmajor mit Spielleuten, die eventuelle Flüche und Beleidigungen des Verurteilten übertönen sollen. Weitere Minuten vergehen, bis der Staatsanwalt das Zeichen gibt, den Todeskandidaten auf den Hof zu führen. Sechs Gendarmen, zwei Scharfrichtergehilfen und die betenden Kapuzinermönche begleiten ihn. Jetzt hat der Reporter der *Münchner Neuesten Nachrichten* Gelegenheit, den Verurteilten zu beschreiben. Neutral bleibt er dabei nicht:

> „… der Verbrecher Josef Placak hatte eine *herkulische* Gestalt, seine ganze Erscheinung war *unheimlich* und man brauchte kein besonderer Physiognomiker zu sein, um dem Besitzer dieses finsteren – übrigens nicht unhübschen – Gesichtes alles Böse zuzutrauen. Dem Verbrecher waren die Hände mit Ketten auf den Rücken gefesselt, eine Prozedur, die sonst erst nach der Verkündigung des Urtheils vorgenommen wird, hier aber durch das widerspenstige Verhalten des Delinquenten nothwendig geworden war.“[151]

Ein Jahr zuvor schoss Placak in der Münchner Kaufingerstraße dem Gendarmen Mathias Behringer mit einem amerikanischen Revolver zwei Mal ins Gesicht, weil der ihn kontrollieren und festnehmen wollte. Ein Passant, auf den Placak bei einem Einbruch zehn Tage zuvor geschossen hatte, machte den Gendarmen auf ihn aufmerksam – und tatsächlich wollte der Serieneinbrecher gerade in ein Geschäft einsteigen. Der Münchner Gendarm starb wenige Stunden nach den beiden Schüssen an seinen schweren Gehirnverletzungen. Nach der Tat konnte Placak zwar fliehen, aber der *Rosenheimer Anzeiger* schreibt: „Die Liebe zu seinem blonden Schnurrbart, den er nicht opfern wollte, führte zu seiner Ermittlung“, denn keine zwei Wochen später erkannte ihn eine

Kellnerin in Passau, und er wurde festgenommen – mit mehreren zehntausend Mark bei sich.

Sein Vorstrafenregister ist ansehnlich, mehr als zwölf Jahre hat er schon im Zuchthaus verbracht – teilweise in schwerer Kerkerhaft. Oft brach er aus den Gefängnissen aus, wanderte zwei Mal nach Amerika aus – daher der Revolver –, und auch dort kam er mit dem Gesetz in Konflikt. Im Juni fällt das Todesurteil; danach muss Placak fünf Monate zittern, ob er begnadigt wird oder nicht. Jetzt steht er im schwarzen Armesünderhemd im Gefängnishof. Der Hinrichtungskorrespondent gibt sich Mühe, die Stimmungslage des Verurteilten zu erfassen und seinen subjektiven Eindruck von ihm wiederzugeben.

> „Sein Blick war unstät, aber das Gesicht nicht besonders bleich – es war mehr Wut als Schauder, was aus diesen Zügen blickte. Ein Kruzifix, das sonst jeden Verurtheilten auf dem Todesgang begleitet, trug der *Gefesselte* natürlich nicht in den Händen."[152]

Üblicherweise setzt sich der Todeskandidat jetzt an einem weißen Tisch auf einen Stuhl. Doch Placak hört sich die nochmalige Verlesung des Urteils im Stehen an. Nach den Schlussworten „Das Urteil ist rechtskräftig und vollstreckbar" knicken seine Knie ein und er sinkt zu Boden. Schnell schiebt man ihm den Stuhl unter, und als er sich gefangen hat, bricht der gebürtige Böhme in lautes Schimpfen über die „deutschen Lumpen" aus, woraufhin die Tamboure laut die Trommeln schlagen. Die Scharfrichtergehilfen verbinden dem Gefesselten die Augen, machen seinen Hals von einem Kragen frei, führen ihn auf das Podest vor die Fallschwertmaschine und schnallen ihn auf dem Kippbrett fest. Unterdessen flucht Placak unentwegt weiter. Trotz des Trommelwirbels verstehen die anwesenden Journalisten seine letzten gebrüllten Worte, die sie allerdings in leicht voneinander abweichender Form wiedergeben. Etwa: „Lumpenhunde, elendige!" Dann klinkt Scharfrichter Kißlinger das Beil aus, und die Trommeln verstummen.

Der Reporter beschreibt, wie die Zuschauer ihre Hüte vom Kopf nehmen, wie die Armesünderglocke, die der Hinrichtung einen würdigen Rahmen geben und die grauslichen Geräusche der Enthauptung übertönen soll, weiter läutet, wie die Kapuzinermönche ein Vaterunser „für die arme Seele" beten und wie der Leichnam in einen Sarg gelegt wird.

Draußen vor dem Gefängnis beobachtet die ebenfalls barhäuptige Zuschauermenge noch, wie der Sarg im Trab Richtung Anatomie gefahren wird, und verläuft sich dann.[153]

Regelmäßig bringen die Journalisten in ihren Hinrichtungsreportagen ihr Bedauern darüber zum Ausdruck, dass dieser grausige und blutige Akt notwendig sei. Einige Blätter diskutieren auch immer wieder die Berechtigung eines Richterspruchs oder stellen die Todesstrafe sogar grundsätzlich in Frage. Im Fall des Joseph Marchner zum Beispiel spricht der *Nürnberger Anzeiger* von einem möglichen Justizmord. Manchmal liefern sich konkurrierende Zeitungen auch im Blatt ausgetragene Auseinandersetzungen gegensätzlicher Positionen. Insofern üben die Journalisten mit ihrer Berichterstattung auch eine gewisse Kontrolle über den Ablauf der Prozesse und der Hinrichtungen aus, wenn zum Beispiel die Entscheidung über eine Begnadigung zu lange auf sich warten lässt. Manchmal decken sie auch Details auf, die nicht einmal den zuständigen Beamten bekannt sind. So steht im Jahr 1873 in der Presse zu lesen, der Scharfrichter Lorenz Scheller habe Vater und Sohn Marchner in ihren Zellen im Amberger Gefängnis besucht und mit ihnen über ihr Verbrechen gesprochen. Die beiden hatten, wie erwähnt, die Familie ihrer Tochter beziehungsweise Schwester fast gänzlich ausgelöscht. Der Scharfrichter wollte die Delinquenten dazu bewegen, ihre Tat zu bereuen und sich mit Gott auszusöhnen, damit er zum einen sicher sein konnte, dass er keine Unschuldigen köpfte, und sie zum anderen bei der Hinrichtung weniger Widerstand leisteten. Auf den Pressebericht hin wird Scheller vorgeladen und muss sich rechtfertigen, da das Justizministerium der Ansicht ist, ein Henker habe seine Tätigkeit auf die Enthauptung zu beschränken. Der alte Brauch, dass der Henker den Todeskandidaten am Vorabend der Hinrichtung besuchte und ihn als Mensch dafür um Verzeihung bat, dass er ihn werde töten müssen, ist zu dieser Zeit nicht mehr üblich.

Die Regierung achtet offenbar genau auf die Berichterstattung und fühlt sich dabei teilweise auch unter Druck. Die gefühlsbetonten und sensationsheischenden Reportagen beargwöhnt man im Ministerium, weil man eben gerade nicht will, dass die Hinrichtungen die Bevölkerung aufwühlen. Schließlich sollen die Untertanen die Exekution als einen nüchternen, rationalen, zwangsläufigen und nicht anfechtbaren juristischen Akt betrachten, um gar nicht erst auf die Idee zu kommen, ihn in Frage zu stellen.[154]

Gegen Ende des 19. Jahrhunderts bemühen sich die deutschen Behörden mehr und mehr darum, die Hinrichtungen geheim zu halten. Presseberichte, die den Verurteilten zum Helden ihrer Reportagen machen, erregen das staatliche Missfallen ebenso wie das sensationslüsterne Volk, das gern mit dem Scharfrichter ein Bier trinkt oder sich auf den Dächern gegenüber den Gefängnissen postiert, um die Hinrichtung von solchen Logenplätzen aus zu beobachten. Also plakatiert man die Exekutionen erst im Nachhinein, deklariert die per Bahn ankommenden Guillotinen als „Maschinenteile", hält die Scharfrichter dazu an, unter falschem Namen zu reisen und nicht in Hotels oder Wirtschaften einzukehren, und ermahnt die Presse, weniger sensationsheischend zu berichten. Dennoch fällt den Bahnbeamten des Öfteren das sperrige Gepäck der Scharfrichter auf und sie geben der Presse einen Wink.

Das Bewusstsein, dass die Todesstrafe offensichtlich nicht die erwünschte Wirkung auf die Öffentlichkeit hatte, führte also ein weiteres Mal nicht zu ihrer Abschaffung, sondern zu größerer Verheimlichung.[155]

Im Jahr 1870 wäre die Todesstrafe beinahe aus dem deutschen Strafrecht verschwunden: Während Bayern drei Jahre zuvor einen entsprechenden Antrag im Landtag zwar diskutierte, dann aber ablehnte, will jetzt der Norddeutsche Bund in seinem neuen Strafgesetzbuch auch die Strafe am Leben streichen – und dieses Buch soll zum Vorbild für ein einheitliches Strafrecht in ganz Deutschland werden. Nach einer heftigen Debatte stimmen in der zweiten Lesung überraschend 118 Abgeordnete des Norddeutschen Reichstages für eine Abschaffung mit Ausnahmen, 81 dagegen. Dann aber setzt sich Bismarck als Befürworter der Todesstrafe noch einmal gegen ihre Abschaffung ein und argumentiert unter anderem, die anderen Landesteile würden ein Strafgesetz ohne Todesstrafe nie mittragen; damit sei das nationale Einigungswerk in Gefahr. Außerdem ändern vor allem nationalliberale Abgeordnete ihre Haltung zur Todesstrafe und verschieben die Abschaffung auf einen späteren Zeitpunkt. Da man das Strafgesetzbuch am Ende nicht an der Frage der Todesstrafe scheitern lassen will, fällt die Abschaffung in der dritten Lesung (mit 127 gegen 119 Stimmen) durch. Es darf also weiter geköpft werden in den deutschen Staaten. Immerhin haben viele deutsche Politiker die Hoffnung, dass man sich ohnehin bald darauf wird einigen können, die Strafe am Leben im Reich abzuschaffen.

Das deutsche Reichsstrafgesetzbuch tritt auch in Bayern in Kraft. Die Todesstrafe steht jetzt zwar nur noch auf Mord (§211) und auf Mordversuch am Kaiser oder dem jeweiligen Landesherrn, was als Hochverrat gewertet wird (§80), aber dennoch steigen die Zahlen der Hinrichtungen in Bayern: Sind in den 1860er-Jahren „nur" sechs Menschen hingerichtet worden, sind es in den 1870er-Jahren acht, in den 1880er-Jahren 16 und in den 1890er-Jahren 20. Der bayerische Landtag oder andere staatliche Institutionen führen keine tiefergehende Diskussion mehr über die Abschaffung der Todesstrafe.[156]

Im Angesicht des Todes[157]

Von den Menschen, die im 19. Jahrhundert wegen Mordes vor Gericht kommen, versuchen viele, die ihnen zur Last gelegten Taten zu leugnen. In ihrer Verzweiflung erfinden sie Alibis und Ausreden, beschuldigen andere Personen, bedrohen Zeuginnen und Zeugen, tun so, als seien sie geistig verwirrt, bekommen Tobsuchtsanfälle oder verwünschen und verhöhnen im Gerichtssaal ihre Richter, Staatsanwälte und das Publikum; all das, um die Welt davon zu überzeugen, dass sie unschuldig seien, oder – falls das nichts hilft – um ihnen ihre Verachtung entgegenzuschleudern. Manche zum Tode Verurteilte begehen im Gefängnis sogar einen weiteren Mord, um der Obrigkeit durch diesen Protest vor Augen zu führen, dass ihnen Unrecht geschehe. Weil es etwa der Dienstknecht Max Aigner ungerecht findet, dass seine Geliebte im Gegensatz zu ihm nicht hingerichtet werden soll, obwohl sie ihn angestiftet hat, ihren Mann zu ermorden, wirft er den Geschworenen voller Zorn seinen Miesbacher Hut vor die Füße:

> „Dös wär' mir die rechte Verhandlung, ich käm' unschuldig hinein und die da (…) wird frei, Dir g'hört was mir g'schieht; da habt's mein Hütl, den Kopf könnt's morgen auch haben!"[158]

Andere Verurteilte erleichtern ihr Gewissen durch ein Geständnis und sind bereit, die ihnen auferlegte Strafe auf sich zu nehmen, oder sie wünschen sich geradezu die Todesstrafe, weil sie der Überzeugung sind, sie verdient zu haben. Meist fühlen sie sich in die tiefen religiösen Vorstellungen der Zeit eingebunden und betrachten die Gerichtsbarkeit als ein Werkzeug Gottes, dem sie sich demütig überantworten, um sich durch diese Buße von ihrer Sünde zu befreien und sich wenigstens im Tod mit der Welt und ihrem Schöpfer zu versöhnen. Auch viele der hartnäckigen Leugner geben ihre Verstocktheit noch kurz vor der Hinrichtung auf und wollen nach anfänglicher Weigerung doch noch mit einem Geistlichen sprechen.

Einige wenige Täter ergeben sich von Anfang an apathisch in ihr Schicksal. So nimmt der zum Tode verurteilte Raubmörder Josef Staringer die Nachricht, dass der König seine Begnadigung abgelehnt habe, augenscheinlich gleichgültig zur Kenntnis, spricht den Mahlzeiten seiner letzten Lebenstage mit gutem Appetit zu, genießt einen seligen Schlaf und besteigt festen Schrittes das Schafott. Offenbar liegt ein schweres Leben hinter ihm, mit dessen Ende er sich leicht abfinden kann.[159]

Andere Todgeweihte brechen bei der Urteilsverkündung, bei der Mitteilung der abgelehnten Begnadigung oder im Angesicht der Guillotine zusammen, werden leichenblass, beginnen zu zittern, wehklagen oder erleiden Ohnmachten. Michael Reitner, der seine im Wochenbett liegende Frau ermordet und wiederholt an seiner achtjährigen Tochter „Blutschande verübt“ hat, reagiert in der Amberger Frohnfeste fassungslos auf die Nachricht, dass er nicht begnadigt werde:

> „Der zum Tode verurteilte Reitner hat die Verkündigung der Urtheilsbestätigung keineswegs gefaßt aufgenommen. Namenlose Todesangst peinigt ihn und in lauten Wehrufen sucht er seinem Schmerze Luft zu machen. Der Delinquent hatte bestimmt auf Begnadigung gerechnet und vermag sich von der furchtbaren Enttäuschung nicht zu erholen. Wie aus eingeweihten Münchner Kreisen verlautet, werden in Zukunft die Todesurtheile wieder häufiger vollzogen werden.“[160]

Der verheiratete, aus Regensburg gebürtige Spengler Jakob Stadi hat – offenbar aus sexuellen Motiven – einen fünfjährigen Buben regelrecht abgeschlachtet und vielfach verstümmelt. Als er aber erfährt, dass nun auch er sterben soll, ist er „tief erschüttert und bricht in Weinen aus“.[161] Auch der 22-jährige mehrfache Mörder Franz Xaver Marchner geht vor seiner Hinrichtung in Amberg in großer Panik auf die Gendarmen und sogar auf den Priester los und brüllt: „Laßt mich aus, i will und mag net köpft werden, 's Leben g'hört mein, i mog ned sterben! Wer mich anrührt, ist hin."[162]

Weil der erst 19-jährige Tagelöhner Johann Ruf nicht sein ganzes Leben lang im Gefängnis sitzen will, hofft er geradezu auf ein Todesurteil. Er hat an einer Münchner Witwe einen Raubmord begangen. Jedoch bekommt er vom dortigen Schwurgericht wegen seiner jungen Jahre „nur" eine lebenslange Zuchthausstrafe. Weil er aber durchaus hingerichtet werden will, ersticht er sieben Jahre später im Gefängnis einen Aufseher. Allerdings wird dem mittlerweile 26-Jährigen das Sterben am Ende doch schwerer als gedacht:

> „Die Furcht vor dem Tode hatte ihm fast vollständig die Sinne verwirrt, so daß er bei der letzten Verkündigung des Urtheils wie wahnsinnig um sich blickte. Willig ließ er sich zur Bank führen, mit erhobenem Haupte die Sterbegebete laut betend; als ihn jedoch der Scharfrichter an die Bank selbst schnallen wollte, spreizte er sich mit den Armen, so daß es der ganzen Kraft der Gehilfen bedurfte, um die Riemen fest anzuziehen. Als die Bank umgelegt war, weigerte sich Ruf mit aller Gewalt, seinen Kopf in den eisernen Ring zu legen und hatten sowohl der Scharfrichter als die Gehilfen große Mühe, den Körper in die richtige Lage zu bringen. Der Widerstand des Delinquenten war in wenigen Sekunden durch das Beil gebrochen. Um halb ½ 8 Uhr war das schauerliche Drama beendigt. Möge es das letzte dieser Art für Bayern sein."[163]

Der „Räuber Kneißl"

Der prominenteste Todeskandidat der Münchner Guillotine vor dem Dritten Reich ist sicher der als „Räuber Kneißl" in die Geschichte eingegangene Mathias Kneißl.[164] 1875 im Landkreis Dachau geboren, wächst er ab seinem elften Lebensjahr in der abgelegenen Schachermühle in den Wäldern nordwestlich von Dachau auf – eine gute Viertelstunde vom Dorf Sulzemoos. Das polizeiferne Anwesen ist eine Räuberhöhle, in der allerlei Ganoven hausen und von hier aus Beutezüge starten. Früh fängt auch Mathias an zu stehlen und zu wildern. Das tut er lieber, als sich der Schule und ihren Schikanen zu ergeben. Mit dem Gewehr kann er bald bestens umgehen und er reitet wie der Teufel. Mit 15 sitzt er das erste Mal im Gefängnis, wenn auch nur für drei Tage.

Als er 17 ist, werden seine Eltern wegen der Plünderung einer Wallfahrtskirche filmreif in der Mühle gestellt. Der Vater kommt dabei unter ungeklärten Umständen ums Leben, die Mutter wegen Hehlerei ins Gefängnis. Ihre fünf Kinder sind nun auf sich gestellt – das Jüngste noch in den Windeln. Mathias gerät vollends auf die schiefe Bahn. Noch im selben Jahr wird er mit seinem jüngeren Bruder Alois wegen Mordes, schweren Raubes und Wilderei hochgenommen – der 15-jährige Alois hatte bei einem Verhaftungsversuch den Kommandanten einer Polizeistation in den Bauch geschossen. Alois stirbt in der Haft an TBC, Mathias bekommt fünf Jahre – wohl zu Unrecht, weil er nicht geschossen hat. Im Gefängnis absolviert er eine Schreinerlehre. Nach seiner Freilassung stellt ihn in Nußdorf am Inn ein Schreiner ein, doch er muss ihn, obwohl er mit seiner Arbeit zufrieden ist, nach einem halben Jahr wieder entlassen, weil die Polizei die Bevölkerung gegen den „Zuchthäusler" aufgehetzt hat. Eine neue Anstellung findet Mathias nicht mehr – weder als Schreiner noch als Jagdgehilfe, wofür er sich bestimmt auch geeignet hätte.
Nun beginnt Kneißls eigentliche „Karriere". Mit Fahrrad und Drilling streift er durch die Gegend zwischen Altomünster und Nannhofen, um in Einödhöfe einzubrechen – zunächst mit einem Komplizen, und als der verhaftet und zu 15 Jahren verurteilt wird, allein. Sein Ziel: Er will sich das Reisegeld für eine Auswanderung nach Amerika zusammenrauben. Schnell ist ein respektables Kopfgeld von 400 Goldmark auf ihn ausgesetzt.
Am 1. Dezember 1900 scheitert ein Verhaftungsversuch und hat, obwohl Kneißl nur auf ihre Beine gezielt hat, den Tod zweier Gendarmen zur Folge, die ihre Frauen und insgesamt elf Kinder hinterlassen. Nun entbrennt eine staatlich organisierte Großjagd auf den Outlaw – unterstützt von einem Polizeiaufgebot aus München und angeheizt von einer auf sagenhafte 1.000 Goldmark aufgestockten Belohnung. Der Name Kneißl hallt durch Oberbayern und Schwaben wie einer seiner peitschenden Schüsse: Trotz allenthalben ausgehängter und abgedruckter Steckbriefe, trotz Heerscharen auf ihn angesetzter Gendarmen in Uniform und in Zivil, trotz geldgieriger Privatdetektive, trotz ätzender Zeitungskommentare auf Polizei und Innenminister Feilitzsch entkommt der „Räuber Kneißl", wie ihn der Volksmund inzwischen nennt, stets aufs Neue. In den Augen der bäuerlichen Gesellschaft wird der gerade mal 1,64 Meter große Mathias zu so etwas wie einem Freiheitshelden, der der Obrigkeit die Stirn bietet, und

man lässt ihn immer wieder gegen Geld und gewildertes Bret bei sich unterkriechen – allerdings wohl auch aus Furcht vor seinem Drilling. Die verarmte und benachteiligte Landbevölkerung amüsiert sich köstlich über die genasführte Polizei und verhöhnt sie in Witzpostkarten, Spottversen, Schnaderhüpferln und Theaterstücken, was den Zorn der Staatsmacht nur noch mehr in Wallung bringt.

Von Kneißls Leben auf der Flucht erzählt man sich allerlei legendäre Begebenheiten: Wie er aus einem Strohhaufen seelenruhig dabei zusieht, wie ein Haus umstellt und nach ihm durchsucht wird; wie er mit seinen Häschern zecht und sich beim Lebewohl noch schnell zu erkennen gibt; wie er eine alte Frau durch den Wald begleitet, weil sie sich vor dem Kneißl fürchtet, und der Knieschlotternden am Ende noch zuruft: „Jetzt bist mit'm Kneißl 'gangen!"; oder wie der Gehetzte, als die Polizei wieder einmal ein Anwesen umstellt hat, in dem er versteckt ist, sich unter den Augen der Verfolger in einem Jauchefass vom Hof karren lässt.

Nach knapp anderthalb Jahren Unwesens und Flucht wird jedoch eine ältere Cousine von Kneißl angesichts des verlockenden Kopfgeldes schwach und führt die Polizei zu seinem derzeitigen Unterschlupf in Geisenhofen, nahe Mammendorf. Lockvogel ist ihre Tochter Mathilde, Kneißls Geliebte. Am 4. März 1901 haben Dutzende Polizisten das Haus umstellt. Nun begibt sich eine wahre Schlacht: Am zweiten Tag der Belagerung beschießen hundert Mann das Versteck in der Scheune wohl eine halbe Stunde lang, um es schließlich zu stürmen. Was sie am Ende vorfinden, ist nur noch ein Häufchen Elend: Den 25-jährigen Unbewaffneten haben Kugeln in Kopf, Unterleib, Arm und Handgelenk getroffen, und er bittet um Gnade. Schwer verletzt wird er erst verprügelt, dann verhaftet, in der Münchner Uniklinik notoperiert, monatelang gesundgepflegt und schließlich zum Tode verurteilt. Der Volksmund kommentiert dieses Vorgehen mit den Worten: „Zuagricht, hergricht, hingricht!"

Sein Gnadengesuch wird abgelehnt, obwohl Kneißls Richter sich höchstpersönlich bei Prinzregent Luitpold für ihn einsetzt, weil er das „Schuldig" der Geschworenen wegen Mordes ungerecht findet. Kneißl soll die Bestätigung seines Todesurteils an einem Montag erfahren und mit dem Satz quittiert haben: „De Woch' fangt scho guat o." Da sein Todestag jedoch auf einen Freitag festgesetzt war und die Gnadenfrist nach der Eröffnung der Nicht-Begnadigung 24 Stunden betrug, dürfte sie frühestens am Mittwoch erfolgt sein.

Am 21. Februar 1902 enthauptet ihn Scharfrichter Franz Xaver Reichhart im Hof des Landgerichtsgefängnisses Augsburg mit der Münchner Guillotine und notiert in seinem Tagebuch eine lange Liste von ihm zur Last gelegten Straftaten – darunter je zwei Mal Mord, Totschlag, fahrlässige Tötung und Körperverletzung mit Todesfolge sowie drei Totschlagsversuche. Es sei eine „unheimliche" Familie, in die Kneißl da geboren worden sei: „Der Vater ein Verbrecher, (...) ein Räuberhauptmann von schrecklichem Rufe." „Die Mutter gleichgültig oder behilflich am Verderblichen."[165] Sein größtes „Verbrechen" bestand wohl darin, dass er sich so lange nicht hat fangen lassen und die Obrigkeit zum Narren gehalten hat.

Abb. 12 Schafott und Guillotine im Augsburger Gefängnishof: mit Zylinder in der Mitte Scharfrichter Joseph Kißlinger, links neben ihm Franz Xaver Reichhart auf einer bisher unveröffentlichten Aufnahme wohl anlässlich der Hinrichtung des Raubmörders Georg Kratzer am 21. Juni 1893.[168]

Die Scharfrichter

Franz Xaver Reichhart ist der Onkel und Vorgänger des im Dritten Reich zu schrecklichem Ruhm gelangten Johann Reichhart. Er ist seit 1882 der erste Gehilfe des amtierenden Scharfrichters Joseph Kißlinger und übernimmt 1894 nach dessen Tod seine Nachfolge.

Sein erster „Kunde" ist am 2. Mai in Amberg Anton Spichtinger. Der Landwirt hatte nur drei Jahre zuvor den Hof seines Vaters übernommen, ihn aber in kürzester Zeit so heruntergewirtschaftet, dass er versteigert werden musste. Als der Vater das Anwesen zurückkaufte, kam es permanent zu heftigen Auseinandersetzungen zwischen den beiden. Obendrein kündigte der Vater an, wieder heiraten und den Sohn auf die Straße setzen zu wollen. Dann war der Alte plötzlich verschwunden. Der Sohn verkaufte einen Teil seines Besitzes, offenbar um auszuwandern. Nach seiner Verhaftung findet die Polizei im Keller vergraben die Leiche des Vaters. Beim Prozess dann Spichtingers Geständnis: Er habe den Vater mit einer Axt getötet, ihn nach einem stundenlangen Todeskampf in den Keller geschleppt, wobei seine Frau ihm mit der Lampe geleuchtet habe, die Leiche im Keller verscharrt und über der Stelle einen Berg Kartoffeln aufgehäuft, von denen die Eheleute die nächsten Monate gegessen hätten. Seine Frau sagt aus, ihr Mann habe ihr gedroht, sie in der Futterschneidemaschine zu zerhacken, wenn sie ihn verriete.[166]

Franz Xaver Reichharts Beruf gilt von alters her als ein „unehrlicher" und der Scharfrichter als unrein. Die Menschen haben ein zwiespältiges Verhältnis zu ihm: Einerseits fasziniert er sie, weil er straflos töten kann und dabei dem Mysterium des Todes nahesteht. So bitten sie ihn abergläubisch um Devotionalien wie Stücke vom Galgenstrick oder auch nur um seine Visitenkarte und schreiben ihm magische Kräfte und Heilfähigkeiten zu. Und natürlich brauchen sie ihn auch – oder glauben es zumindest. Andererseits empfinden sie das Tabu des Todes und Tötens und übertragen es auf den Henker, da er es bricht. Weil sie sich vom Kontakt mit ihm entehrt fühlen, meiden sie ihn seit Jahrhunderten und machen ihn zum Außenseiter: In der Kirche hat der Verfemte ganz hinten einen eigenen Platz, im Wirtshaus sogar seinen eigenen Bierkrug. Die Berührung oder auch nur der Blick des Scharfrichters bringt Unglück und kann einen Menschen entehren und in den Ruin stürzen.

Noch im 19. Jahrhundert suchen Henker des Öfteren vergeblich eine Wohnung, weil potenzielle Vermieter den Druck der Nachbarschaft fürchten. Ihre Söhne dürfen traditionell kein ehrbares Handwerk erlernen, weil die Zünfte sich weigern, sie aufzunehmen. Also bleibt ihnen nichts anderes übrig, als ebenfalls Scharfrichter zu werden und Töchter von Scharfrichtern zu heiraten. So entstehen in Bayern mehrere Henkerdynastien, die weitläufig miteinander verwandt sind und ein Standesbewusstsein außerhalb der gesellschaftlichen Norm entwickeln.

Weil es nicht genug Hinrichtungen gibt, um davon zu leben, üben die Henker nebenbei noch andere unehrenhafte Berufe aus: Sie entsorgen Müll, leiten Bordelle und arbeiten aufgrund ihrer anatomischen Kenntnisse in Heilberufen, was die Ärzte jedoch immer wieder zu verhindern wissen. Vor allem aber sind sie sogenannte „Abdecker" oder „Wasenmeister", das heißt, sie beseitigen und verwerten Tierkadaver.

Doch das Amt des Scharfrichters ist nicht nur wenig einträglich, sondern auch mit besonderen psychischen Belastungen verbunden. Um sie zu ertragen, sprechen viele Henker reichlich dem Alkohol zu. Der Münchner Nachrichter Lorenz Scheller – derjenige mit den sieben Schwerthieben – soll unter Verfolgungswahn gelitten haben. Am 28. August 1880 stirbt er im „Irrenhaus" von München-Giesing.[167]

Als die Todesstrafe im 19. Jahrhundert an Bedeutung verliert, nimmt auch die Zahl der Scharfrichter ab: Während es im Jahr 1810 auf dem Boden des Königreichs noch etwa 46 amtierende Henker gibt, sind es vor Einführung der Guillotine im Jahr 1854 nur noch vier (einer von ihnen in der damals noch bayerischen Pfalz). Angesichts der Kosten für Anschaffung und Transport der neuen Fallschwertmaschinen streicht die Verwaltung 1855 noch eine weitere Stelle. Es sind also zunächst nur noch die beiden Brüder Alois und Lorenz Scheller als rechtsrheinische bayerische Scharfrichter tätig – Alois in Würzburg und Lorenz in München. Als Alois dann im Dezember 1866 stirbt, reist Lorenz Scheller als alleiniger Scharfrichter durch das rechtsrheinische Bayern – so wenige Hinrichtungen sind inzwischen in Bayern angesetzt.[169] Vermutlich bringt der Henker zu seinen auswärtigen Einsätzen der Einfachheit halber den Münchner Fallbeilrahmen der Guillotine mit (bei den vier Würzburger Hinrichtungen kam vielleicht auch der dortige zum Einsatz).

Abb. 13 Der deutlich gealterte Henker Franz Xaver Reichhart (Mitte) am Auslösehebel der Münchner Fallschwertmaschine (datiert auf 1920). – Sobald der Verurteilte mit dem Hals im halbmondförmig ausgeschnittenen Brett lag, ließ der Gehilfe rechts das obere Halsbrett auf den Nacken herunterfallen, sodass der Hals umschlossen und fixiert war. Im nächsten Moment betätigte der Scharfrichter den Hebel, der oben das Beil zum Aushaken brachte.

Scharfrichter Franz Xaver Reichhart listet in seinem Tagebuch 26 Hinrichtungen aus seiner Gehilfenzeit zwischen 1882 und 1893 auf und weitere 43 Hinrichtungen aus den Jahren 1894 bis 1922, als er dann selbst Scharfrichter ist. So richtet er am 6. Mai 1903 in Amberg den gewalttätigen, vorbestraften Tagelöhner Josef Rupprecht hin, weil er einen Maurer im Streit mit einem Pflasterstein erschlagen hat. Zwei Monate später vollzieht er in Straubing die Todesstrafe an einem Sattlermeister und dessen Sohn, die in Viechtach aus Geldgier einen jüdischen Reisevertreter ermordet, ausgeraubt und in den Fluss Regen geworfen haben.[170]

Die Todesstrafe in der Weimarer Republik

„An jedem Bierglas, das du in der Hand hältst, klebt Blut!“
(Stammgast des Gastwirtes und Henkers Johann Reichhart)

Erschießungen: Die Guillotine hat sechs Jahre Pause

Das vorläufig letzte Opfer der Guillotine im rechtsrheinischen Bayern ist der Raubmörder Peter Eisenhofer. Er stirbt am 5. Juni 1918 im Hof des Amberger Landgerichtsgefängnisses. Bis jetzt hat die Münchner Guillotine 103 Menschen enthauptet. Mehr als 1.200 werden noch folgen.[171]

Die Todesstrafe übersteht in Bayern auch die Revolution von 1918. Der Umsturz selbst fordert zwar verhältnismäßig wenige Menschenleben – die Regierung unter dem Sozialdemokraten Kurt Eisner verzichtet bewusst darauf, die alten Eliten zu eliminieren –, aber bei der Niederschlagung der Münchner Räterepublik kommt es dann zu vielen standrechtlichen Erschießungen. In der Weimarer Republik werden Mordprozesse bis 1924 an den neu installierten Volksgerichten verhandelt. Zum Tode Verurteilte sterben in Bayern aber nicht mehr auf der Guillotine, sondern durch Erschießungskommandos. Und das in vergleichsweise großer Zahl: Während zwischen 1910 und 1918 von 33 Todesurteilen nur sechs vollstreckt wurden, müssen zwischen 1919 und 1925 von 144 zum Tode Verurteilten 85 sterben.[172]

Ab 1924 urteilen dann wieder die traditionellen Schwurgerichte, und wieder sterben die zum Tode Verurteilten in Bayern auf der Guillotine – wie auch in einigen anderen deutschen Ländern. In den preußischen Provinzen ist dagegen wieder das Handbeil die Methode der Wahl.[173]

Der letzte bayerische Scharfrichter tritt an

Scharfrichter Franz Xaver Reichhart ist seinem Amt mit 73 Jahren nicht mehr gewachsen. Als der Versuch misslingt, einen Gefängnisbeamten für die Hinrichtungen zu gewinnen, schlägt Reichhart als Nachfolger seinen Neffen Johann, geboren 1893, vor. Am 1. April 1924 tritt dieser seinen Dienst an. Er wird in seinem Leben weit über 3.000 zum Tode Verurteilte hinrichten – so viele wie kein anderer deutscher Scharfrichter vor ihm.[174]

Leider gibt es bisher keine fundierte, kritische und wissenschaftliche Biografie über ihn: Sein erster Biograf, der Journalist Will Berthold (alias Stefan Amberg), trifft ihn 1958 persönlich und schreibt später ein Buch, in dem er – auf Effekt bedacht und süffig geschrieben – vor allem die sensationellsten Mordfälle schildert, deren Täter unter Reichharts Guillotine endeten.

Sein zweiter Biograf, Johann Dachs, lernt seinen Protagonisten 1944 noch im Scharfrichteramt als 16-Jähriger in der Stadtverwaltung Straubing kennen und interviewt Jahrzehnte später Reichharts Bekannte, denen der ehemalige Henker bei Kameradschaftstreffen – mutmaßlich in bierseliger Atmosphäre – Anekdoten und Sensationsgeschichten aus seinem Leben als Scharfrichter aufgetischt hat. Diese Erzählungen aus zweiter Hand nimmt der Polizist im Ruhestand offensichtlich für bare Münze und macht sie zu einer seiner ersten Quellen. Bei der Lektüre meint man, noch die Ehrfurcht des Jugendlichen vor dem Scharfrichter zu spüren. Er schildert einen Mann, der verblendet, aber brav das getan hat, was man ihm auftrug, unter seiner schweren Aufgabe gelitten hat und im Alter bemitleidenswert einsam und verarmt war.

Der dritte Biograf, Roland Ernst, geht zwar wie Dachs auch in die Archive, um historische Dokumente zu befragen. Da er seine Quellen aber – wie seine beiden Vorgänger – im Text nicht angibt und hie und da Fehler macht, ist die Verlässlichkeit seiner Darstellung nicht immer abzuschätzen. So kolportiert er etwa die erfundene Hinrichtung einer Erna Hasselbeck und verweist auf die breite Presseberichterstattung zu ihrem angeblichen Gattenmord, für die es aber keine Belege gibt.

Der bei Dienstantritt 30-jährige Johann Reichhart ist gelernter Metzger und hat am Ersten Weltkrieg teilgenommen. Anschließend versuchte er sich in verschiedenen Berufen: als Gastwirt, Fuhrwerksunternehmer und als Arbeiter in einer Lokomotivfabrik. Er ist verheiratet und hat zwei kleine Kinder. Ein Auszug aus dem Strafregister zeigt, dass er vorbestraft ist: Wegen „Weinsteuerhinterziehung und

Abb. 14 Johann Reichhart soll in seinem Leben über 3.000 Menschen hingerichtet haben. Allein im Gefängnis München-Stadelheim waren es an die 1.200 – unter ihnen die sieben zum Tode verurteilten Widerstandskämpfer der Weißen Rose (undatierte Aufnahme, vermutlich aus den 1940er-Jahren).

Nichtabmeldung des Betriebs“ wurde er 1923 zu einer Geldstrafe von 6.840 Mark verurteilt, was ihn angesichts der herrschenden Inflation nicht allzu schwer getroffen haben dürfte.[175]

Was bewegt einen Menschen, einen Beruf zu ergreifen, dessen einzige Aufgabe darin besteht, anderen Menschen den Kopf abzuhacken? Sonderlich lukrativ ist die Tätigkeit jedenfalls nicht – bei weniger als 15 Hinrichtungen im Jahr. Sicher spielt es eine Rolle, dass Reichhart aus einer alten Scharfrichterfamilie kommt und die Fortführung dieser Tradition für ihn identitätsstiftend ist. Vielleicht fühlt er sich auch ein wenig seinem Onkel und Vorgänger verpflichtet. Er selbst behauptet 1964, der Onkel habe ihn „mehr oder weniger gezwungen, das Amt des Scharfrichters in Bayern zu übernehmen“.

Vor allem aber haben wir einen Menschen vor uns, der nach Aufmerksamkeit und Status zu suchen und offenbar wenig unter Skrupeln zu leiden scheint. Die neue Aufgabe liefert ihm diesen Status: Als einziger Scharfrichter Bayerns hat er ein Alleinstellungsmerkmal und kann bei einer Hinrichtung ein enormes Machtgefühl auskosten – zum einen, weil er das Leben des anderen beendet, und zum anderen, weil er selbst am Leben bleibt. Reichhharts Verhalten auf seinem weiteren Lebensweg wird diese vermutete Motivation stützen: Er gefällt sich in Zylinder, Fliege und schwarzem Rock, brüstet sich mit seiner Aufgabe, gibt mit seiner Schnelligkeit an der Guillotine an und zögert später nicht, Bekannte wegen regimekritischer Äußerungen bei der Gestapo zu denunzieren. In seinem Umfeld ist bekannt, dass er oft unwahre Geschichten erzählt.

In Landshut köpft er am 24. Juli 1924 seine ersten beiden „Kandidaten": Rupert Fischer und Andreas Hutterer. Der 19-jährige Hutterer hatte sich von Fischer anstiften lassen, dessen Frau zu erschießen, weil sie ihn bei einem Raubmord beobachtet hatte und damit erpressen wollte.

In Reichharts Arbeitsvertrag von 1924 lesen wir, dass er sich immer verfügbar halten und eine Genehmigung einholen müsse, wenn er sich länger als 24 Stunden von seinem Wohnort entfernen wolle. Für jede Hinrichtung solle er 150 Goldmark erhalten, seine zwei Gehilfen 60 Goldmark – jeweils zuzüglich diverser Spesen. Bei Androhung von Gefängnis- und Geldstrafe dürfe er sich nicht bestechen lassen und müsse strikte Geheimhaltung zusichern. Er reist per Bahn mit der verpackten Hinrichtungsmaschine durchs Land. Wenn die Kisten am Zielort ankommen, weigern sich die Bahnbeamten immer wieder, sie auszuladen. Reichhart muss sich – so erzählt er es jedenfalls – mehrmals nach einem Fuhrunternehmer umsehen, der die Guillotine zum Gefängnis transportiert, angeblich an einer vieltausendköpfigen, sensationslüsternen Volksmenge vorbei – wohl eine von Reichharts zahlreichen Übertreibungen.[176]

Ab Mitte der 1920er-Jahre wird die Todesstrafe in Deutschland immer seltener angewendet. Auch im rechtsrheinischen Bayern sinkt die Zahl der jährlichen Vollstreckungen deutlich: 1924 und 1925 sind es noch jeweils sieben Hinrichtungen, 1926 und 1927 je drei, 1928 eine, in den beiden folgenden Jahren keine, 1931 eine und 1932 keine. Grund für diese Zurückhaltung ist eine breite Diskussion in Politik und Gesellschaft, ob man die Strafe am Leben im Rahmen einer Strafrechtsreform nicht abschaffen sollte. Einer der Anlässe dafür ist 1926 die Hinrichtung von Josef Jakubowski in Neustrelitz, von dem man später glaubte, er sei unschuldig am Tod seines eigenen Kindes hingerichtet worden. Außerdem diskutiert man in Deutschland Ende der 1920er-Jahre, welche Hinrichtungsmethode die humanste, würdigste und schnellste Art der Exekution sei. Die mit reichlich Blutvergießen verbundene Enthauptung gerät in die Kritik, und „moderne" Hinrichtungsmethoden mit chemischen Giftstoffen oder dem elektrischen Stuhl finden Befürworter.[177]

Mangels Aufträgen, die seinen Lebensunterhalt sichern könnten, bittet Reichhart 1925 um eine Festanstellung im Justizdienst – „z. B. als Bote, bei der Feuerwache, als Portier u. dergl.", aber das Justizministerium verdoppelt im Februar 1926 nur seine Hinrichtungsprämie auf 300 Reichsmark, und so bleibt seine finanzielle Lage dürftig: Die ersten vier Jahre bis Ende 1928 bringen ihm nur 21 Hinrichtungen ein, und es werden eher weniger als mehr. Seinen Beruf als Fuhrunternehmer hat er an den Nagel gehängt, weil kaum mehr jemand Kunde des Scharfrichters sein wollte.[178] Also muss er weiter nebenher Geld verdienen: Reichhart züchtet Hunde, zieht als Vertreter für den Erziehungsratgeber „Mädchenglück und Frauenliebe" mit der Bahn, dem Rad oder zu Fuß durchs Oberland und arbeitet als Tanzlehrer und Gastwirt. Doch anstatt über seine Henkerstätigkeit zu schweigen, wozu er vertraglich verpflichtet wäre, brüstet er sich damit, der schnellste bayerische Scharfrichter aller Zeiten zu sein. Wie soll ein Mensch diesen furchtbaren Beruf auch ausüben, ohne darüber sprechen und sich entlasten zu können?

Seine Gäste in der Bahnhofswirtschaft von Neubiberg bei München nennen ihn einen „Renommierhansl". Sie grausen sich vor ihm und bleiben aus: „An jedem Bierglas, das du in der Hand hältst, klebt Blut", sagt einer der ehemaligen Stammgäste. Seine Kinder müssen sich in der Schule als Kinder eines „Kopfabschneiders" beschimpfen lassen, und er bekommt beleidigende anonyme Briefe. Im September 1926 gibt er seine Wirtschaft auf, und auch seine Ehe ist zerrüttet. So jedenfalls erzählt er es später. Damit er nicht kündigt, bewilligt ihm das Justizministerium 1929 eine Sondervergütung von 500 Reichsmark.[179]

Reichhart behauptet später, er habe nun genug von der Hinrichterei gehabt und darum beim Justizministerium beantragt, seinen Vertrag aufzulösen; dies sei aber abgelehnt worden. Darüber müsste seine Personalakte im Bayerischen Hauptstaatsarchiv Auskunft geben, jedoch findet sich dort nichts dazu. Stattdessen unterschreibt Reichhart im Juni 1931 einen neuen Vertrag als Scharfrichter.[180]

1929 geht er nach Holland, angeblich um dort seinen Lebensunterhalt als Gemüsehändler und Vertreter für Hochfrequenzapparate zu verdienen. Überprüfen lassen sich diese Dinge nicht. Auch die Angaben über die Dauer seines Aufenthaltes in Den Haag variieren zwischen zweieinhalb und etwa vier Jahren. Der Staat gibt ihm die Erlaubnis dazu, seinen Lebensmittelpunkt nach Holland zu verlegen – unter der Voraussetzung, dass er für etwaige Hinrichtungen nach Bayern kommt. Davon schweigt er aber in der neuen Heimat – so viel hat er offenbar gelernt.[181]

Ebenso ungewiss wie die Dauer und Natur seines Aufenthalts in Holland ist, wie oft Reichhart in dieser Zeit für Hinrichtungen nach Bayern kam. Laut seinen beiden Biografen pendelte er regelmäßig und führte ein Doppelleben.[182] Jedoch ist zwischen Februar 1928 und April 1933 nur eine einzige Hinrichtung belegt. Dieser Fall war damals aber so spektakulär, dass er sogar Journalisten aus dem Ausland in den Regensburger Gerichtssaal lockte.

Tod im Cabriolet: Ein spektakulärer Mordfall

Am 2. Mai 1931 soll Reichhart in Regensburg einen Leipziger Kaufmann enthaupten.[183] Nach umfangreichen Ermittlungen wurde der 27-Jährige als Täter eines zunächst mysteriösen Mordes überführt. Passiert war Folgendes: Auf der Landstraße von Nürnberg nach Regensburg findet die Polizei am 27. November 1929 in der Nähe von Etterzhausen ein elegantes zweisitziges Opel-Cabriolet,[184] das augenscheinlich gegen den Kilometerstein 9 geprallt und in Flammen aufgegangen ist. Darin sitzt die verkohlte Leiche eines Mannes, der – laut den Papieren im Handschuhfach – der Handlungsreisende Kurt Tetzner ist. Und tatsächlich identifiziert seine Frau angesichts der Leiche oder anhand der im Auto gefundenen persönlichen Gegenstände kurz darauf ihren Mann. Offenbar also ein Unfall.

Doch dann findet ein Kriminaler neben dem Auto einen Deckel und in 300 Meter Entfernung den zugehörigen Benzinkanister. Könnte der Fahrer einen Anhalter mitgenommen haben, der ihn ermordet und ausgeraubt hat, um anschließend die Tat als Unfall erscheinen zu lassen? Gleichzeitig wird die Versicherungsgesellschaft, bei der Tetzner wenige Wochen zuvor eine von vier Lebensversicherungen abgeschlossen hat, misstrauisch – insgesamt belaufen sich die Policen auf 145.000 Reichsmark. Man traut der Aussage

Seite 14 — Regensburger Anzeiger Nr. 78 — Donnerstag, den 19. März 1931

Tetzner vor dem Schwurgericht.

Der Antrag des Staatsanwalts: Todesstrafe für Tetzner, 6 Jahre Zuchthaus für seine Frau

Das halbverbrannte Auto des Kaufmanns Tetzner, wie es seinerzeit aufgefunden wurde.

Abb. 15 Das ausgebrannte zweisitzige Opel-Cabriolet des Vertreters Kurt Tetzner im November 1929 am Kilometerstein 9 der Straße von Regensburg nach Nürnberg. Er wurde in einem spektakulären Gerichtsprozess des Mordes überführt (*Regensburger Anzeiger* vom 9. März 1931 mit einem Bericht zum Plädoyer des Staatsanwalts).

der Witwe nicht, wittert Versicherungsbetrug und veranlasst eine Obduktion. Dabei stellt sich heraus, dass der Tote schon zum Zeitpunkt des Autobrandes höchstwahrscheinlich nicht mehr lebte und wohl durch Gewalteinwirkung starb. Außerdem fehlen ihm Gliedmaßen, Unterkiefer und Schädeldecke. Möglicherweise sollte so die Identifizierung erschwert werden. Und schließlich findet der Rechtsmediziner heraus, dass der Tote unmöglich der damals 26-jährige Kurt Tetzner sein kann, weil eine Knorpelleiste am Oberarmknochen, die zwischen dem 18. und 22. Lebensjahr verknöchert, bei dem Toten noch erhalten ist. Er muss also jünger gewesen sein als Tetzner. Bei einer Anfrage an alle umliegenden Polizeidienststellen stellt sich heraus, dass keine Woche zuvor ein junger Wandergeselle blutüberströmt bei der Polizei in Ingolstadt Anzeige erstattet hat, weil ihn der Fahrer eines Opel-Cabriolets mitgenommen, in Ingolstadt auf eigene Kosten zum Friseur geschickt, ihm auch noch Kragen und Krawatte gekauft und ihn zum Essen eingeladen habe, um ihn dann bei einer vorgeblichen Autopanne mit dem Wagenheber kräftig auf den Hinterkopf zu schlagen. Trotz seiner schweren Verletzungen glaubten ihm die Ingolstädter Polizeibeamten die Geschichte

Abb. 16 Erkennungsdienstliche Fotos von Kurt Tetzner und seiner Frau Emma in seiner Gnadenakte. Nach der Ablehnung des Gnadengesuchs wurde Tetzner am 2. Mai 1931 in Regensburg enthauptet. Seine Frau bekam vier Jahre Zuchthaus.

nicht und warfen ihm vor, betrunken und lediglich in eine Schlägerei verwickelt gewesen zu sein, die er am Ende vielleicht noch selbst angezettelt habe. Warum auch sollte der Fahrer eines Luxus-Cabriolets einen ihm unbekannten mittellosen Wanderburschen erschlagen wollen?
Auffällig jedoch: Als die Ermittler den Anhalter ausfindig machen, stellen sie fest, dass er dieselbe Statur hat wie Tetzner. Auf Fotos erkennt er diesen sofort als den Mann wieder, der versucht habe, ihn zu töten. Das legt den Schluss nahe, dass Tetzner den Anhalter umbringen wollte, um seinen eigenen Tod vorzutäuschen und seine Frau die Versicherungssummen kassieren zu lassen. Beim zweiten Mal – so die Hypothese der Ermittler – ist der Plan dann aufgegangen. Das würde bedeuten, dass Tetzner noch am Leben ist und sich irgendwo versteckt hält. Also zapfen die Ermittler das Telefon seiner Frau in Leipzig an, hören einen verdächtigen, vom Hauptpostamt in Straßburg ausgehenden Anruf mit und bitten die französischen Kollegen, den Anrufer beim nächsten Mal in der Telefonzelle festzunehmen. Und tatsächlich geht Tetzner in die Falle und kommt in Untersuchungshaft.
Der Prozess vor dem Regensburger Schwurgericht beginnt am 17. März 1931 und findet internationale Beachtung – sogar aus Japan und den USA kommen Reporter angereist. Das Urteil fällt drei Tage später: Tetzners Frau bekommt vier Jahre Zuchthaus, er selbst wird zum Tode verurteilt. Erst im Anschluss legt er das Geständnis ab, dass er sein Opfer erwürgt und dann das Auto in Brand gesteckt habe. Die Identität des Mordopfers bleibt jedoch ungeklärt.
Als letzter „Kandidat“ der Guillotine vor dem Dritten Reich stirbt Kurt Tetzner am 2. Mai 1931 unter dem aus München herbeigeschafften Fallbeilrahmen. Der spektakuläre Kriminalfall wird 1973 vom ZDF unter dem Titel „Steig ein und stirb“ verfilmt – den Kriminalbeamten Leidinger spielt Walter Sedlmayr.[185]

In der Reichhart-Literatur wird immer wieder eine gewisse Erna Hasselbeck erwähnt, die Johann Reichhart als erste Frau am 10. Juli 1932 in München geköpft haben soll.[186] Um für ihren Geliebten frei zu sein, habe sie ihren Mann mit dem Beil erschlagen, zerstückelt und die Leichenteile teils im Backofen verbrannt, teils im Wald verstreut. Der Mann sei ein Spieler und Trunkenbold gewesen und habe sie geschlagen. Belege gibt es für diese Hinrichtung jedoch nicht – weder in den Zeitungen noch im Staatsarchiv München. Reichhart will zunächst Mitleid mit der Todeskandidatin gehabt haben, dann aber zornig geworden sein, als er von ihrer Tat gehört habe. Wahrscheinlich hat er die Geschichte also nur erfunden, um sich als fühlender Mensch darzustellen, seinen von den Zeitgenossen schlecht angesehenen Broterwerb zu rechtfertigen oder sich ganz einfach interessant zu machen.[187]

1933, offenbar im Juni, bricht Reichhart seine Zelte in Den Haag endgültig ab, angeblich weil seine Henkerstätigkeit durch einen deutschen Zeitungsartikel bekannt geworden und deshalb die Kundschaft wieder einmal ausgeblieben sei. Zurück in München will er den Beruf des Scharfrichters – so behauptet er nach dem Krieg – ein weiteres Mal an den Nagel hängen, doch seien die neuen Machthaber in ihn gedrungen, er habe dem Staat gegenüber schließlich Pflichten und man brauche ihn. Da habe er nachgegeben. Auch hier fehlt ein diesbezüglicher Schriftwechsel in seiner Personalakte. Zwei Jahre später wird er ein weiteres Mal um eine feste Stelle bitten. Dazu kommt, dass er im Juli gerne das Angebot annimmt, auch in Dresden und Weimar zu köpfen. Als der NS-Staat den Ländern bis 1935 die Gerichtsbarkeit entzieht, ist Berlin für Reichhart zuständig. 1934 bekommt er einen neuen Vertrag, der ihm eine jährliche Zahlung von 3.720 Reichsmark garantiert. Einen Nebenerwerb braucht er nun nicht mehr.[188]

Der „gesunde Volkskörper“: Die Guillotine zwischen 1933 und 1945

„Der autoritäre Staat muss strafen,
weil er weder überzeugen kann noch will
und weil er sich selbst aufgeben würde,
wenn er auch nur die geringste Verletzung
seiner Autorität ungesühnt ließe.“
(Jürgen Reinhard Koch[189])

Bis hierhin ist die Geschichte der Münchner – und auch die der Würzburger – Guillotine erschreckend genug. Heute ist es in Deutschland glücklicherweise undenkbar, den Körper eines Menschen von Staats wegen zu zerstören, selbst wenn der oder die Betreffende ein noch so abscheuliches Verbrechen begangen und noch so viel Leid über andere Menschen gebracht hat. Wir haben eingesehen, dass kein Staat das Recht dazu hat.

So können wir die Enthauptungen bis 1933 mit den beiden bayerischen Fallschwertmaschinen von Johann Mannhardt aus heutiger Perspektive als Unrecht am Leben dieser Verurteilten betrachten, denn trotz ihrer Untaten waren sie Menschen – noch dazu bemitleidenswerte: Schließlich sind viele dieser Vergehen auch Ausdruck von Torheit, Hilflosigkeit, Überforderung, Gefühlskälte, Lieblosigkeit, Dummheit und Armut, von für sie schwer steuerbaren Affekten wie Hass, Wut, Eigensucht, Gier, Verzweiflung und Hoffnungslosigkeit und sicher auch von eigenen Gewalterfahrungen und emotionalen Entbehrungen in der Kindheit. Wer so empathielose Taten fertigbringt, wie dem Leben eines anderen Menschen endgültige und irreversible Gewalt anzutun, der wird nicht mit viel Zuwendung, Mitgefühl und Wertschätzung groß geworden sein. Freilich mindert das nicht die Brutalität und Verantwortung der Täter.

Wir Heutigen müssen uns damit abfinden, dass die an diesen Verbrechern vollstreckten Todesurteile in eine Zeit gehören, in der andere Werte und Rechtsnormen galten, und möglicherweise wird man es in

100 Jahren ebenfalls barbarisch finden, dass die heutige Justiz seelisch zum Teil schwer beschädigte Delinquenten jahre- und jahrzehntelang hinter Gitter sperrt, wo viele von ihnen sich nicht zum Besseren entwickeln, sondern zum Schlechteren. Vielleicht hat die Gesellschaft in 100 Jahren menschlichere und wirksamere Methoden gefunden, mit Verbrechen umzugehen, aber wir Heutigen wissen uns offensichtlich keinen besseren Rat. So müssen wir auch gnädig sein mit den Gesetzgebern, Richtern und Geschworenen vergangener Zeiten.

So weit, so schlimm. Geradezu ungeheuerlich jedoch wird die Geschichte der bayerischen Guillotinen nach der Machtübernahme der Nationalsozialisten, denn bisher war sie immerhin noch ein Instrument, das Gerechtigkeit herstellen sollte – doch von jetzt an dient sie dem Terror und der staatlich verordneten Auslese: Unter deutschen Guillotinen sterben bald nicht mehr nur Raubmörder, Gattenmörderinnen oder Sexualmörder, sondern auch Notleidende, sozial Schwache, ukrainische oder französische Zwangsarbeiter, Kleinkriminelle, Regimekritikerinnen oder Freiheitskämpfer. Nur 11 Prozent der im Gefängnis München-Stadelheim hingerichteten Frauen und Männer waren in der NS-Zeit wegen Mordes zum Tode verurteilt.[190]

Einen Mörder mit einer Widerstandskämpferin in einem Atemzug zu nennen kostet Überwindung, weil die Gründe für ihr Sterben aus heutiger Perspektive gegensätzlicher kaum sein könnten – handelt doch die eine aus ihrem Gewissen heraus und der andere dagegen. Doch ist dieses Nebeneinander von Unvereinbarem nun einmal die historische Wahrheit, und so bleibt nichts anderes übrig, als all der Opfer der Guillotine in diesem Buch gemeinsam zu gedenken. Freilich erinnern wir an die Mörderinnen und Mörder nicht in ihrer Eigenschaft als Gewalttäter, sondern als Opfer der Todesstrafe.

Vor allem in den Jahren des Zweiten Weltkriegs schnellt die Zahl der vollstreckten Todesurteile exponentiell in die Höhe. In den sechs Jahren bis zum Krieg werden im Gefängnis München-Stadelheim 31 Menschen hingerichtet, in den nicht einmal sechs Jahren des Krieges sind es dann mindestens 1.159. Bis auf zehn von ihnen sterben alle unter dem Fallbeil.[191]

In ganz Deutschland sind die Zahlen noch krasser: Insgesamt werden etwa 12.000 zivilgerichtliche Todesurteile (von insgesamt 16.560) vollstreckt – in dieser Zahl nicht enthalten sind die 20.000 bis 30.000 militärgerichtlichen Todesurteile. Dabei steigt die Zahl schon in den ersten Jahren der Hitlerdiktatur stetig an. 1933 sind es 64 Hinrichtungen, 1934: 79 (ohne die Toten des „Röhm-Putsches"), 1935: 94, 1936: 68, 1937: 106, 1938: 117 und 1939: 219. Schon im ersten Jahr der NS-Diktatur werden neben 47 Mördern 67 Menschen aus politischen Gründen zum Tode verurteilt.[192]

Gesetze und Verordnungen

Juristisch verankert wird die Todesstrafe mit dem „Gesetz über Verhängung und Vollzug der Todesstrafe" vom 29. März 1933 – nach dem angeblich alleinigen Verursacher des Reichstagsbrandes auch „Lex van der Lubbe" genannt. Bei diesem Gesetz zeigt sich, dass der NS-Staat keinen Wert mehr auf Rechtsstaatlichkeit legt: Es wird ohne Mitwirkung der gewählten Volksvertreter erlassen, gilt rückwirkend und ermöglicht im übrigen, den zum Tode Verurteilten auch zu erhängen, um ihn dadurch zusätzlich zu entehren und die „Gemeinschädlichkeit und Schimpflichkeit der Tat besonders augenfällig zu machen".[193]

Überhaupt ist es der NS-Justiz ein Anliegen, die „todeswürdigen" Delinquenten zu demütigen: Vor allem bei als Hoch- und Landesverrätern Verurteilten soll die gesamte soziale Persönlichkeit getilgt werden, denn aus Sicht der NS-Ideologie verdient ein Mitglied die Achtung der Volksgemeinschaft nicht aufgrund einer allen Menschen gleichermaßen zuerkannten Würde, sondern weil es sich konform und im Sinne dieser Volksgemeinschaft verhält. Wer die Gemeinschaft missachtet, muss folgerichtig auch mit dem Verlust der Ehre rechnen – ähnlich wie Straftäter im Mittelalter an den Pranger gestellt wurden oder noch im 19. Jahrhundert ihre bürgerlichen Rechte aberkannt bekamen.[194]

Die Vielzahl der folgenden Gesetze und Verordnungen zur Todesstrafe ist ebenfalls nicht mehr parlamentarisch legitimiert, sondern basiert lediglich auf dem Willen des „Führers" und seiner Regierung. Die Judikative setzt sie mit einem wachsenden Netz an Sondergerichten und dem Volksgerichtshof willfährig um. Diese Gerichte haben weitreichende Befugnisse und können ihre meist drakonischen Strafen sehr schnell verhängen. Die Urteile sind sofort rechtskräftig, die Angeklagten haben keine Möglichkeit auf Berufung oder Revision. Es gibt also keine Gewaltenteilung mehr, keine parlamentarische Legislative, keine unabhängigen Gerichte, keinen Schutz des Einzelnen vor dem Staat. Der Rechtsstaat ist beseitigt.

Die Todesstrafe steht bald längst nicht mehr nur auf Tötungsdelikte. Mit der Notverordnung „Zum Schutz von Volk und Staat" schränkt das neue Regime bereits am 28. Februar 1933 – dem Tag nach dem Reichstagsbrand – nicht nur Grundrechte wie Meinungsfreiheit, Versammlungsrecht oder Pressefreiheit ein und erweitert die Befugnisse des Staates gegenüber den Bürgerinnen und Bürgern, sondern sieht die Todesstrafe nun auch für Straftaten vor, die zuletzt nur lebenslange Haftstrafen nach sich gezogen haben (Hochverrat, Brandstiftung oder Umsturz mit Waffengewalt). In den folgenden Monaten und Jahren dehnen weitere Verordnungen die Todesstrafe auf immer mehr Tatbestände aus: besonders schwere Fälle von Androhung oder Ausführung von Anschlägen auf Personen oder Sachen, um die Bevölkerung in Angst und Schrecken zu versetzen, wenn man dabei eine Uniform trägt, die einem nicht zusteht (21.3.1933); vorsätzliche Beschädigung von Eisenbahnanlagen, Brandstiftung, Überflutung und sonstige Sabotageakte (4.4.1933); Versuch oder Planung des Mordes an einem Richter, Polizisten, Beamten, Soldaten, SA- oder SS-Mannes oder eines NSDAP-Funktionärs (13.10.1933); Pläne, die Reichsverfassung zu ändern oder einen Teil von Deutschland durch Gewalt oder Androhung von Gewalt vom Reichsgebiet abzutrennen, Hochverrat durch Verteilen von Propagandamaterial, Unterwanderung oder Bestechung von Polizei oder Armee (24.4.1934); besonders gehässige Äußerungen, Behauptungen oder Witze über führende Persönlichkeiten in Staat und Partei (20.12.1934) oder Wegelagerei an deutschen Autobahnen (22.6.1938). Anfang der 1940er-Jahre steht dann auf mehr als 40 Delikte die Todesstrafe. Immer wieder werden bewusst auch Unschuldige in Schauprozessen zum Tode verurteilt und hingerichtet.[195]

Die „Verordnung gegen Volksschädlinge" vom 5. September 1939 ermöglicht die Todesstrafe dann auch für geringfügige Tatbestände wie Diebstahl, Schwarzschlachtung oder auch nur das Hören ausländischer Radiosender.[196] Aufgrund der Nürnberger Gesetze vom 15. September 1935 werden gelegentlich auch Fälle von sogenannter „Rassenschande" mit dem Tode bestraft. Von den 24 Münchner Hinrichtungen des Jahres 1940 finden nur noch sechs wegen Tötungsdelikten statt.[197] Juristisch werden die Verurteilten Mördern gleichgestellt. Der Begriff „Volksschädling" ist schwammig und daher dehnbar. Dementsprechend waren Angeklagte von der subjektiven Einschätzung ihrer Richter abhängig.[198]

All diese Gesetze und Verordnungen erwecken den Anschein, als hätten Politik und Justiz sich noch an rechtsstaatliche Prinzipien gebunden gefühlt. Seit dem Ermächtigungsgesetz vom 24. März 1933 war das jedoch nicht mehr der Fall. Daran lässt Hitler 1942 keinen Zweifel aufkommen:

> „Der Richter ist der Träger der völkischen Selbsterhaltung (…) Wenn ich (…) nicht rücksichtslos das Geschmeiß ausrotte, dann tritt eines Tages die Krise ein. (…) Es gibt gewisse Gesinnungsverbrechen, damit scheidet ein Mensch aus der Volksgemeinschaft aus. (…) Das Richterkorps muss eine Auslese der Nation darstellen (…). Ausrotten muss man den Gedanken, der Richter sei dazu da, ein Recht zu sprechen, selbst auf die Gefahr hin, dass darüber die Welt zugrunde geht."[199]

In der NS-Justiz gilt das sogenannte „gesunde Volksempfinden" als ein Maßstab für die Bestrafung: Das Volk habe nun einmal ein Bedürfnis nach Vergeltung. Die zweite Maxime ist der „gesunde Volkskörper", der von „Volksschädlingen" und anderen „Gemeinschaftsfremden" „gereinigt" werden müsse. Der Delinquent wird zum „Rasseschädling" und die Todesstrafe zur „rassischen Notwehr" deklariert.[200] So wie „minderwertige Rassen" in den Vernichtungslagern „ausgerottet", „Erbkranke" oder „Asoziale" zwangssterilisiert oder als „unwertes Leben" geltende Menschen – etwa aufgrund von Behinderungen – ermordet werden, so sollen auch „Gewohnheitsverbrecher", „Gemeinschaftsfremde" und politisch andersdenkende, widerständige und damit ebenso „minderwertige" Menschen durch die Todesstrafe „unschädlich" gemacht werden und sich nicht fortpflanzen. Adolf Hitler sagt 1942:

> „Für den Gewaltverbrecher und den gefährlichen Gewohnheitsverbrecher kommt nur die Todesstrafe in Frage, wenn der Schutz der Volksgemeinschaft oder das Bedürfnis nach gerechter Sühne es erfordert. Damit ist dem Strafrecht die Aufgabe zugewiesen, durch die Handhabung der Todesstrafe der

Auslese, Reinigung und Gesunderhaltung unseres Volkes zu dienen. Dabei kommt es nicht mehr darauf an, dass die einzelnen Straftaten, die der Verbrecher begangen hat, für sich betrachtet besonders schwer sind. Es genügt vielmehr, dass der Verbrecher sich durch seine fortgesetzten Rechtsbrüche seiner ganzen Persönlichkeit nach als für die Gemeinschaft gefährlich erwiesen hat."[201]

An die Stelle der Grundrechte des Einzelnen tritt die Wahrung der „völkischen Gemeinschaftsordnung", und an die Stelle von Recht, Strafe, Sühne und Gerechtigkeit treten Vernichtung, Rache, Anmaßung, Entehrung und biologistischer Wahn. Die Staatsanschauung beruht auf den Dogmen von Staatsautorität, Führerprinzip und Gemeinnutzen, und oberstes Rechtsgut ist nun nicht mehr der Schutz des einzelnen Menschen mit seinen Rechten, sondern das Volk und sein Nutzen. Der Einzelne muss nicht mehr vor dem Staat geschützt werden, weil es den Gegensatz zwischen Individuum und Gemeinschaft nach nationalsozialistischer Auffassung nicht mehr gibt.[202] Bereits im März 1933 ist zu lesen:

> „Unser Rechtswesen muss in erster Linie der Erhaltung der Volksgemeinschaft dienen (...) nicht das Individuum kann Mittelpunkt der gesetzlichen Sorgen sein, sondern das Volk."[203]

Folgerichtig antwortet Heinrich Himmler den Angehörigen des zum Tode verurteilten Weiße-Rose-Mitglieds Alexander Schmorell auf ihr Gnadengesuch:

> „Während Tausende wertvoller deutscher Menschen ihr Leben für ihr Vaterland einsetzen, wäre es unverantwortlich, hier den Vollzug der Todesstrafe auszusetzen. Es kann in einer Familie schon einmal ein Unwürdiger vorkommen – es ist aber notwendig, dass dieser dann von der Volks- und Sippengemeinschaft ausgeschaltet wird!"[204]

Himmler und seine Mitstreiter schalten einen Menschen also aus wie eine fehlerhafte Lampe. Die Bestrebungen Ende der 1920er-Jahre, die Todesstrafe abzuschaffen, diffamieren die Nationalsozialisten als Verschwörung von jüdischen Rechtsanwälten, Menschenrechtlern, Psychologen, Medizinern und der jüdisch-marxistischen Presse. Deren „Humanitätsduselei" habe die Sicherheit des deutschen Volkes untergraben.

Dagegen werden Morde durch Nationalsozialisten – bei Einzelaktionen wie in der „Nacht der langen Messer“ auf den 1. Juli 1934 und bei der Reichspogromnacht im November 1938 oder systematisch in den Konzentrationslagern – als „Staatsnotwehr“ gerechtfertigt.[205]

Mit Kriegsbeginn steigen die Zahlen der verhängten Todesurteile in Deutschland in noch erschreckenderer Weise: 1941 sind es 1.292, 1942: 4.457 und 1943: 5.336.[206] 1944 und 1945 gehen die Zahlen zurück, weil viele NS-sozialisierte Richter an die Front müssen und durch ältere Richter ersetzt werden, die nicht der NSDAP angehören, aber auch weil Gestapo und SS einige Zuständigkeiten auf drakonische Weise übernehmen und ihre Opfer auf eigene Faust exekutieren. Von den rund 12.000 vollstreckten Todesurteilen auf deutschem Boden fallen 11.000 in die Kriegszeit. Dieser rapide Anstieg hat zwei Ursachen. Zum einen dehnt der Gesetzgeber mit neuen Gesetzen und Verordnungen die Todesstrafe sukzessive auf immer mehr Straftatbereiche aus: Seit dem 1. September 1939 kann sie für die Verbreitung von „Nachrichten ausländischer Sender“ verhängt werden, wenn sie die „Widerstandskraft des deutschen Volkes“ gefährdet. Mit der „Verordnung gegen Volksschädlinge“ (5.9.1939) kann jedes Verbrechen, das aufgrund der Luftangriffe (wie etwa Verdunkelung und verlassene oder ausgebombte Wohnungen) begangen wird (Handtaschendiebstähle, Vergewaltigungen, Plünderungen), ebenso mit dem Tod bestraft werden wie jedes „gemeingefährliche“ Verbrechen, das „die Widerstandskraft des deutschen Volkes schädigt“. Ab dem 5. Dezember 1939 steht auf schwere Gewaltverbrechen der Tod, soweit eine Schusswaffe im Spiel ist. Die Änderung des Reichsstrafgesetzbuches ermöglicht die Todesstrafe auch gegen Menschen, die dem Feind „Nachschub“ verschafft oder Deutschland einen „Nachteil“ zugefügt haben. Ab 1941 trifft dieses Schicksal auch „Gewohnheits-“ und „Sittlichkeitsverbrecher“ und nach einer weiteren Verschärfung auch Menschen, die kriegswichtige Rohstoffe oder Erzeugnisse in großem Stil horten oder zerstören. Und schließlich kann ab Mai 1944 jedes Verbrechen mit dem Tod bestraft werden, bei dem das „gesunde Volksempfinden“ die eigentlich vorgesehene Strafe als ungenügend erachtet. Nach dieser Maxime sollen die Richter auch angebliche Lücken im Gesetz auf eigene Faust schließen. Der Willkür der Justiz sind damit alle Tore geöffnet.[207]

Der zweite Grund für den Anstieg der Todesurteile ist der politische Druck auf die Richter.[208] Kurz nach Kriegsbeginn fordert das Justizministerium von ihnen, Höchststrafen zu verhängen. Die meisten folgen diesem Drängen. Hitler persönlich sieht in der Todesstrafe die einzige Möglichkeit, den befürchteten Dammbruch des Verbrechens zu verhindern, und droht am 26. April 1942 in einer im Radio übertragenen Reichstagsrede, er werde alle „Richter, die ersichtlich das Gebot der Stunde nicht erkennen, ihres Amtes entheben".

Mit einer Strafe soll nach NS-Denken nicht eine Straftat geahndet, sondern der Täter getroffen werden. Die Tat spielt nur insofern eine Rolle, als sie den „Gemeinschaftsfremden", „Gewohnheitsverbrecher" oder „Asozialen" entlarvt. Das heißt, auch wenn die Tat vergleichsweise harmlos ist, kann sie die Todesstrafe nach sich ziehen, da es die Aufgabe des Strafrechts ist, den „Volkskörper" „durch rücksichtslose Ausscheidung lebensunwerter Verbrecher" zu „reinigen". „Rassenhygiene" und Strafrecht verfolgen im Dritten Reich also ein gemeinsames Ziel.[209] Justizminister Otto Georg Thierack schreibt am 1. Januar 1943 in seinem vierten Rundbrief an die deutsche Richterschaft:

> „Was hätte es für einen Sinn, wenn wir uns bemühen würden, künftig das deutsche Volk vor einer schädlichen Rassenmischung zu schützen, den erbkranken Nachwuchs zu verhindern und die fortschreitende Gesundung des Volkes durch eine sorgfältige Gesundheitsauslese bei den Eheschließungen herbeizuführen, wenn wir nicht zugleich mit allen Mitteln dafür sorgen würden, dass dieser gesunde Aufbau unserer Gesellschaft nicht durch Angriffe entarteter Verbrecher gestört wird, die der Gemeinschaft nicht nützen, sondern nur schaden?"[210]

Die Todesstrafe repräsentiert also die NS-Weltanschauung im Brennglas. Sie zeigt, wie eine narzisstisch gekränkte Politikerklasse Menschen aus unterschiedlichen Gründen abqualifizierte oder gar zu „Untermenschen" degradierte, um sich selbst als „Herrenmenschen" aufzuwerten, sie zeigt die grenzenlose Brutalität gegenüber Andersdenkenden und Minderheiten und sie zeigt die Ignoranz, mit der diese Gesellschaft Werte wie Freiheit, Gleichheit, Mitmenschlichkeit, Widerspruch, Demut oder freies Denken mit einem Terror verfolgte, der keine Gnade und keine Grenze kannte. Die Guillotine kann als ihr Symbol gelten.

Neben der Hinrichtung auf der Grundlage eines Todesurteils hatte der NS-Staat freilich noch weitere Möglichkeiten, Menschen zu töten: darunter verfahrenslose Exekutionen etwa durch SS, Gestapo oder Polizei, zum Beispiel um zu „milde“ Gerichtsurteile zu „korrigieren“ oder polnische Zwangsarbeiter zu disziplinieren, die etwa Sex mit deutschen Frauen gehabt hatten,[211] der Tod nach Folter in der Gestapohaft, die Tötung von KZ-Häftlingen, die „Euthanasie“ bis hin zum Massenmord in den Vernichtungslagern. Wenn Hitler ein Urteil zu lasch erschien, griff er auch gerne zum Telefonhörer und ordnete eine Todesstrafe an, was die Justiz als juristisch bindend erachtete.

Gesetzgeber, Justiz, Polizeiapparat, Gestapo oder SS waren freilich nicht die einzigen Verantwortlichen für diese Unrechtsjustiz: Ohne ein Heer von Denunzianten, die den Vollstreckern ab 1933 eilfertig zuarbeiteten, hätte der NS-Staat niemals auch nur annähernd so viele Menschen hinrichten lassen können, wie er es getan hat.

Gift, Gas oder Guillotine?

Man könnte meinen, in Bayern sei die Guillotine als Hinrichtungsmethode einfach aus Tradition beibehalten worden und die NS-Ideologie habe keine Bedeutung für ihre Verwendung. Jedoch bestimmte das „Gesetz über die Verhängung der Todesstrafe“ vom 29. März 1933 zunächst noch das Erhängen als bevorzugte Hinrichtungsart, und bald setzte eine ausführliche Diskussion darüber ein, welche Methode am besten zum Nationalsozialismus passe.[212] Bis 1933 waren im Deutschen Reich zwei Hinrichtungsmethoden gebräuchlich: Die Guillotine wurde in Bayern, Württemberg, Baden, Hessen, Thüringen, Sachsen, Bremen und Oldenburg verwendet. Das Handbeil dagegen in Preußen, Anhalt, Braunschweig, Mecklenburg, Hamburg und Lübeck.[213]

Beim Meinungsaustausch in der eingesetzten Strafrechtskommission plädiert zum Beispiel der spätere berüchtigte Präsident des Volksgerichtshofs Roland Freisler für das Handbeil: „Die Enthauptung durch Muskelkraft enthält etwas Ursprüngliches, Männliches, Natürliches.“ Dagegen habe die Guillotine „den Anschein des Toten, Seelenlosen, Unpersönlichen“. Der ultrakonservative Vizekanzler Franz von Papen sieht in der Guillotine ein unpreußisches Symbol der Französischen

Revolution. Außerdem wird argumentiert, eine Hinrichtung mit dem Fallbeil sei schlechter geheim zu halten, wenn es transportiert wird, oder mache eine Verlegung der Delinquenten erforderlich, wenn es in einem Gefängnis stationiert wird. Ein weiteres Argument gegen das Fallbeil war, dass die Hinrichtung hier länger dauere als mit dem Handbeil.[214]

Die Strafrechtskommission empfindet Enthauptung und Erschießung zunächst als nicht mehr zeitgemäß sowie als rituell zu überladen und entscheidet sich gegen diese Methoden. Hinrichtungen mit dem Handbeil hatten außerdem zu schlechter Auslandspresse geführt, die das „Kulturansehen" Deutschlands beeinträchtigt hatten.[215]

In jedem Fall wird eine deutschlandweit einheitliche Hinrichtungsmethode gewünscht, um die Einheit des Deutschen Reiches widerzuspiegeln und den Föderalismus zu überwinden. Favorit ist zunächst der Giftbecher, mit dem sich der Delinquent selbst in der Zelle richtet. So hofft man auch, der Hinrichtung die öffentliche Sensationslust zu entziehen. Einspruch erhebt allerdings die Kirche. Anfang des Dritten Reiches knicken die Machthaber noch vor ihr ein und diskutieren stattdessen eine Gaskammer für eine Person, wie sie etwa im US-Bundesstaat Colorado seit Kurzem üblich ist.[216]

Sogar die Bevölkerung nimmt an dem Diskurs mit schriftlich eingebrachten Vorschlägen teil: Man solle die zum Tode Verurteilten lebend für medizinische Zwecke verwenden, auf dass sie ihre verachtenswerten Taten nicht nur mit einer kurzen Hinrichtung büßten und für die Gemeinschaft noch zu etwas nütze seien. Die Briefeschreiber denken hier an die Anatomie, an Sezieren bei lebendigem Leibe oder daran, die Verurteilten als „Organersatzteillager" für Transplantationen zu nutzen.

1935 empfiehlt die Kommission schlussendlich die Guillotine, verwendet aber wohlweislich den Ausdruck „Fallbeil", wohl um das „Deutschtum" dieser Gerätschaft zu betonen und keine Assoziationen an die Französische Revolution aufkommen zu lassen. Die Vorteile dieser Hinrichtungsmethode sieht man zum einen darin, dass der Scharfrichter nicht fürchten muss, danebenzuschlagen, und dass man hofft, eine Hinrichtungszeit von vier bis fünf Sekunden zu erreichen, da das Anschnallen entfallen soll. Außerdem finden die Mitglieder der Kommission, dass einem modernen Staat auch eine moderne Technik gut anstehe.[217]

Hitler stimmt dem Vorschlag im Herbst 1936 zu, lässt aber auch das Erhängen für als besonders verwerflich erachtete Verbrechen zu. Ob die Beteiligten daran dachten, dass eine Hinrichtungsmaschine die physischen Kräfte eines Scharfrichters nur wenig beansprucht und daher – wie schon einmal in der Französischen Revolution – Massenexekutionen ermöglichen wird, ist nicht überliefert.

Ende 1942 wird in den vorgesehenen Hinrichtungsstätten neben der Guillotine auch der kurze Strang eingeführt. Vor allem „Landesverräter" sollen erhängt werden. Das erweist sich als billiger, handhabbarer und weniger blutig, soll die politischen Gegner vor allem aber auch entehren und ihnen mehr Qualen bereiten. Dazu legt man der oder dem Betreffenden eine etwa 70 Zentimeter lange und 6 Millimeter dünne Schlinge – meist aus Hanfleinen, aber auch aus Spezialdraht – um den Hals und hebt die Person hoch, woraufhin der Scharfrichter auf einen zweistufigen Trittschemel steigt, um die Schlinge an einem von acht bis zehn Fleischerhaken einzuhängen. Da die Haken an einem Eisenträger auf Rollen laufen, können die Henker die aufgehängte, noch zappelnde Person bequem – wie eine Schweinehälfte in einem industriellen Schlachthof – aus ihrem Gesichtsfeld schieben und einen schwarzen Vorhang vor sie ziehen. So können sie unverzüglich die nächste Person hängen, ohne dass diese den Todeskampf ihres „Vorgängers" mitbekommt.

Die so Exekutierten haben mindestens 20 Minuten zu hängen, bevor sie abgenommen werden dürfen. Einen grausigen Augenzeugenbericht von den Hinrichtungen der zehn „Hauptverschwörer" des 20. Juli hat ein Gefängniswärter von Berlin-Plötzensee hinterlassen. Hitler hat alles filmen lassen und soll zum Henker gesagt haben: „Ich will, dass sie erhängt werden, aufgehängt wie Schlachtvieh."

Dass der Tod bei dieser Methode nicht schnell eintritt, zeigt auch ein Fall aus dem Jahr 1943, bei dem das Herz des Betreffenden noch nach 17 Minuten schlug. Auch der Münchner Gefängnispfarrer Karl Alt und Scharfrichter Johann Reichhart berichten vom langen Todeskampf der Opfer. Reichharts Konstruktionsvorschlag eines Galgens mit Falltür, der dem Todeskandidaten das Genick gebrochen hätte, wurde abgelehnt. Zehn solcher kurzen Schlingen befinden sich heute auch im Bestand des Bayerischen Nationalmuseums.[218]

Als dritte Hinrichtungsart kommt ab Ende 1942 das Erschießen durch ein Kommando der Polizei oder (seltener) der Wehrmacht in Betracht. Bis dahin wurden nur durch Militärgerichte Verurteilte erschossen. Jetzt soll das Erschießen auch als „Notvollstreckungslösung“ dienen, falls eine Exekution mit dem Fallbeil oder dem Strang – etwa aufgrund von Bombenschäden – nicht möglich oder falls der Hinzurichtende fluchtverdächtig ist und deshalb möglichst schnell exekutiert werden muss. Die weitaus überwiegende Zahl der Opfer wird allerdings auch weiterhin mit Guillotinen getötet.[219]

An den allermeisten Hinrichtungsstätten ist 1937 jedoch keine Guillotine verfügbar, und die vorhandenen sind meist veraltet, nicht mehr zuverlässig oder vom Holzwurm befallen. Einige können überholt oder repariert werden, andere nicht. Immer noch in vergleichsweise gutem Zustand befinden sich die fünf Mannhardt-Guillotinen, die zwischen 1855 und 1912 gebaut und geliefert worden sind. Sie können auch nach 1937 weiter verwendet werden: Das Fallbeil in München-Stadelheim verbleibt an Ort und Stelle, das aus Bruchsal wird ins Gefängnis Berlin-Plötzensee gebracht, und ab Juni 1944 kommt als Ersatz dafür die Straßburger Mannhardt-Guillotine nach Bruchsal, da Straßburg inzwischen von der Wehrmacht besetzt ist. Die Hannoveraner Guillotine schließlich wird 1937 ins südlich von Braunschweig gelegene Wolfenbüttel verlegt und das Würzburger Fallbeil im selben Jahr nach Breslau (heute Wrocław).[220]

Um neue Fallbeile bauen zu lassen, kontaktiert das Berliner Justizministerium auch die Nachfolger des 1878 verstorbenen Mannhardt. Die lehnen den Auftrag jedoch ab und geben vor, „dass sich unser heutiger Betrieb für die Herstellung obiger Maschinen nicht eignet“.[221] Weil sich offenbar auch sonst keine Firma findet, beschließt das Justizministerium, die neuen Guillotinen im Strafgefängnis Berlin-Tegel bauen zu lassen. Aufgrund der Abschottung von der Außenwelt können die Pläne dort auch leichter geheim gehalten werden. Mit der Planung beauftragt man zunächst die Physikalisch-Technische Reichsanstalt in Berlin-Charlottenburg, die innerhalb von Jahresfrist Ergebnisse vorlegen will. Das aber dauert dem Justizministerium zu lange, und so werden die Werkstätten des Tegeler Gefängnisses angewiesen, eigenständig ein neues Modell zu entwickeln.[222]

Am 1. April 1938 ist der Prototyp fertig. Er ist deutlich kleiner als die meisten bisherigen Guillotinen, hat eine geringere Fallhöhe von nur 87 Zentimetern, und das Obergestell ist wie beim Mannhardt-Fallbeil aus Metall gefertigt. Auch einige andere Details zeigen, dass das Mannhardt-Modell eines der Vorbilder ist. Die Baukosten werden mit 550 Reichsmark pro Stück veranschlagt. Die ersten beiden Maschinen werden für Königsberg und Hamburg gefertigt, eine dritte, noch einmal verbesserte für Köln.[223]

Dann aber zeigen sich die ersten Konstruktionsmängel und Fertigungsfehler, die in der Folge behoben werden müssen. Vor allem die Qualität der Messer lässt zu wünschen übrig, weil sie in der Mitte, wo sie doch besonders hart sein müssten, vergleichsweise weich sind und ständig nachgefeilt werden müssen, was zur Folge hat, dass sie sich sichelförmig einbuchten.[224]

Die Fallbeile – im verklausulierten NS-Bürokratenjargon nur „F-Geräte" genannt – bekommen oben Blenden, sodass man das hochgezogene Messer nicht sieht, wenn man von vorne an den Tisch herantritt. Offenbar sollten die Todeskandidaten nicht noch zusätzliche Ängste entwickeln und dementsprechend Widerstand leisten; allerdings tragen sie ohnehin oft Augenbinden, und zudem ist die Guillotine zunächst durch einen Vorhang verdeckt. Außerdem sind Blutablaufbleche, ein „Kopfaufnahmetopf" und darin – wie auch schon bei Mannhardt – ein Stirnriemen vorgesehen, auf dem der Kopf kurz oberhalb der Augenbrauen zu liegen kommt, damit der Kandidat ihn nicht verdrehen kann. Die Messer aus nun besonders hochwertigem und extra gehärtetem Stahl werden von der Maschinenfabrik Karl Krause (Berlin) und den Franke-Werken (Bremen) geliefert. Bis Mitte 1939 für alle Hinrichtungsstätten Guillotinen beschafft sind, darf noch mit dem Handbeil hingerichtet werden. Insgesamt fertigt Tegel 14 „F-Geräte".[225]

Zentrale Hinrichtungsstätten

Ursprünglich sollten die Exekutionen im Dritten Reich nah am Tatort vollzogen werden, um dem „Sühnebedürfnis des Volkes" Rechnung zu tragen und auch eine größtmögliche Abschreckung zu erzielen. Ab 1937 wird die Todesstrafe dann jedoch in sogenannten „Zentralen Hinrich-

Abb. 17 Tegel-Guillotine im Gefängnis Prag-Pankratz. Da zu Beginn des Dritten Reichs nicht genügend funktionsfähige Fallbeile verfügbar waren, um an wunschgemäß vielen Orten im Reich Hinrichtungen zu vollziehen, ließ das Justizministerium im Gefängnis Berlin-Tegel ab 1938 insgesamt 14 Guillotinen bauen. Rechts im Bild: Träger, Haken und Schlingen, an denen Verurteilte erhängt wurden, sowie der Schemel für den Scharfrichter.

tungsstätten" vollstreckt, die in Gefängnissen und Zuchthäusern eingerichtet werden. Die Überlegung dahinter: Wenn sperrige und darum auffällige Fallbeile mit der Bahn transportiert werden und Scharfrichter in einer Stadt ankommen, lassen sich die Hinrichtungen kaum geheim halten. Außerdem veranschlagt man die Reisekosten der Todeskandidaten und der anderen beteiligten Personen niedriger als die Transportkosten der Fallbeile. Und schließlich verspricht die Übung der Hinrichtungsteams an vertrauten Örtlichkeiten einen eingespielten und somit reibungslosen Ablauf.[226]

Die Anzahl der Zentralen Hinrichtungsstätten ändert sich bis Kriegsende mehrmals. 1937 werden zunächst elf von ihnen eingerichtet und mit Fallbeilen ausgestattet – unter ihnen das Gefängnis München-Stadelheim. 1940 kommen zwei weitere hinzu, und 1944 sind es sogar 22 Zentrale Hinrichtungsstätten, weil das Deutsche Reich sich durch die Gebietsgewinne ausgedehnt hat.

Gegen Ende des Krieges müssen zahlreiche Hinrichtungsstätten wieder aufgegeben werden: wegen Bombenschäden diejenigen von Hamburg, Köln, Dresden und Stuttgart, wegen des Vormarschs der Alliierten diejenigen von Königsberg, Danzig, Posen, Breslau und Kattowitz. Mit der Aufgabe von Breslau fällt die zweite bayerische Fallschwertmaschine, die Johann Mannhardt 1855 für Würzburg gebaut hatte, in die Hand der Roten Armee. Sie landet in Kiew und ist dort heute im „Nationalen Museum der Geschichte der Ukraine im Zweiten Weltkrieg" zu sehen.[227]

Bis 1937 nimmt Johann Reichhart die Münchner Maschine zu auswärtigen Hinrichtungen auch in seinem Opel Blitz, einem kleinen LKW, quer durch Deutschland mit. Sofern vor Ort eine Guillotine steht, fährt er mit einem deutlich kompakteren Fiat Ardita Sport oder Opel Super 6. Ab 1937 bleibt die Mannhardt-Guillotine im Hinrichtungsraum von München-Stadelheim fest installiert und wird nicht mehr für jeden Hinrichtungstag auf- und hinterher wieder abgebaut. Ab 1938 werden die Messer nicht mehr getrennt von der Maschine aufbewahrt. Die Guillotine ist also jederzeit einsatzbereit. Ihr „Zuständigkeitsbereich" ist das rechtsrheinische Bayern, die westliche Hälfte Österreichs und der Bereich des Sondergerichts Eger im Sudentenland. Alle Menschen, über die in diesem Gebiet die Todesstrafe verhängt wird, werden in der Regel nach München-Stadelheim gebracht, um dort enthauptet zu werden.[228]

„Gewohnheitsverbrecher" und „Volksschädlinge"

Unter den Opfern der Guillotine sind fraglos viele Menschen, für die auch nach heutiger Rechtsauffassung eine Bestrafung angemessen wäre. Sie haben Morde begangen oder schwere Sexualdelikte, haben unter Ausnutzung der Verdunkelung, die angesichts der drohenden Luftangriffe notwendig war, Wohnungen und Geschäfte ausgeraubt, Diebstähle begangen oder Passanten überfallen. Andere haben am Nürnberger oder Münchner Hauptbahnhof Koffer gestohlen, Feldpostsendungen unterschlagen oder sich bei Ehefrauen als Kameraden ihrer im Feld stehenden Männer ausgegeben und ihnen Kleidungsstücke oder Geld abgeschwatzt.

Vor dem Dritten Reich wären die allermeisten der in Stadelheim hingerichteten Straftäter mit Geld- oder Gefängnisstrafen davongekommen. Jetzt sind sie „todeswürdig" und Fälle für die Guillotine. Während des Krieges kann schließlich jede Straftat mit einem Todesurteil enden, sofern das Gericht zu dem Schluss kommt, der Delinquent oder die Delinquentin habe mit der Tat dem ganzen Volk geschadet, das ja mit diesem Krieg angeblich um sein Überleben kämpft. Adolf Hitler in einer Reichstagsrede im Dezember 1941:

> „In einer Zeit, in der tausende unserer besten Männer, Väter und Söhne unseres Volkes fallen, soll keiner mit dem Leben rechnen, der in der Heimat die Opfer der Front entwerten will."[229]

Rudolf Fritzsche zum Beispiel entwendet an seiner Arbeitsstelle, dem Landratsamt Deggendorf, hunderte Lebensmittel-, Kleider- oder Benzinmarken und verkauft oder tauscht sie gegen Mangelware oder ähnliches. Weil der wegen Unterschlagung schon Vorbestrafte es laut Urteil ausgenutzt hat, dass das Landratsamt ihn wegen des Personalmangels im Krieg nicht ausreichend überwachen konnte, verurteilt ihn das Sondergericht München als „Volksschädling" zu Tode – „wegen der besonderen Verwerflichkeit der Straftat" und unter Berufung auf das sogenannte „gesunde Volksempfinden". Im Urteil heißt es: „Er hat die zur Versorgung des deutschen Volkes mit lebenswichtigen Erzeugnissen getroffenen Bestimmungen sabotiert und sich in schwerster Weise gegen die Volksgemeinschaft verfehlt." Am 18. September 1942 stirbt der 44-Jährige um 17.13 Uhr unter der Stadelheimer Guillotine (vgl. Abb. 24). Sein Körper kommt zu wissenschaftlichen Zwecken oder für Sezierkurse der Studierenden in die Anatomie.[230]

Die NS-Ideologie und -Justiz betrachtet Fritzsche und seine Leidensgenossen nicht mehr als Menschen, die kleinere oder größere Straftaten begangen haben, sondern in ihren Augen entlarvt die Tat den Menschen. Eine Veränderung zum Besseren wird bei ihnen ausgeschlossen. In ihrem kruden Streben nach „Volksgesundheit" betrachten sich die NS-Ideologen als Gärtner, die mit der Giftspritze „Schädlinge" vertilgen. Sie sehen in Straftätern nicht den Familienvater, die Ärztin oder einen Menschen mit einer problematischen Geschichte, der auch gute

Eigenschaften hat und Chancen braucht, an seiner Persönlichkeit und seinen Gewohnheiten zu arbeiten, um sich zu ändern, sondern nur noch den „Gewohnheitsverbrecher" oder „Volksschädling", den der Richter dem Fallschwert überantworten muss, um damit den „Volkskörper" zu „reinigen". Diese Delinquenten sind mit annähernd der Hälfte die größte Gruppe der Stadelheimer Opfer.[231]

Unter ihnen sind auch zahlreiche Frauen und Männer, die wir heute kaum als Schwerverbrecher bezeichnen würden. Sie haben aus materieller Not gehandelt, haben ausländische Radiosender gehört, schwarz geschlachtet oder sich kleine Diebstähle oder Betrügereien zuschulden kommen lassen.

Anna Guttenberger und ihr Mann Anton zum Beispiel fliehen als „Zigeuner" aus Rosenheim ins österreichische Bregenz. Kaum erfahren die Anwohner dort von ihrer Herkunft, verlieren die beiden ihre Arbeitsstellen. Anna muss hausieren gehen. Einer ihrer Kunden – ein NSDAP-Kreisleiter – fragt sie, ob sie für das Winterhilfswerk sammle, was sie fälschlicherweise bejaht. Er zeigt sie an, und das Sondergericht Feldkirch verurteilt sie wegen „eines Verbrechens gegen die Verordnung des Führers zum Schutz der Sammlung von Wintersachen für die Front" zum Tode. Am 27. Februar 1942 wird Anna Guttenberger in München-Stadelheim geköpft – drei Tage vor ihrem 40. Geburtstag.[232]

Johann Dederichs hat nach einem schweren Luftangriff in Mühldorf am Inn bei Aufräumarbeiten in den Trümmern zwei Laken und ein Hemd gefunden und behalten. Da die Tat unter „Ausnutzung des Kriegszustandes" stattgefunden habe, wird der fast 60-jährige Hilfsarbeiter, der vorher nie mit dem Gesetz in Konflikt gekommen ist, wegen Plünderung als „Volksschädling" am 29. März 1945 – also einen Monat vor Kriegsende – zum Tode verurteilt und noch am selben Tag in Stadelheim hingerichtet.[233]

Leo Katzenberger, geboren 1873 im unterfränkischen Maßbach (nördlich von Schweinfurt), leitet in Nürnberg einen Schuhgroßhandel mit zahlreichen Filialen in Süddeutschland und ist erster Vorsitzender der jüdischen Gemeinde in Nürnberg. Er wird denunziert, mit der verheirateten Fotografin Irene Seiler ein Verhältnis gehabt zu haben, was beide bestreiten. Das Nürnberger Sondergericht lässt den 68-Jährigen wegen „Rassenschande unter Ausnutzung der Kriegslage" und deswegen auch als sogenannten „Volksschädling" am 3. Juni 1942 in Stadelheim mit dem Fallbeil enthaupten. Auch seine Leiche endet in der Anatomie.[234]

Ein weiterer Begriff des Nationalsozialismus war der des „Asozialen". Man propagierte, das „angeborene asoziale Verhalten" dieser Menschen schon an „Landstreicherei" oder Obdachlosigkeit erkennen zu können. Auch sie sollten aus dem Volkskörper getilgt werden und sich nicht fortpflanzen. Einer der von der NS-Justiz als „asozial" Gebrandmarkten und Verurteilten ist Lorenz Frühschütz. Bereits 1933 sitzt er ein halbes Jahr im Konzentrationslager, weil er betrunken ein Kommunistenlied gesungen hat. In den folgenden zehn Jahren bekommt er eine Reihe kleinerer Strafen – wegen Bettelei, „groben Unfugs", Beteiligung an einer Rauferei, Fahren ohne Führerschein, weil er eine Zeche nicht vollständig begleichen konnte und weil er einen Stadel aufbrach, um darin zu schlafen. Vor allem aber meldet er sich über Jahre nicht polizeilich an, um nicht eingezogen zu werden. Ein Grund dafür mag gewesen sein, dass drei seiner Brüder bereits bei der Wehrmacht waren und zwei weitere bereits gefallen. Wegen „Zersetzung der Wehrkraft" verurteilt ihn das Sondergericht München zum Tode. Mit 31 Jahren stirbt er am 12. Oktober 1943 unter der Guillotine. Kurz zuvor schreibt er noch zwei Abschiedsbriefe an seine Lebensgefährtin:

> „Meine liebste Anni! Muss dir heute die traurige Nachricht schreiben dass ich um 5 Uhr meinen Tod habe wie ich gelebt habe so will ich auch sterben kein zittern gibt es bei mir aber es wird noch eine Zeit kommen wo die zur Verantwortung gezogen werden die so viel auf ihrem Gewissen haben. Nun meine liebste das wirst auch über das Herz bringen müssen (…) und solltest du in den Friedhof gehen so halte beim Schorsch seiner Grabstätte ein kleines Plätzchen frei und pflanze darauf ein paar Vergissmeinnicht das ist mein letzter Wunsch. (…) Sei nochmals tausendmal gegrüßt und geküßt von deinem heißgeliebten Lorenz."[235]

Die Briefe sind weder damals zugestellt worden noch nach 1945 – sie befinden sich noch immer in den Akten im Archiv.[236]

Als besonders verwerfliche und in der Regel „todeswürdige" Tat gilt es den NS-Machthabern, Päckchen an oder von Soldaten im Krieg zu entwenden, weil sie die Verbindung zwischen Front und Heimat aufrechterhalten und Lebenszeichen der Soldaten darstellen. Als Briefträgerin hat es die 19-jährige Anna Frauenknecht leicht, sich hier zu bedienen: Laut

Urteil entwendet sie „mindestens 60 Feldpostpäckchen“ mit Zigaretten. Das Sondergericht Nürnberg verurteilt sie als „Volksschädling“ zum Tode und „zum Ehrverlust auf Lebenszeit“. In dem Urteil heißt es:

> „Eine minderwertige Person, die aus charakterlicher Anlage heraus in solchem Umfang wie die Angeklagte zum Feldpostmarder wird, ist der äussersten Strafe verfallen. Es wird deshalb die Todesstrafe gegen die Angeklagte ausgesprochen. Wegen der Ehrlosigkeit ihrer Tat werden ihr die Ehrenrechte einer Deutschen auf Lebenszeit aberkannt.“

Am 5. Mai 1944 stirbt sie in München-Stadelheim. Ihre Leiche kommt in die Anatomie.[237]

Politisch Verfolgte

In der Weimarer Republik wurde der „Überzeugungstäter“ noch milder bestraft als ein rein krimineller, weil er sich aufgrund religiöser, moralischer oder politischer Motive zu seiner Tat verpflichtet sah.[238] Dem setzt der NS-Staat ein Ende und schaltet zielstrebig alle greifbaren politischen Gegner des Regimes aus, indem er sie als Hoch- oder Landesverräter diffamiert und hinrichtet. Unumwunden gibt das auch der Präsident des Volksgerichtshofs Roland Freisler in einem Vortrag vor Offizieren des Oberkommandos der Wehrmacht kurz nach dem Hitler-Attentat vom 20. Juli 1944 zu:

> „Was Hochverrat ist? Wir werden uns hüten, es zu definieren. Aber ich will Ihnen sagen, meine Herren, was Hochverrat ist: das was uns nicht passt!“[239]

Sterben müssen ausgerechnet die Menschen, die hätten helfen können, den Unrechtsstaat zu stürzen und damit auch Terror, Krieg und Massenvernichtung zu beenden. Unter den Opfern der Münchner Guillotine sind mutige und tatkräftige Gegner des Dritten Reiches wie Hans Scholl und seine Mitstreiterinnen und Mitstreiter der Weißen Rose, kommunistische Widerstandskämpfer wie Wilhelm Lai[240] aus dem oberfränkischen Pegnitz oder auch kritische Menschen, die der NS-Propaganda nicht trauen und sich in oppositionellen Kreisen darüber austauschen, auch ohne in tätigen Widerstand zu gehen. Schon eine

Abb. 18 Der Regensburger Widerstandskämpfer Josef Bollwein mit seiner Frau und den Töchtern Lotte, Erna und Rosa bei einem Familienpicknick 1940. Er wurde wegen „Vorbereitung zum Hochverrat“ am 12. August 1943 im Gefängnis München-Stadelheim enthauptet.

Bemerkung, dass man nicht mehr an den „Endsieg“ glaubt, gilt als Defätismus und wird mit dem Tod bestraft.

Andersdenkende, Revolutionäre und Widerständler betrachtet der NS-Staat als biologisch entartet und will sie ebenso vernichten wie Menschen mit Behinderungen oder Kriminelle.[241] Vor allem nach Kriegsbeginn werden sie gnadenlos abgeurteilt und teilweise in Blitzverfahren auf die Guillotine gelegt. 27 Prozent der Stadelheimer Opfer waren politisch Verfolgte; die allermeisten von ihnen sind heute weitgehend unbekannt.[242]

Einer von ihnen ist Josef Bollwein aus Burgweinting bei Regensburg. Der gelernte Schreiner und Postangestellte gehört zu einer Gruppe von Bürgern, die ausländische Radiosender abhören und sich dann regelmäßig am Regensburger Neupfarrplatz treffen, um sich gegenseitig über den Kriegsverlauf zu informieren. Bollwein wird im Oktober 1942 mit anderen Mitgliedern der „Neupfarrplatzgruppe“ von der Gestapo verhaftet. Am 9. Juni 1943 verurteilt ihn der Volksgerichtshof zum Tode und lässt ihn zwei Monate später in München-Stadelheim mit 39 Jahren hinrichten. Bollwein hinterlässt eine Frau und drei kleine Töchter. In der Gumprechtstraße 5 in Regensburg erinnert ein Stolperstein an ihn. Sein Tagebuch liegt im Bundesarchiv in Berlin.[243]

In Augsburg arbeitet Bebo Wager als Dreher und Elektriker bei MAN. Nebenbei engagiert er sich für die SPD und ist einer der führenden Köpfe der Widerstandsgruppe „Revolutionäre Sozialisten". Wegen Vorbereitung zum Hochverrat verurteilt ihn der Volksgerichtshof zum Tode. Er stirbt am 12. August 1943 in München-Stadelheim unter der Guillotine. Neben seiner Frau Lina hinterlässt der 37-Jährige drei Kinder, an die er aus der Todeszelle einen letzten Brief schreibt.

> „Meine geliebten Kinder, Heinz, Hanna, Helmut! Kinder! Den tiefsten Schmerz muß ich Euch zufügen. Unendliche Liebe trage ich auf dem letzten Gang in mir. Daß ich nicht als Verbrecher sterbe, brauche ich nicht zu sagen. Daß ich nur Gutes erstrebte. Haltet immer treu zu Eurer unvergleichlichen Mutter; (...) werdet gute, brauchbare, tapfere Menschen. (...) Mein Tod soll Euere Zukunft nicht trüben. Eines möchte ich noch mit auf den Weg geben u. auch hierin wird Euch Mama den rechten Weg zeigen, sucht Gott. Nun mein letzter Wunsch, viel Glück auf Euerem Lebensweg. Haltet mich in guter Erinnerung u. seid gegrüßt u. tausendmal geküßt von Eurem Vater, der nun stirbt für seine Idee. Tausend Küsse und unendliches Glück für Euch alle. In vier Stunden ist es aus -------."[244]

Marie Ehrlich ist Lehrerin und Kunsthändlerin. Geboren am 9. Februar 1863 im böhmischen Bezirk Tábor, lebt sie später in Wien und München. Wegen einer Lungenkrankheit zieht sie Anfang 1939 nach Oberitalien. Bei jeder Gelegenheit äußert sie sich kritisch und abfällig über die Nationalsozialisten. Sie wird denunziert und verhaftet. Dreieinhalb Monate sitzt sie in Genua im Gefängnis. Schließlich verurteilen die deutschen Besatzer die 80-Jährige wegen „Zersetzung der Wehrkraft" – und wohl auch wegen ihrer jüdischen Herkunft – zum Tode und transportieren sie zwei Tage und Nächte ohne Wasser nach München-Stadelheim. In einem Brief aus der Todeszelle schreibt sie:

> „Bis zu 20 Hinrichtungen zwei Mal in der Woche. Die Geistlichen mussten von Todeszelle zu Todeszelle eilen. Gebete, die Beichte, Absolution. Das dünne Läuten des Armesünderglöckchens nahmen selbst die einsitzenden Häftlinge schon gar nicht mehr wahr. (...) Über einen kleinen Hof der eingetretene Weg

> zur Hinrichtungsstätte. Einmal noch Licht, Himmel, Wolken. Ein Baum. Schon bei der nochmaligen Verlesung des Urteils die Augenbinde. Die Fesselung."[245]

Der Anstaltsgeistliche Ferdinand Brinkmann, der auch die Mitglieder der Weißen Rose im Todestrakt betreut hat, erzählt später seiner Schwester von Maria Ehrlich:

> „Sie ging, ganz wachen Sinnes, ruhig und gefaßt in den Tod. Doch machte sie mit dem Temperament einer Achtzehnjährigen auch mir schwere Vorwürfe, dass ich dieser furchtbaren Blutarbeit stillschweigend zuschaue. Ich solle sofort auf den Marienplatz gehen und mit Donnerstimme verkünden, was in Stadelheim vor sich gehe... Wie gerne hätte ich das getan! Es hat viel Zeit gekostet, bis sie einsah, dass ich dann jetzt nicht an ihrer Seite stünde. Weinend fiel sie mir in den Arm, wie ein hilfloses Kind dem Vater. Sie litt schrecklich unter dem himmelschreienden Unrecht!"[246]

Am 10. Februar 1944 – es ist der Tag nach ihrem 81. Geburtstag – legen Johann Reichhart und seine Gehilfen Maria Ehrlich unter das Fallbeil. Mindestens vier ihrer Abschiedsbriefe werden den Adressaten – auch nach dem Krieg – nicht zugestellt und liegen bis heute im Archiv.[247]

Der Münchner Trambahnfahrer Adolf Engesser macht im Juli 1943 einem Arbeitskollegen gegenüber eine abfällige Bemerkung über Hitler und andere NS-Größen:

> „Wenn ich könnte, würde ich den Führer mit seinem Zipfel da in die Weiche reinlegen und mit 6 Kontakt drüberfahren, das wäre mir die größte Freude, der müsst grad naus brüllen. Dann kämen der Göring und der Goebbels dran!"

Engesser wird denunziert, in Berlin zum Tode verurteilt und am 17. April 1944 dort hingerichtet.[248]

Während er und Maria Ehrlich nur ihre Meinung gesagt haben, waren Alois und Josefine Brunner aus Wörgl im tätigen Widerstand engagiert – und das noch bevor die Nazis Österreich annektiert hatten. Vor allem Josefine vernetzt oppositionelle Gruppen in Südbayern, Salzburg und Wien und überbringt Botschaften. Doch Anfang 1942 fliegt das Netz auf, und die Gestapo nimmt rund 200 Mitglieder fest. Das Ehepaar Brunner wird am 28. Mai 1943 vom Volksgerichtshof in Innsbruck zum Tode verurteilt. Am 4. Juni werden die beiden nach München-

Stadelheim gebracht und warten auf ihre Hinrichtung. Neun Tage nach ihrer Ankunft schreibt Josefine an ihre Schwester und ihre Mutter:

> „Kein Mensch kann nachfühlen, was es heisst, zum Tode verurteilt zu sein. Wenn man hin und hergerissen wird, zwischen Hoffnung und Verzweiflung dann stirbt man täglich eines mehrfachen Todes.“[249]

Josefine und Alois sind einander in inniger Liebe verbunden. Trotzdem dürfen sie sich in der Stadelheimer Haft nur zwei Mal für wenige Minuten sehen. Am 15. August fleht Josefine Mutter und Schwester an, ihr doch bitte endlich wieder einmal zu schreiben und diese Bitte auch an Freunde und Bekannte weiterzugeben. Sie sei „mit den Nerven heruntergekommen“, und Post von draußen sei ihr einziger Trost.

> „Ja, Mama, meinem schlimmsten Todfeind möchte ich unser Schicksal nicht wünschen. Es kann auch kein Mensch nachfühlen, was es heisst, bei voller Gesundheit täglich auf den Tod zu warten und sich nicht wehren zu können. Manchmal ist mir ja so schwer, dass ich glaube, es nicht mehr aushalten zu können. Ich muß mich oft zum Glauben zwingen, dass uns die Herren von der Gestapo doch nicht fallen lassen.“[250]

Am 9. September 1943 sterben Josefine und Alois Brunner auf der Guillotine. Da sind sie 33 und 35 Jahre alt. Bis zuletzt hofften sie auf ihre Begnadigung.[251]

Auch in den annektierten Gebieten wie Österreich, der Tschechoslowakei, Polen oder Frankreich wird Widerstand gegen das Regime gnadenlos verfolgt und mit einer Vielzahl von Todesstrafen geahndet. Unter den ausländischen Hingerichteten von Stadelheim (551) ist die Gruppe der Tschechen die größte (198). Weit über 90 Prozent von ihnen haben sich im – vorwiegend kommunistischen – Widerstand betätigt. Der 18-jährige Josef Medek stirbt am 24. August 1943 unter dem Messer der Guillotine, weil er gemeinsam mit Freunden die tschechischen Sendungen der BBC hörte und kurze Zeit auch einen tschechischen Radiosender betrieb, mit dem er den Untergang des Deutschen Reiches beschleunigen wollte.

Um als Tscheche unter dem Fallschwert zu enden, genügte es sogar schon, aus dem „Protektorat Böhmen und Mähren“ Richtung Österreich und Schweiz zu fliehen, weil die deutschen Besatzer (bei vielen zu

Recht) vermuteten, dass sie sich den Alliierten Streitkräften anschließen wollten. Sogar sich der Grenze zu nähern oder anderen zur Flucht zu verhelfen galt als Feindbegünstigung, Vorbereitung zum Hochverrat oder landesverräterische Waffenhilfe und wurde selbstverständlich mit dem Tod bestraft.[252]

Kurzer Prozess: Die Weiße Rose

Die Prozesse gegen politische Häftlinge haben im Dritten Reich meist keine rechtsstaatliche Grundlage mehr. Es geht nicht mehr darum, Straftatbestände nachzuweisen, sondern die Verfahren sind Schauprozesse, die die NS-Ideologie durchsetzen und die Angeklagten als Feinde der Gesellschaft demütigen sollen. Berüchtigt ist hier die Prozessführung des fanatischen nationalsozialistischen Präsidenten des Volksgerichtshofs, Roland Freisler, der in seiner gut zweijährigen Amtszeit etwa 2.600 Menschen zum Tode verurteilt und auch die Prozesse gegen die Widerstandsgruppe „Weiße Rose“ leitet.[253]

Der Initiator und geistige Kopf der Gruppe ist Hans Scholl. Nach anfänglicher Begeisterung für Hitler erlebt er mit 19 Jahren eine tiefe Enttäuschung und Beschämung durch den NS-Staat. Weil er sich für eine verbotene Jugendorganisation engagiert und vor allem zwei Jahre zuvor eine längere Liebesbeziehung mit einem Jungen hatte, steckt ihn die Gestapo 1937 zunächst über Weihnachten gut zwei Wochen lang in Untersuchungshaft. Ein halbes Jahr später folgt vor dem Sondergericht Stuttgart die Verhandlung wegen „Betätigung im Sinne der bündischen Jugend“, Devisenvergehen und vor allem wegen „widernatürlicher Unzucht“. Das für Hans Scholl tief beschämende Verfahren wird zwar letztendlich eingestellt, aber es stellt den Wendepunkt in seiner Haltung zum Nationalsozialismus dar.

Den Überfall auf Polen interpretiert er noch als Chance für die Läuterung Europas, als Deutschland dann aber auch die Benelux-Länder und Frankreich überfällt, ist er empört. Um die Bevölkerung aufzurütteln und zum Widerstand aufzufordern, schreibt der Münchner Student im Sommer 1942 zusammen mit seinem besten Freund Alexander Schmorell die ersten vier Flugblätter der Weißen Rose – in je etwa 100

Exemplaren. Etwa ein Drittel der Adressaten liefert die Flugblätter bei der Polizei ab.

Zu den beiden stoßen ihr Professor Kurt Huber, Hans' Schwester Sophie und einige Freunde, vor allem Christoph Probst und Willi Graf. Der geistige Boden, auf dem die ethische Haltung der Freundesgruppe wächst, sind religiöse Motive, antike und klassische Autoren, die zum Widerstand aufrufenden Radioansprachen des Schriftstellers Thomas Mann in der BBC ab März 1941 und nicht zuletzt ihre aufmerksame, kritische Haltung dem Nationalsozialismus gegenüber.

Als Soldaten an der Ostfront erleben Hans, Alexander und Willi 1942, wie menschenverachtend, verbrecherisch, verlustreich und sinnlos der deutsche Angriffs- und Vernichtungskrieg in Russland ist. Nach ihrer Rückkehr Anfang November schreibt Hans Scholl dann das fünfte Flugblatt, in das Gedanken von Kurt Huber einfließen. Nach der Niederlage von Stalingrad am 2. Februar 1943 verfasst Kurt Huber das sechste Flugblatt und wendet sich mit ihm an die Studentinnen und Studenten.

Die Freunde der Weiße Rose legen ihre sechs Flugblätter aus und verschicken sie an Personen in Augsburg, Stuttgart, Frankfurt, Salzburg, Linz und Wien, die sie zum Teil aus Adress- und Telefonbüchern herausgesucht haben. Sie drucken insgesamt mehrere Tausend Exemplare, den Vervielfältigungsapparat dafür hat Sophie beschafft. Sie besorgt auch größere Mengen von Briefmarken und -umschlägen – ein gefährliches Unterfangen in der NS-Diktatur, denn immer besteht das Risiko, dass Verkäufer oder Postbeamte Verdacht schöpfen und Anzeige erstatten. Außerdem malen die Freunde 1943 mithilfe von Schablonen und Pinseln in drei Februarnächten durchgestrichene Hakenkreuze und Parolen in Teerfarbe an etwa 30 Wände von Münchner Häusern und der Universität. Die Parolen lauten: „Nieder mit Hitler!“, „Freiheit“ oder „Hitler Massenmörder!“

Am 18. Februar 1943 legen Hans und Sophie Scholl in der Ludwig-Maximilians-Universität in München etwa 1.500 Flugblätter aus. Als der Hausmeister Jakob Schmid im Lichthof einige Blätter von der Balustrade herunterflattern sieht, läuft er den Geschwistern hinterher und hält sie fest. In seiner Manteltasche trägt Hans den Entwurf für ein siebtes Flugblatt, das von Christoph Probst stammt. Die Universität ruft die Gestapo, die Hans und Sophie tagelang verhört, in ihren Zimmern belastendes Material findet und so „Mittäter" der Widerstandsgruppe aufdeckt.

Am 22. Februar macht der – eigens aus Berlin angereiste – Präsident des Volksgerichtshofs brüllend und mit sich überschlagender Stimme kurzen Prozess mit Hans und Sophie Scholl sowie Christoph Probst und verurteilt sie zum Tode. Die drei werden ins Gefängnis München-Stadelheim gebracht, ohne zu wissen, dass ihre Hinrichtung noch für denselben Nachmittag angeordnet ist. Dort dürfen die Eltern der Geschwister ihre Kinder ausnahmsweise noch besuchen; keiner von ihnen weiß, dass es das letzte Mal ist.

Noch am selben Nachmittag sterben die drei unter der Guillotine von Scharfrichter Johann Reichhart. Da ist Hans Scholl 24 Jahre alt, Sophie Scholl 21 und Christoph Probst 23 Jahre. Kurz bevor das Messer fällt, sind Hans' letzte Worte: „Es lebe die Freiheit!" Vater Robert Scholl bricht noch Jahre später in Tränen aus, wenn er von seinen ermordeten Kindern spricht.

Die Freiheitskämpfer der Weißen Rose hatten geglaubt, dass vor allem die Studierenden zu einer Revolte gegen das NS-Regime bereit seien. Ein fataler Irrtum: Am Abend ihrer Hinrichtung jubeln mehrere Tausend Studenten dem Universitätshausmeister zu und feiern ihn als Helden, weil er Hans und Sophie festgehalten und dem Staat ausgeliefert hat. Unter frenetischem Applaus streckt er den Arm zum Hitlergruß aus.

Bei einem zweiten Prozess verurteilt „Blutrichter" Roland Freisler am 19. April 1943 Professor Kurt Huber, Willi Graf und Alexander Schmorell zum Tode. Sie werden am 13. Juli bzw. 12. Oktober enthauptet. Andere Mitstreiter aus dem Umfeld der Weißen Rose kommen mit Gefängnisstrafen davon – unter ihnen Eugen Grimminger, Heinrich Bollinger, Helmut Bauer, Hans und Susanne Hirzel, Franz Müller, Heinrich Guter, Gisela Schertling, Katharina Schüddekopf und Traute Lafrenz. Das letzte Todesopfer im Umfeld der Weißen Rose ist am 29. Januar 1945 Hans Leipelt – dafür, dass er das sechste Flugblatt weiterverbreitet hat. Ihr Richter Freisler kommt im Februar 1945 bei einem Bombenangriff ums Leben.[254]

In den Jahrzehnten nach dem Krieg waren die Heldentaten der Weißen Rose für viele Deutsche eine Beruhigung ihres Gewissens, weil es offenbar doch auch ein „gutes Deutschland" gab. Man kann sich jedoch fragen, ob die Tatsache, dass Hans Scholls, Alexander Schmorells und

Kurt Hubers Aufruf wenigstens zum passiven Widerstand nur die wenigsten folgten, nicht ein umso beschämenderes Bild von der Mehrheit der Deutschen zeichnet.

„Fremdvölkische": Zwangsarbeiter und Kriegsgefangene

Mit dem Krieg und den nach Deutschland verschleppten Zwangsarbeitern werden auch Tschechen, Polen, Franzosen oder Ukrainer zu Opfern der NS-Justizmorde. Die Todesurteile nennen als Gründe „Plünderung", „Hehlerei" oder auch nur „Herabsetzung des Ansehens des deutschen Volkes" – ein vager Begriff. Um einen Deutschen zu beleidigen, kann es schon genügen, die Arbeit zu verweigern oder Beziehungen zu Deutschen zu unterhalten. 46 Prozent der Stadelheimer Opfer sind Nicht-Deutsche.[255]

Ab November 1940 gilt für Polen ein verschärftes Strafrecht mit weit drakonischeren Strafen, egal ob sie in ihrem Heimatland oder auf deutschem Boden angeklagt werden. Ab Dezember 1941 dürfen Polen und Juden wegen jeder Straftat zum Tode verurteilt werden, auch wenn sie zwischen 14 und 18 Jahre alt sind. In den Besatzungsgebieten praktizieren Gestapo und SS solche Hinrichtungen außerhalb der Gerichtsbarkeit aber schon seit Sommer 1940.[256]

In der Folge steigt die Zahl der hingerichteten Zwangsarbeiter auch in Stadelheim. Im Jahr 1942 werden dort die Todesurteile an 153 nichtdeutschen (und 99 deutschen) Häftlinge vollstreckt – im Vorjahr waren es noch 21 nichtdeutsche (und 49 deutsche). In den beiden Folgejahren sind es 172 und 187 Nichtdeutsche (bei 205 und 195 Deutschen).[257] Diese Tendenz bestätigen auch die gesamtdeutschen Zahlen: Von allen Todesurteilen durch deutsche Gerichte des Jahres 1942 betreffen 55 Prozent Nichtdeutsche, obwohl sie in Deutschland eine Minderheit sind.[258]

Der 21-jährige Henrik Pecak aus dem polnischen Chlewice meldet sich 1939 freiwillig zum Arbeitseinsatz in Deutschland. Er hilft in einer Metzgerei und bei einem Kohlenhändler im mittelfränkischen Lauf an der Pegnitz aus. Weil er im Wohnzimmer seines Dienstherrn „in 5 bis 6 Fällen" den polnischen Sender der BBC hört und die Kriegsmeldungen von bombardierten deutschen Städten oder versenkten Schiffen in seinem Bekanntenkreis weitererzählt, verurteilt ihn das Sondergericht Nürnberg „kostenfällig" zum Tode. Vor Gericht sagt er, er habe nicht gewusst, dass das Abhören von ausländischen Sendern so schwer bestraft wird. Er stirbt am 23. März 1943 um 18.24 Uhr auf der Guillotine von Stadelheim.[259]

Der französische Zwangsarbeiter Victor Douillet wird vom Sondergericht Nürnberg als „Volksschädling" zum Tode verurteilt, weil er gemeinsam mit anderen Franzosen bei Bauern – laut Urteil – insgesamt 17 Mal Hasen, Hühner und anderes Geflügel gestohlen und hinterher gebraten hat. In Stadelheim schreibt er gemeinsam mit einem Landsmann voller Zorn an den „Monsieur le dictateur de la prison" – also den Gefängnisdirektor (der Schreiber hat erst „Direktor" geschrieben, es dann aber durchgestrichen und „Diktator" daraus gemacht):

> „Hier sprechen die Franzosen! In Eurem Land bringt man die Leute um, weil sie stehlen, aber die Armee von General de Gaulle wird siegen und uns rächen. Du kannst diesen Brief gerne dem Hitler schicken und ihm sagen, dass alle Franzosen auf Euch scheißen! Es lebe Frankreich, unser Vaterland! Wir werden als Franzosen sterben und euch zeigen, dass Franzosen keine Angst vor dem Tod haben. Es lebe die Armee von General de Gaulle! Es lebe de Gaulle!
> Zwei 24-jährige Franzosen.
> René Blondel Douillet Victor"

Ihre Köpfe fallen am 28. Oktober 1943.[260]

Der polnische Zwangsarbeiter Jan Hebda stammt aus der Kleinstadt Dobczyce bei Krakau. Seit dem 26. April 1942 muss er im badischen Erzingen nahe der Schweizer Grenze als Landarbeiter Dienst tun. Keine 14 Tage später will er mit zwei Leidensgefährten heimlich über die Grenze, um sich dort der polnischen Legion anzuschließen. Die Flucht gelingt zunächst, jedoch schieben die Schweizer Behörden die drei am nächsten Tag ab und informieren offenbar auch die deutsche Polizei, die die Männer bei der Rückkehr verhaftet. Hebda stirbt am 8. Juli 1943 unter dem Fallbeil – wegen Vorbereitung zum Hochverrat.[261]

Der 17-jährige Pole Boleslaw Buczkowski ist auf einem Bauernhof bei Erding zur Zwangsarbeit verpflichtet. Der Bauer gibt dem Jugendlichen am 11. Dezember 1941 eine Ohrfeige, weil er mehrere Äpfel aus der Obstkammer stibitzt hat. Laut dem ersten Gerichtsurteil schlägt Boleslaw daraufhin dem 68-Jährigen mehrmals mit der Faust ins Gesicht, zieht ihm eine Glasflasche über den Schädel und flieht in den Wald. Weil er gedroht haben soll, den Hof anzuzünden, wird er verhaftet und vom Reichsgericht zunächst zu einer Jugendstrafe von anderthalb Jahren Gefängnis verurteilt. Die Staatsanwaltschaft München beantragt jedoch, das Urteil aufzuheben und den Fall am Sondergericht München nach Erwachsenenstrafrecht noch einmal zu verhandeln. Dort fällt das Todesurteil gegen den mittlerweile 18-Jährigen – unter anderem wegen gefährlicher Körperverletzung und „Schädigung des Wohles des Deutschen Volkes". Am 29. September 1942 kommt er um 17.08 Uhr in Stadelheim unter das Fallbeil. Er hinterlässt zwei zerrissene Hosen, eine zerrissene Joppe, einen zerrissenen Pullover, ein Paar zerrissene Schuhe und eine Mütze.[262]

Nacht- und Nebelerlass

Mit dem Krieg hat der NS-Staat auch Gegenwehr in den besetzten Gebieten zu gewärtigen und geht unerbittlich dagegen vor: Die Besatzer lassen Widerständler in Westeuropa spurlos verschwinden. Entweder werden sie sofort getötet oder nach Deutschland verschleppt. Dazu dient Hitlers sogenannter „Nacht- und Nebelerlass", den Generalfeldmarschall Wilhelm Keitel im Dezember 1941 weitergibt. Das Dokument ist als „Geheim" gestempelt:

> „Es ist der lange erwogene Wille des Führers, dass in den besetzten Gebieten bei Angriffen gegen das Reich oder die Besatzungsmacht den Tätern mit anderen Maßnahmen begegnet werden soll als bisher. Der Führer ist der Ansicht: Bei solchen Taten werden Freiheitsstrafen, auch lebenslange Zuchthausstrafen, als Zeichen von Schwäche gewertet. Eine wirksame und nachhaltige Abschreckung ist nur durch Todesstrafen oder durch Maßnahmen zu erreichen, die die Angehörigen und die Bevölkerung über das Schicksal des Täters im Ungewissen halten. Diesem Zwecke dient die Überführung nach Deutschland."[263]

Die verschleppten Franzosen, Belgier, Niederländer, Luxemburger oder Norweger haben keinen Kontakt mehr in ihre Heimat oder zu ihren Angehörigen, werden vor Sondergerichte gestellt, deren Urteile geheim bleiben, oder landen ohne Gerichtsverfahren in Konzentrationslagern. Da die sogenannten NN-Gefangenen (benannt nach dem „Nacht- und Nebelerlass") der „arischen Rasse" angehören und als „Menschenmaterial" nach dem Krieg zur „Germanisierung" verwendet werden sollen, werden sie ursprünglich nicht zum Tode verurteilt, sondern bekommen vorwiegend Haftstrafen, die häufig mit Zwangsarbeit verbunden sind. Dabei drängt sich die Frage auf, warum dann so viele deutsche Widerstandskämpfer und Regimekritiker hingerichtet werden.

Gegen Ende des Krieges steigt jedoch auch das Todesrisiko der NN-Gefangenen, weil man fürchtet, sie könnten bei Gebietsverlusten auf deutschem Territorium von den Alliierten befreit werden. Nach ihrer Hinrichtung werden ihre Abschiedsbriefe und Testamente zurückgehalten. In München-Stadelheim werden 57 NN-Gefangene hingerichtet. Viele von ihnen sind am Münchner Ostfriedhof in Sammelgräbern bestattet. Abschiedsbriefe dürfen sie nicht schreiben; falls sie es doch tun, behält die Staatsanwaltschaft die Briefe ein, anstatt sie an die Hinterbliebenen auszuhändigen.[264]

Fahnenflucht und „Wehrkraftzersetzung"

Soldaten, die wegen Fahnenflucht oder Wehrkraftzersetzung angeklagt sind, müssen sich üblicherweise vor Militärgerichten verantworten und sterben im Falle eines Todesurteils durch Erschießung. Ein Teil von ihnen wird aber auch von zivilen Scharfrichtern getötet – meist weil sie als „wehrunwürdig" gelten oder weil die Schießplätze überlastet sind.[265]

Im Gefängnis München-Stadelheim sterben mindestens 63 wegen Fahnenflucht zum Tode verurteilte Soldaten unter der Guillotine, einer durch das Handbeil und zwei durch Erschießung.[266]

Im Stadelheimer Todestrakt

Die Todeszellen von Stadelheim befanden sich im sogenannten Nordbau des Gefängnisses, einem hufeisenförmigen Bau, der heute in der nordwestlichen Ecke des Areals liegt. Die Todeskandidaten waren im Erdgeschoss des östlichen Flügels untergebracht. Es herrschten oft bittere Kälte und Hunger. In direkter Verlängerung des Flügels nach Süden hin standen eingeschossige Baracken, in deren nächstgelegener die Guillotine aufgestellt war.[267]

Abb. 19 Der ehemalige Todestrakt von Stadelheim im Hochparterre des östlichen Nordbaus ist heute noch in Betrieb. Auch die Armesünderzelle, in der die Todeskandidaten ihre letzten Stunden verbrachten, ist aus Platzgründen weiterhin mit Häftlingen belegt, die jedoch von der Geschichte der Zelle laut Aussage der JVA nichts wissen (Aufnahme 2022).

Einer der wenigen, die den Todestrakt von Stadelheim überlebt haben und davon berichten konnten, ist der gelernte Dreher und Redakteur der KPD-Tageszeitung *Ruhr-Echo* Heinrich Hamm aus Essen. Der Volksgerichtshof verurteilt den kommunistisch eingestellten Vater von zwei Kindern am 18. Juli 1944 in Nürnberg wegen Vorbereitung zum Hochverrat zum Tode. Gut einen Monat später wird der 52-Jährige nach Stadelheim verlegt, um dort geköpft zu werden. Er bekommt die Häftlingsnummer 1262/44 und wird zusammen mit zwei anderen Häftlingen in eine der Todeszellen gesperrt.

Er und seine Leidensgenossen müssen sich vor der Nachtruhe immer bis aufs Hemd ausziehen, damit sie schlechter fliehen und sich nicht an Stofffetzen erhängen können. Morgens um sieben geben sie den Eimer für ihre Notdurft nach draußen und bekommen ihre Kleider wieder. Schnell überprüfen sie dabei mit einem Blick auf den Gang, wie viele Wärter zum Dienst eingeteilt sind: Sind es zwei, ist alles in Ordnung; wenn aber drei zu sehen sind, versetzt sie das in Angst und Schrecken. Denn das bedeutet, dass an diesem Tag Hinrichtungen stattfinden.

Zwei Stunden lang sitzen die Häftlinge dann still und voller Angst in ihren Zellen, bis um 9 Uhr Schlüssel und schwere Schritte zu hören sind. An welcher Tür werden die Wärter stehen bleiben? Aufatmen, wenn sie vorbeigehen. Dann hören sie, wie eine Zellentür aufgesperrt und ein Name genannt wird. Der aufgerufene Häftling wird zum Staatsanwalt geführt, der ihm eröffnet, dass sein Gnadengesuch abgelehnt, das Todesurteil damit rechtskräftig sei und am Nachmittag vollstreckt werde. Nun kommt er in die Armesünderzelle, um letzte Briefe zu schreiben. Aus dieser letzten Zelle schreibt der 19-jährige Münchner Student und Widerständler Walter Klingenbeck am 5. August 1943 an den ebenfalls zum Tode verurteilten Mitstreiter Hans Haberl:

> „Lieber Jonny! Vorhin habe ich von Deiner Begnadigung erfahren. Gratuliere! Mein Gesuch ist allerdings abgelehnt. Ergo geht's dahin. Nimms net tragisch. Du bist ja durch. Das ist schon viel wert. Ich habe soeben die Sterbesakramente empfangen und bin jetzt ganz gefasst. Wenn Du etwas für mich tun willst, bete ein paar Vaterunser. Leb wohl. Walter."[268]

Man muss es sich vergegenwärtigen: Aus deutschen Gefängnissen sind Tausende solcher Briefe geschrieben worden!

Wenn die Hinrichtung eines Kameraden unmittelbar bevorsteht, halten sich die übrigen Häftlinge im Todestrakt die Ohren zu und glauben doch, den dumpfen Schlag des Fallbeils zu hören, wie sich Heinrich Hamm später erinnert. Er selbst muss den Tod von mehreren seiner Weggefährten miterleben. Einer seiner Zellengenossen ist der 23-jährige Hans Leipelt, der zusammen mit seiner Freundin Marie-Luise Jahn nach der Hinrichtung der Weiße-Rose-Mitglieder deren sechstes Flugblatt in München und Hamburg weiterverbreitet hat. Denunziert wurde er, weil er gemeinsam mit anderen für die Witwe des als Hochverräter hingerichteten Professors Kurt Huber Geld gesammelt hatte. Am 29. Januar 1945 wird Leipelt aus Hamms Zelle geholt und auf der Guillotine enthauptet – drei Monate vor Kriegsende.[269]

Hamm selbst kann seine Hinrichtung bis in den Dezember 1944 hinauszögern, weil der katholische Anstaltspfarrer, Prälat Anton Maier, ihm den Münchner Rechtsanwalt Franz Pfister vermittelt, der ein Wiederaufnahmeverfahren beantragt. Auf diese Weise retten der Prälat und der Rechtsanwalt einigen Todeskandidaten das Leben. Doch entgegen Hamms Hoffnungen ist der Krieg noch nicht aus, als der ablehnende Bescheid kommt. Also stellt er einen weiteren Wiederaufnahmeantrag – und hofft.[270]

Einer der Geistlichen, die die zum Tode Verurteilten in Stadelheim auf ihr Ende vorbereiten, ist Pfarrer Ferdinand Brinkmann. Er tritt seinen Dienst 1942 an. Nur ein Jahr später sind seine Haare schlohweiß, wie seine Schwester berichtet. Sein Arzt habe ihm dringend angeraten, die belastende Arbeit aufzugeben, sonst werde sein Herz das nicht mehr lange mitmachen. Nach dem Krieg erinnert sich Brinkmann, der „erschütterndste Augenblick" sei immer gewesen, wenn die Häftlinge von ihrem endgültig und in wenigen Stunden bevorstehenden Tod erfahren hätten.[271]

> „Die Hinrichtungen selbst? O nein, die waren wohl nicht das Schlimmste! Der letzte Tag mit dem hohen Wellengang beständig wechselnder Stimmungen und Gefühle – der ist lang, der ist am schwersten. Der Hinrichtungsakt selbst vollzieht sich schneller, als du denken kannst."[272]

In den letzten Kriegsjahren sitzen ständig zwischen 100 und 140 Todeskandidaten in den Todeszellen von Stadelheim. An jedem der beiden Hinrichtungstage pro Woche kommen bis zu 17 Insassen unters Fallbeil.[273]

Eine der wenigen Möglichkeiten, sich der Hinrichtung zu entziehen, war der Selbstmord. Von 26 Todeskandidaten ist bekannt, dass sie sich das Leben genommen haben.[274]

Die Hinrichtung

Im Dritten Reich sind die wenigsten zum Tode Verurteilten begnadigt worden – schon gar nicht während des Krieges. So fallen in die Jahre

1943 und 1944 10.000 vollstreckte Todesurteile und nur 289 Begnadigungen. Im November 1944 unterbreitet man Hitler Begnadigungsempfehlungen nur noch ausnahmsweise.[275] Die Hinrichtung kann aber erst erfolgen, wenn Hitler – oder in Vertretung der Justizminister – das Gnadengesuch des Verurteilten abgelehnt hat; zwar eine reine Formalie, aber Ordnung muss sein, auch in einem deutschen Unrechtsstaat.

Wenn der Leiter der Vollstreckung die oder den Betreffenden darüber informiert, tut er das mit Worten wie: „Der Führer hat von seinem Gnadenrecht keinen Gebrauch gemacht und sich entschieden, der Gerechtigkeit freien Lauf zu lassen. Die Hinrichtung findet um 16 Uhr statt." Bei dieser Eröffnung anwesend sind außerdem ein Vollzugsbeamter, der Anstaltsarzt, manchmal der Verteidiger und eventuell ein Dolmetscher. Anschließend läuft eine festgelegte Frist bis zur Hinrichtung: Bis 1937 sind in München 24 Stunden üblich (auf ausdrückliches Bitten auch 48 Stunden), die Exekution folgt dann in den frühen Morgenstunden, im Sommer um 6 Uhr, im Winter um 7 Uhr. In anderen Teilen Deutschlands gelten andere Tageszeiten und Fristen.[276]

Ab 1937 werden die Regeln vereinheitlicht: Die Hinrichtungen sollen reichsweit zunächst in den frühen Morgenstunden stattfinden – bei einer auf 12 Stunden verkürzten Frist. Also erfährt der Todeskandidat am Vorabend, dass er frühmorgens am nächsten Tag sterben muss. Später werden Hinrichtungen zu allen Tageszeiten stattfinden (siehe S. 161 ff.).

Die Zeit bis zur Hinrichtung verbringen die Betroffenen unter persönlicher Bewachung und meist gefesselt in einer eigens dafür vorgesehenen Armesünderzelle im Todestrakt. Darin steht unter anderem ein Betschemel vor einem großen Kreuz. Die Zelle bietet vier bis fünf Todeskandidaten Platz. Hier dürfen sie Abschiedsbriefe an ihre Angehörigen schreiben – oft auch das mit gefesselten Händen – oder sich mit einem Anstaltsgeistlichen ihrer Konfession auf den Tod vorbereiten. Oft muss der Pfarrer die Todeskandidaten erst einmal mit Essen versorgen, damit sie überhaupt in der Lage sind, einen Brief zu schreiben. Bis zum Krieg gibt es noch eine Henkersmahlzeit mit heißem Tee, Schweinebraten und Kartoffelsalat samt Zigaretten und einigen Flaschen Bier. Im Krieg bekommen die Todeskandidaten als letzte Mahlzeit ein Stück warmen Leberkäse, dann nur noch den üblichen „Gefängnisfraß", der aus Suppe, Kraut und Kartoffeln besteht. Dazu einige wenige Zigaretten. Besuche von Angehörigen sind nun nicht mehr möglich.[277]

Dem erwähnten Alois Brunner gelingt es, im August 1943 einen Kassiber aus dem Gefängnis Stadelheim zu schmuggeln, in dem er die Atmosphäre im Todestrakt beschreibt:

> „Seit 14 Tagen bin ich in der Hinrichtungs-Abteilung, 20m vor der Hinrichtungshalle, von meiner Zelle aus sehe ich in die Zellen, die zur Hinrichtung kommen die Tür bleibt geöffnet u. vor jeder Zelle stehen zwei Wachtmeister. Um ½ 11h erfahren sie es u. um ½ 6h abends ist erst die Hinrichtung in dieser Zeit ringen die Menschen mit dem Tod. Was sich in dieser Zeit abspielt will ich Euch nicht schreiben. Aber nie Vergessendes. Und solche Tage gibt es in der Woche 2 u. 3 Mal und jedes Mal 8 bis 14 Menschen. 100 b. 150 warten auf die Stunde der Erlösung. Alles das muss ich sehen u. hören wie die Menschen mit dem Tod ringen. An einem solchen Tag komme ich nie vom Zittern wenn die Zellentür sich öffnet meine ich schon jetzt holt man mich."[278]

Der Berliner Gefängnispfarrer Harald Poelchau, der an die 1.200 zum Tode Verurteilte in ihren letzten Stunden – teilweise bis zum Schafott – begleitet hat, schreibt:

> „Manche wurden in diesen Stunden stärker als sonst von ihren chronischen körperlichen Beschwerden geplagt. Durch die Aufregung litten sie in gesteigertem Maße an Koliken der Galle und Nieren und empfanden die Leiden ihrer Situation, die schon wochen- oder monatelang auf ihnen gelastet hatten, stärker als je. Hunger, Kälte und allgemeine, bis an die Grenze der Psychose reichende Nervosität wurden intensiver fühlbar als die Furcht vor dem gewaltsamen Ende."[279]

Wenn die Stunde der Hinrichtung gekommen ist, holen zwei Aufseher den Häftling in der Todeszelle gefesselt ab und führen ihn über eine kleine Treppe sechs Stufen hinab in einen Innenhof. Wenige Schritte gegenüber befindet sich die Hinrichtungsbaracke mit der Guillotine von Johann Mannhardt. Beim Verlassen der Zelle startet ein Beamter eine Stoppuhr. Ab jetzt und ab der Übergabe der Verurteilten an den Henker werden die Zeiten bis zum Fall des Messers im abschließenden Bericht sekundengenau vermerkt. Ab Januar 1937 wird der Hof mit Tüchern verhängt, damit niemand ihn einsehen kann. Die nicht beteiligten Justizbeamten des Gefängnisses erfahren nicht, wann die Hinrichtungen genau stattfinden. Den beteiligten Mitarbeitern droht Gefängnisleiter Robert Koch 1943 mit Entlassung und Zuchthaus, wenn sie außerhalb des Gefängnisses über die Exekutionen sprechen. Wenn mehrere nacheinander stattfinden, was meist der Fall ist, dürfen die Todeskandidaten zudem nichts von der vorigen Hinrichtung mitbekommen. Auch alle Spuren müssen beseitigt sein.[280]

Der Todeskandidat wird mit am Rücken gefesselten Händen in die Baracke geführt. Die Guillotine sieht er nicht, denn sie steht im hinteren Teil des Raumes, der mit einem schwarzen Vorhang abgetrennt ist. Dort wartet Scharfrichter Reichhart in Zylinder, weißem Hemd mit Fliege und schwarzem Gehrock. Vor dem Vorhang stehen der vollstreckende Staatsanwalt in Robe, ein Gefängnisbeamter und der Gerichtsarzt. Dem Verurteilten wird ein letztes Mal die entscheidende Passage seines Todesurteils vorgelesen. Die Worte sind knapp und schließen mit: „Eine Begnadigung ist nicht erfolgt. Das Urteil wird jetzt vollstreckt." Daraufhin die Aufforderung an Reichhart: „Nachrichter, walten Sie Ihres Amtes!"

Jetzt geht alles sehr schnell: Die Gehilfen, die einen schwarzen Anzug tragen, streifen dem Verurteilten – jedenfalls zeitweise – eine schwarze Augenbinde mit Gummiband über, gleichzeitig ziehen Reichhart oder ein Aufseher den Vorhang zur Seite. Nun, unmittelbar vor der Hinrichtung, kann der Anstaltsgeistliche noch ein kurzes Gebet sprechen. Die Anstaltsglocke beginnt zu läuten. Wenn mehrere Hinrichtungen nacheinander angesetzt sind, läutet sie nur bei der letzten.[281]

Reichhart hat den Ehrgeiz, die Hinrichtungen möglichst schnell zu absolvieren. Zum einen rühmt er sich gerne, der schnellste Scharfrichter Bayerns zu sein, zum anderen wird es auch ihn bei aller Gewohnheit nicht kaltgelassen haben, Menschen zu köpfen und der Anlass für ihre Todesangst zu sein. Jedenfalls erzählt er nach dem Krieg, dass er sich in schlaflosen Nächten mit Schuldgefühlen herumschlage. Ob dem so ist, wissen wir nicht. Immerhin liegt die Vermutung nahe, dass er sein Gewissen mit der Schnelligkeit seiner Arbeit beruhigt.[282]

Um die Hinrichtungen zusätzlich zu beschleunigen, bittet er das Reichsjustizministerium in Berlin im August 1940, auf das Anschnallen am Kippbrett verzichten zu dürfen, zumal manche Verurteilte ohnehin nicht mehr stehen oder gehen könnten. Auch das Aufsetzen der

Abb. 20 In der Zentralen Hinrichtungsstätte München-Stadelheim war die Guillotine ab 1937 in der Garage ganz rechts fest installiert. Die Todeskandidaten waren im Todestrakt (Bildecke rechts oben) untergebracht und wurden aus dem Hochparterre über einen kleinen Hof, der nur durch eine Mauer am rechten Bildrand erahnbar wird, von hinten in die Hinrichtungsbaracke geführt.

Augenbinde hält er für verzichtbar.[283] Eine Entscheidung dazu ist nicht belegt, aber da das Kippbrett des Münchner Bockes heute abmontiert und der Schlitz für das T-förmige Scharnierstück des Kippbrettes mit Holz ausgefüllt ist, können wir annehmen, dass das auf einen Wunsch Reichharts zurückgeht. Wann genau der Umbau stattfand, ist unklar. Jedenfalls ziehen von jetzt an seine Gehilfen den am Rücken gefesselten Kandidaten die Beine weg und heben sie bäuchlings auf den Tisch.[284] So verkürzt Reichhart die Zeit der Exekution auf bis zu 4 Sekunden.

Am Kopfende steht ein Gehilfe und hält den Kopf hinter den Ohren fest, um den Hals zu strecken. Jetzt zieht der rechts von der Guillotine stehende Gehilfe einen Knopf, woraufhin das obere Halsbrett herunterfällt und den Nacken fixiert. Fast im selben Moment lässt der Scharfrichter das Fallbeil ausklinken.

Im Anschluss füllen die Beamten für das Hinrichtungsprotokoll einen Vordruck aus. Im Fall der Widerstandskämpferin Sophie Scholl liest sich das folgendermaßen:

> „Um 17 Uhr wurde die Verurteilte durch zwei Gefängnisbeamte vorgeführt. (...) Die Gehilfen des Scharfrichters führten sie an die Fallschwertmaschine, auf welcher sie unter das Fallbeil geschoben wurde. Scharfrichter Reichhart

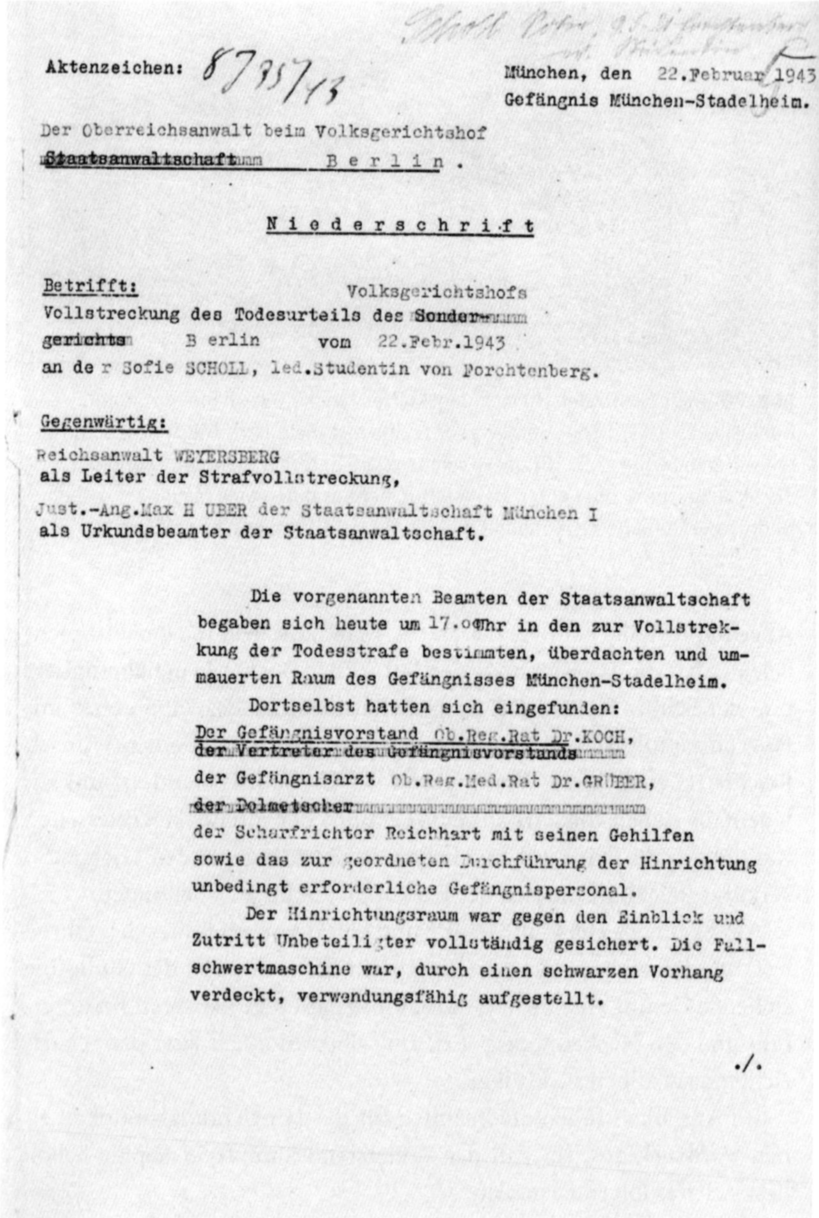

Aktenzeichen: 8 J 35/43

München, den 22. Februar 1943
Gefängnis München-Stadelheim.

Der Oberreichsanwalt beim Volksgerichtshof
~~Staatsanwaltschaft~~ B e r l i n .

N i e d e r s c h r i f t

Betrifft:
Vollstreckung des Todesurteils des ~~Sonder~~ Volksgerichtshofs ~~gerichts~~ B erlin vom 22. Febr. 1943 an de r Sofie SCHOLL, led. Studentin von Forchtenberg.

Gegenwärtig:

Reichsanwalt WEYERSBERG
als Leiter der Strafvollstreckung,

Just.-Ang. Max H UBER der Staatsanwaltschaft München I
als Urkundsbeamter der Staatsanwaltschaft.

Die vorgenannten Beamten der Staatsanwaltschaft begaben sich heute um 17.00 Uhr in den zur Vollstrekkung der Todesstrafe bestimmten, überdachten und ummauerten Raum des Gefängnisses München-Stadelheim.

Dortselbst hatten sich eingefunden:

Der Gefängnisvorstand Ob.Reg.Rat Dr.KOCH,
~~der Vertreter des Gefängnisvorstands~~
der Gefängnisarzt Ob.Reg.Med.Rat Dr.GRÜBER,
~~der Dolmetscher~~
der Scharfrichter Reichhart mit seinen Gehilfen
sowie das zur geordneten Durchführung der Hinrichtung unbedingt erforderliche Gefängnispersonal.

Der Hinrichtungsraum war gegen den Einblick und Zutritt Unbeteiligter vollständig gesichert. Die Fallschwertmaschine war, durch einen schwarzen Vorhang verdeckt, verwendungsfähig aufgestellt.

./.

Abb. 21 Erste Seite des Hinrichtungsprotokolls von Sophie Scholl. Es handelte sich dabei um einen Vordruck, in den meist nur noch Namen und Zeiten eingetragen wurden.

> löste sodann das Fallbeil aus, welches das Haupt der Verurteilten sofort vom Rumpfe trennte. Der Gefängnisarzt überzeugte sich vom Eintritt des Todes. Die Verurteilte war ruhig und gefasst. Von der Übergabe an den Scharfrichter bis zum Fall des Beiles vergingen 06 Sekunden. Der ganze Hinrichtungsvorgang, der sich ohne Zwischenfall vollzog, dauerte vom Verlassen der Zelle an gerechnet (...) 48 Sekunden (...)."

Sobald der enthauptete Leichnam zur Ruhe gekommen ist, wird er samt Kopf in einen mit Sägemehl befüllten Sarg gelegt, der um 20 Zentimeter verkürzt ist, um Material einzusparen – teilweise landen auch zwei Hingerichtete in einem Sarg. DNA-Untersuchungen an den im Gefängnis Prag-Pankratz verwendeten Särgen haben gezeigt, dass die Hingerichteten wohl ohne Sarg eingeäschert werden, da die Särge immer wieder verwendet werden. Anschließend spritzen die Gehilfen das Fallbeil und den Boden mit einem Wasserschlauch ab. Das Kopfende der Guillotine steht über einem in den Boden eingelassenen Gully. Bei einem eingespielten Team sind so Hinrichtungen im Zwei- bis Dreiminutentakt möglich. Bisweilen liegt aber auch nur eine Minute zwischen zwei Enthauptungen.[285]

Reichhart berichtet von aus politischen Gründen Verurteilten, die mit einem Lächeln gestorben seien, während mancher Staatsanwalt ausgesehen habe, als müsse er selbst unter das Fallbeil. Viele Staatsanwälte hätten während der Hinrichtung die Augen geschlossen oder sich die Ohren zugehalten, manche hätten hingegen vor der Exekution Witze gerissen und hinterher belegte Brötchen gegessen. Unklar ist, wie vertrauenswürdig diese Aussagen sind. Der Gefängnispfarrer Karl Alt erinnert sich jedenfalls, dass einige Staatsanwälte sich abwendeten, kurz bevor das Beil fiel.[286]

In seinen Erinnerungen hält der Gefängnispfarrer auch den Besuch des mittelfränkischen Gauleiters und Herausgebers des *Stürmer* Julius Streicher fest, der mit Reitpeitsche in der Hand und Gefolge im Schlepptau „sensationslüstern" „anstolziert" kam, sich genau den Mechanismus der Guillotine erklären ließ und dabei zusah, wie ein Mann von ihr geköpft wurde, der versucht hatte, einen Taxifahrer zu ermorden und auszurauben.[287]

Wenn an den Stadelheimer „Großschlachttagen", wie Gefängnisseelsorger Karl Alt sie nennt, bis zu 17 Menschen enthauptet worden sind

(7. Mai 1943 und 11. Mai 1944), sollen Ströme von Blut geflossen sein, die der Abfluss im Boden der Baracke nicht aufnehmen konnte. Laut Augenzeugen sind Henker und Gehilfen regelrecht im Blut gewatet, und anschließend hätten teilweise Gefangene das Blut mit Eimern aufnehmen und nach draußen schaffen müssen.[288]

Die Münchner Guillotine erweist sich bei den Hinrichtungen als ausnehmend zuverlässig, wie der Scharfrichtergehilfe Alois Weiß nach dem Krieg geradezu schwärmerisch berichtet. Nie habe er erlebt, dass sie versagt habe:

> „Die beste, die ich kennengelernt habe, ist die Münchner Maschine. Ein alter Typ zwar, aber gerade deshalb praktisch, weil alles sehr einfach konstruiert ist. Jeden kleinsten Defekt findet man bei der Probe sofort."[289]

Andernorts machen einige Fallbeile den Henkern auch mal Probleme. In Wien zum Beispiel soll das herabfallende Beil einer Tegel-Guillotine bei einer Hinrichtung am 8. März 1940 kurz vor dem Nacken des Verurteilten steckengeblieben sein. Reichhart berichtet später von einer dramatischen Szene: Der Todeskandidat habe völlig außer sich um Erbarmen gefleht und das Ereignis als ein Zeichen höherer Gerechtigkeit gewertet. Doch Reichhart habe den Fehler ungerührt beseitigt, und beim zweiten Versuch habe die Mechanik dann reibungslos funktioniert. Der Scharfrichter erzählt, er habe gezittert, mehrere Wochen lang an nervösen Störungen gelitten und vier Wochen Erholungsurlaub nehmen müssen. Wahrscheinlich hat Reichhart die ganze Geschichte erfunden, denn in seinen Abrechnungen findet sich keine Hinrichtung am 8. März in Wien.[290]

Belegt ist dieser Fehler dagen für Anfang 1937 bei der Maschine in Breslau (poln. Wrocław), die Johann Mannhardt 1855 für Würzburg gebaut hat. Bis die technische Störung behoben ist, muss der Todeskandidat lange 5 Minuten und 20 Sekunden regungslos auf dem Bauch auf seine Hinrichtung warten.[291]

Am 28. Januar 1941 trennt das herabfallende Messer im Gefängnis Wolfenbüttel einem Gehilfen einen Daumen ab, weil er am Kopfende stehend beim Festhalten zu weit in Richtung Hals fasst. Wegen einer

Blutvergiftung muss man ihm auch noch den Arm abnehmen. Trotzdem stirbt er an den Folgen.[292]

Es ist schwer vorstellbar, was der Todestrakt von Stadelheim in diesen Jahren an Leid gesehen hat. Wie unbeugsam manche ihre letzten Monate, Tage und Stunden ertragen und wie klar sie mit ihrem Leben abgeschlossen haben, dafür können die letzten Briefe des Kufsteiner Reichsbahnangestellten Georg Gruber stehen. Er gehörte einem kommunistischen Widerstandsnetz in Tirol an. Am 30. Juni 1944 stirbt er mit 29 Jahren unter der Guillotine.

> „...wichtig ist, daß ich meinen vollen Beitrag geleistet habe zur Beseitigung des Mordes und Terrors, zur Befreiung unseres Landes. Wenn Ihr auch um mich zutiefst trauert, so seid stolz, daß Ihr ein so großes Opfer bringen konntet. Bei den Massenhinrichtungen, die schon seit langem hier vorgenommen werden, bin ich nur ein Stäubchen in dieser ungeheuren Armee der Schatten."[293]

> „Mein Freund Hans Vogl und ich verbringen gemeinsam unsere letzten Stunden. Ihr könnt mir glauben, der Tod schreckt uns nicht, ich sterbe nicht schwer. Tausende sterben heute, die nicht wissen, warum – wir sterben wenigstens für unsere Überzeugung. (...) Du, meine liebste Mutter, denke Dir, daß ich kein Verbrecher bin, und daß ich für ein Ideal gekämpft habe und dafür sterbe. Seid stolz auf mich – einmal müssen wir alle sterben. Ich sterbe stolz und aufrecht – und das möge Euch ein Trost sein."[294]

Die Scharfrichter im Dritten Reich

Die meisten Deutschen dürfte der Beruf des Scharfrichters selbst während der rohen Zeiten des Dritten Reiches abgeschreckt haben. Für eine kleine Gruppe war er hingegen attraktiv. So existieren aus den Jahren 1933 bis 1945 an die 500 Bewerbungsschreiben von Jungen und Männern zwischen 15 und 66 Jahren, die sich entweder danach sehnten, Herr über Leben und Tod zu sein, oder sich in unsicheren Zeiten und prekärer finanzieller Lage einen sicheren und einträglichen Job erhofften. Einige bewarben sich auch aus ideologischen Motiven oder waren psychisch krank. Ihren Briefen sind häufig Sensationsbedürfnis und Geltungsdrang zu entnehmen. Einen weiteren Anreiz sahen sie offenbar darin, dass Scharfrichter nicht zur Wehrmacht eingezogen wurden und somit auch nicht in den Krieg mussten.[295]

Mitleidlose Härte und Brutalität im Sinne der herrschenden Ideologie galten im Dritten Reich als eine Tugend. Und so setzte das NS-Regime bei den Bewerbern offensichtlich ein gewisses Gewaltpotenzial frei, denn allein in den ersten elf Monaten des Jahres 1933 waren es mit 72 Bewerbungen schon mehr als die insgesamt 59 Bewerbungen in den Jahren zwischen 1925 und 1932. Pro Jahr entspricht das mehr als einer Verzehnfachung.

Von den 300 Bewerbern, die ihren Beruf nannten, waren die meisten Handwerker. Auffällig viele waren Metzger oder Schlachter und betrachteten das als Qualifikation für die angestrebte Tätigkeit; andere arbeiteten als Schlosser, Dreher oder Friseure. Aber auch viele Polizisten, Wachleute oder Soldaten wollten Scharfrichter werden und hielten sich wegen ihrer gewalttätigen Erfahrungen für prädestiniert. Viele waren wirtschaftlich in Not geraten.

Die NS-Henker kommen oft aus denselben Berufen wie die Bewerber: Häufig waren sie vorher Metzger, Abdecker, Totengräber, Bestatter und Krankenpfleger. Akademiker oder Unternehmer sind ebenso wenig unter den Scharfrichtern wie unter den Bewerbern. Sie stammen aus der Unter- oder der unteren Mittelschicht und haben oft massive Alkoholprobleme. Auch in früheren Jahrzehnten und Jahrhunderten konsumierten Scharfrichter übermäßig viel Alkohol, hatten häufig psychische Probleme und begingen auffällig oft Selbstmord. Das mag durch die psychische Belastung des Tötens bedingt sein, wohl aber auch durch die jahrhundertelange Verfemung der Scharfrichter und ihrer Familien.[296]

Im Dritten Reich geht die Belastung der Scharfrichter offenbar zurück, denn zum einen haben sie eine sichere Einnahmequelle, und zudem steigt das Sozialprestige ihres zuletzt mehr und mehr verachteten Berufsstandes – auch wenn die Menschen den Scharfrichter weiterhin meiden; zum anderen könnte die wachsende Zahl der Hinrichtungen einen Gewöhnungseffekt, wenn nicht gar eine Abstumpfung ihrer Gemüter mit sich gebracht haben. Abgesehen davon reduziert die Betätigung einer Maschine die Beteiligung und gefühlte Verantwortung des Henkers gegenüber dem Handbeil, verlangt weniger Konzentration und bedeutet damit weniger Stress zu versagen.[297]

Fast alle Bewerber der NS-Zeit bekamen übrigens einen weitgehend identischen Ablehnungsbescheid, da man anfangs nur erfahrene

Scharfrichter oder Angehörige ihrer Familien auswählte und sie in der späteren Zeit bis auf eine Ausnahme aus der Gruppe der Scharfrichtergehilfen rekrutierte. Die wenigen erfolgreichen Bewerbungen zeigen, dass die Behörden keine fanatischen Nationalsozialisten suchten, keine Sadisten oder psychisch Kranken und schon gar keine gescheiterten Existenzen. Ein Scharfrichter hatte vor allem eines zu sein: unauffällig. Parteimitglied war außer Johann Reichhart nur noch der Henker von Kattowitz und Breslau, August Köster.[298]

Nach einigen Umbesetzungen gibt es ab 1937 zunächst drei Scharfrichter in Deutschland: Friedrich Hehr, Ernst Reindel und Johann Reichhart, der für München, Stuttgart, Dresden und Weimar zuständig ist. Als 1938 Wien dazukommt, muss Reichhart Weimar an den Hamburger Scharfrichter Friedrich Hehr abgeben und „bekommt" dafür zusätzlich Frankfurt-Preungesheim. Mit dem steigenden „Bedarf" stockt das Reichsjustizministerium die Zahl der Scharfrichter auf, bis es 1944 zehn sind. Sie bekommen ein Jahresgehalt von 3.000 Reichsmark (RM) und zusätzlich eine Prämie von zunächst 60 RM pro Hinrichtung. Sie erledigen die Hinrichtungen mit Guillotine und Strang – für Erschießungen und andere Hinrichtungsarten ist die SS zuständig.[299]

Im Mai 1941 werden die Fallpauschalen wegen der reichlichen Beschäftigung für die Scharfrichter gekürzt: Finden Hinrichtungen am Heimatort statt, wird die erste mit 40 RM vergütet (Gehilfen: 30 RM), jede weitere am selben Tag mit 30 RM, die auch die Gehilfen bekommen. Außerhalb vom Wohnort bekommt der Scharfrichter für die erste Hinrichtung 60 RM (bzw. 65 RM bei mehr als 300 km Entfernung), seine Gehilfen bekommen 40 (bzw. 50) RM.[300]

In den „Richtlinien für Scharfrichter" werden 1937 genau ihre Pflichten festgelegt: Sie müssen dort, wohin sie befohlen werden, die eingeforderten Hinrichtungen vollziehen, haben sich abzumelden, wenn sie ihren Wohnort länger als 24 Stunden verlassen, „strengstes Stillschweigen" zu bewahren, in „einer dem Ernst der Handlung entsprechenden Kleidung zu erscheinen", das von der Strafvollzugsanstalt aufgebaute „Richtgerät" vor jeder Hinrichtung zu prüfen und danach zu reinigen. Außerdem gehört es zu ihren Pflichten, die Hingerichteten einzusargen. Sie dürfen einem Nebenerwerb nachgehen, soweit die Scharfrichtertätigkeit dadurch nicht beeinträchtigt wird.[301]

In den Hinrichtungsstätten unterstützen Gefängnisbedienstete die Scharfrichter. Wenn sie die Todeskandidaten in ihrer letzten Nacht beaufsichtigen oder bei den Vorbereitungen zur Hinrichtung helfen, bekommen sie dafür ab 1939 zwar kein Geld, aber zusätzliche Nahrungs- und Genussmittel im Wert von 3 RM. Später müssen sie jedoch auch beim Einsargen und Abtransportieren der Enthaupteten helfen, wofür sie ab 1942 eine Vergütung von bis zu 10 RM erhalten. Allerdings melden sich für diese Arbeiten oft zu wenige, schon weil sie nichts mit den Scharfrichtern zu tun haben wollen.[302]

Vor allem aber muss der Scharfrichter für jede Hinrichtung erst zwei, ab 1937 drei Gehilfen mitbringen, die er selbst aussucht – meist aus seinem Bekanntenkreis. Die Behörden müssen die Wahl genehmigen. Reichhart beschäftigt über die Jahre einen Vertreter, einen Fuhrunternehmer, einen Lageristen, einen Pförtner, einen Abdecker (seinen Bruder Georg) und einen gescheiterten Unternehmer.[303]

Letzterer ist Alois Weiß, der ab 1943 Scharfrichter in Prag wird und über 1.000 Menschen hinrichtet.[304] Nach dem Krieg wird er versuchen, die braunen Scharten in seinem Lebenslauf wieder auszuwetzen: Dem Journalisten der *Süddeutschen Zeitung*, der ihn 1953 in Niederbayern besucht, erzählt er etwa, er sei schon früh aus der Partei ausgetreten. In Wirklichkeit schreibt er 1939 im Affekt einen beleidigenden Brief ans Innenministerium und legt wutentbrannt seinen Blutorden, sein Parteibuch und sein Parteiabzeichen bei. Der Grund: Er ist in finanziellen Schwierigkeiten, und die Machthaber greifen ihm nicht wie gewünscht unter die Arme. Folgerichtig wird er von der Gestapo verhaftet, aus der Partei ausgeschlossen, verliert seine Arbeit und muss ins Gefängnis. Nach fünf Monaten kommt er ohne Gerichtsverfahren im März 1940 frei und darf Hilfsaufseher im Gefängnis München-Stadelheim werden – möglicherweise als Spitzel der Gestapo. Dort beginnt seine Henkerskarriere als Gehilfe von Johann Reichhart.

Den Aufstieg zum Scharfrichter verfälscht er gegenüber dem *SZ*-Journalisten 1953 ebenfalls: Das Reichsjustizministerium habe ihn nach Berlin beordert, ihm den Posten in Prag angeboten und eine Bedenkzeit gegeben.

> „Man sagte mir jedoch, daß man im Weigerungsfall ganz andere Pläne mit mir habe. Was das für mich als ehemaliger Gestapo-Häftling bedeutet hätte, konnte ich mir ungefähr vorstellen. Ich habe also zugesagt."[305]

In Wirklichkeit hat sich Weiß 1943 um eine Scharfrichterstelle beworben:

> „Seit zwei Jahren bin ich bei dem Scharfrichter Johann Reichhart in München, als Scharfrichtergehilfe beschäftigt und ich würde Sie bitten, bei der Aufstellung eines neuen Scharfrichters mich zu berücksichtigen. Bin 36 Jahre alt, eingearbeitet und würde meinen Posten zur Zufriedenheit ausfüllen."[306]

Nach 1945 wird Alois Weiß als Mitläufer eingestuft – unter anderem wegen seines frühen „Parteiaustritts". Wie es war, anderen Menschen den Kopf abzuschlagen, darüber äußert er sich nach dem Krieg folgendermaßen:

> „Mir war das erstemal ein bisschen komisch, aber ich hab's überstanden. Ich habe nicht einmal nachts davon geträumt. (...) Manchmal leidet man unter Stimmungen, so wie man unterm Föhn leiden kann."[307]

1952 klagt er auf Wiedereinstellung in den Staatsdienst und beruft sich dafür auf seine Tätigkeit als Scharfrichter. Die Klage wird abgewiesen.[308]

Der NS-Apparat wünscht vor allem unauffällige Hinrichtungen, die keinen Anlass zu Gerede geben. Das steht bisweilen im Widerspruch zu dem eigenwilligen Berufsethos der Henker: So erregt es Anstoß, dass der Scharfrichter von Magdeburg, Carl Gröpler, bei den Vorbereitungen zur Hinrichtung in Übereifer ständig „Heil Hitler!" ruft und dabei den Hitlergruß zeigt. Man untersagt es ihm. Sein in Norddeutschland zuständiger Kollege Friedrich Hehr sagt immer „Achtung!" bevor er das Fallbeil betätigt. Auch das soll unterbleiben. Und Johann Reichhart reinigt die Richtstätte gelegentlich nicht selbst, wie es sein Vertrag vorsieht, sondern zahlt einem Tischler dafür ein Trinkgeld. Auch das führt zu einer Ermahnung, wohl weil sich damit der Kreis der Mitwisser vergrößert.[309]

Johann Reichhart

Johann Reichhart ist eine Gestalt der bayerischen und auch der deutschen Geschichte, die uns bis heute Grauen, Entsetzen und Abscheu einflößt. Der gebürtige Oberpfälzer und letzte bayerische Henker hat in seinem Leben mit über 3.000 Hinrichtungen so viele Todesurteile vollstreckt wie kein Scharfrichter vor ihm – und auch im Nationalsozialismus „übertrifft" ihn nur der Berliner Scharfrichter Wilhelm Röttger um knapp 200 Opfer.[310]

1933 soll Reichhart vor der Reichstagswahl in Gegenwart eines seiner Gehilfen gesagt haben: „Wir müssen Hitler wählen, da gibt es Todesstrafen und dann geht unser Geschäft wieder." In die NSDAP tritt er am 1. Mai 1937 ein. Im Spruchkammerverfahren gegen ihn nach dem Krieg sagen belastende Zeugen aus, er sei ein „hundertprozentiger Nationalsozialist" gewesen, ein „dummer und gutgläubiger Nazi", habe „stolz eine braune NSKK-Uniform" getragen und noch kurz vor dem Zusammenbruch an den Sieg der Wehrmacht geglaubt. Einige Zeugen berichten sogar, er habe sie wegen kritischer Äußerungen bei der Gestapo denunziert. Ein jüdischer Münchner bestätigt dagegen, Reichhart habe ihn und seine Familie immer wieder finanziell unterstützt und in seiner Wohnung versteckt, wenn er in Gefahr war abgeholt zu werden. Die Spruchkammerakten sind jedoch generell voll von solchen „Persilscheinen", sodass man nicht weiß, ob man dieser Aussage glauben kann. So listet Reichharts Anwalt 17 Entlastungszeugen auf, von denen mehrere behaupten, er sei antinazistisch eingestellt und in seiner Jugend Kommunist gewesen.[311]

Der Journalist Will Berthold (alias Stefan Amberg) trifft sich im Frühjahr 1958 mit Reichhart in einer Wirtschaft hinter dem Münchner Prinzregentenplatz, um seine Erinnerungen festzuhalten. Es ist eine Zeit, in der mancher bayerische Politiker um die Wählergunst buhlt, indem er die Wiedereinführung der Todesstrafe fordert. Berthold schildert im Vorfeld sein Unbehagen bei der Vorstellung, diesen Mann zu interviewen, an dessen Händen so viel Blut klebt, und nimmt deshalb einen befreundeten Journalisten als Begleitung mit.

> „Reichhart kam auf die Minute pünktlich, ein mittelgroßer, hagerer Mann mit schütteren Haaren und hellen Augen. Ein Gesicht von der Stange, zerklüftet

und runzelig, das Gesicht eines Mannes, der im Leben viel mitgemacht haben musste. Er stellte sich halblaut vor, er hatte einen kräftigen Händedruck und ein verlegen-misstrauisches Lächeln, das, sowie er Zutrauen gefasst hatte, einer treuherzig-pfiffigen Miene wich."[312]

Berthold und seine anderen beiden Biografen charakterisieren Reichhart als eitlen Menschen mit Imponiergehabe, der sich gerne auch wehleidig beklagte. Sie attestieren ihm eine gewisse Gefühlskälte, nennen ihn bieder, ehrsüchtig und obrigkeitshörig, und auch auf den erhaltenen Fotos macht er einen abgebrühten bis verschlagenen Eindruck. Er hat sich offenbar in seiner außergewöhnlichen und mächtigen Rolle gefallen, selbst wenn die Leute ihm gegenüber Grausen und Abscheu empfanden.[313]

Man gewinnt den Eindruck, Reichhart sei permanent damit beschäftigt, sich zu inszenieren und sein Bild für die Augen anderer zu manipulieren – kein Wunder bei der Verachtung, die ihm entgegenschlug. So behauptet er, er habe „nie jemanden so sterben sehen" wie Sophie Scholl – er meint offenbar „so tapfer". Damit macht er sich einerseits interessant, nutzt die spätere Prominenz seiner Todeskandidatin und beschönigt sein Tun, weil es klingt, als habe er nichts mit ihrem Tod zu tun. Professor Kurt Huber soll kurz vor seiner Hinrichtung in Stadelheim zu ihm gesagt haben: „Schämen Sie sich!"[314]

Man fragt sich, was im Kopf dieses Mannes vorgeht, wenn er Tag für Tag, Woche für Woche, Jahr für Jahr in die deutschen Gefängnisse geht, die Guillotine prüft und pflichtschuldigst Tausende Menschen köpft. Rechtfertigt er sich jedesmal vor sich selbst und deklariert seine Aufgabe als eine rein technische und gesetzliche, die er ordnungsgemäß zu erfüllen habe? Muss er jedesmal seinen Ekel vor all dem Blut und vor sich selbst überwinden? Wird er von Mal zu Mal abgebrühter? Und: Warum wirft dieser Mann nie das Handtuch? Ist er durchtränkt von Untertanengeist und Gehorsam? Denkt er an sein Bankkonto? Gefällt er sich in seiner Rolle als Herr über den Tod? Will er sich vor den Machthabern keine Blöße geben? Fürchtet er die Konsequenzen einer Weigerung? Fehlt ihm das Rückgrat dafür? Denkt er vielleicht irgendwann, nun sei schon alles egal, weil er sich ohnehin schon unrettbar schuldig gemacht habe? Natürlich ist er nur der letzte Erfüllungsgehilfe der Mordmaschinerie der NS-Justiz, aber eben dennoch derjenige, dessen

Hand den langen Hebel des Mannhardt-Fallbeils kräftig nach rechts drückt und das Messer auf Tausende Nacken niedersausen lässt.

Nach dem Ende der NS-Herrschaft beteuert Reichhart, er habe mehrfach versucht, zu kündigen, es sei ihm aber nicht gestattet worden, weil seine Arbeit kriegswichtig gewesen sei. Dafür gibt es jedoch zum einen keine Belege, zum anderen zeigt die Kündigung seines Kollegen Ernst Reindel zum 1. Dezember 1943, dass er sich durchaus aus dem Vertrag hätte lösen können – auch während des Krieges.[315]

Reichharts hauptsächliches Arbeitsgerät ist die Stadelheimer Guillotine. Regulär enthauptet er in Bayern, Stuttgart und später auch Bruchsal, zeitweise auch in Frankfurt am Main, Dresden, Weimar, Prag, Wien und Graz. Und schließlich reist er aushilfsweise etwa auch nach Köln, Berlin-Plötzensee, Brandenburg-Görden und bis nach Breslau.[316]

Im September 1941 beklagt er sich weitschweifig über seine Arbeitsbelastung und möchte beim Reichsverkehrsministerium eine Ausnahmegenehmigung bekommen, damit er bei seinen Reisen quer durch Deutschland die erlaubte Höchstgeschwindigkeit überschreiten und mit seinem Fiat Ardita 100 km/h fahren darf. Außerdem möchte er – wohl entgegen den Vorgaben zur Verdunkelung – Aufblendlicht benutzen dürfen.

> „Bei meinen Einzelfahrten (wöchentlich durchschnittlich 3 Fernfahrten) muss ich oft 10–14 Stunden durchfahren, ohne eine größere Pause einlegen zu können. Das bedeutet für mich, dass ich im Winter notgedrungen jeweils mehrere Stunden in der Dunkelheit fahren muss. (…) Das Fahren selbst stellt an mich ganz besondere Anforderungen körperlicher und geistiger Art. Da ich aber in jedem Fall unbedingt rechtzeitig eintreffen muss und daher auch in der Dunkelheit so schnell wie möglich zu fahren habe, ist die Gefahr eines Unfalls für mich und meine Mitfahrer von Fall zu Fall besonders gegeben."[317]

Doch es bringt nicht einmal etwas, dass Reichhart auf die 350.000 Kilometer aufmerksam macht, die er im tödlichen Dienst des Staates schon unterwegs gewesen sei: Die Anfrage wird abgelehnt. So steigt er mit seinen Gehilfen auf die Bahn um. Meist müssen sie bereits am Vortag anreisen, da die Hinrichtungen oft in den frühen Morgenstunden angesetzt sind. Während des Krieges sind die Züge durch das zunehmend zerbombte Deutschland jedoch hoffnungslos überfüllt, sodass

Reichart auf seine Bitte hin Platzkarten bekommt – wenn auch nur dritter Klasse.[318]

Gegen seine zeitliche und emotionale Überlastung spricht, dass er, als er 1943 den Bezirk Wien zu verlieren droht, sich mit einem abermaligen Gesuch dafür einsetzt, man möge ihn doch bitte auch dort weiter köpfen lassen – ohne Erfolg.[319]

Unterdessen wird aus dem Hungerleider ein wohlhabender Mann: Allein im Jahr 1943 – einem seiner einträglichsten – bekommt er neben seinem Jahresfixum von 3.000 RM knapp 6.000 RM Aufwandsentschädigung und 35.790 RM Sondervergütungen für 764 Enthauptungen, denn er wird – im wahrsten Sinne – pro Kopf bezahlt. Er kann sich im Herbst 1942 ein kleines Haus im Süden von München zulegen, zwei Autos fahren und Brillantringe tragen.[320]

Leicht verdientes Geld ist die Akkordarbeit aber wohl nicht. Auf einem Foto von 1967 sehen uns aus Reichharts zerfurchtem und gezeichnetem Gesicht zwei bittere Augen an, die auf ein zerrüttetes Seelenleben schließen lassen. Wie viele seiner Vorgänger hat auch er gravierende Alkoholprobleme.[321] Der evangelische Gefängnisseelsorger von Stadelheim, der über Jahre die Todeskandidaten zum Schafott begleiten musste und ihre Blutströme über den Boden des Hinrichtungsraumes laufen sah, berichtet in seinen Erinnerungen:

> „Staunenswert war der Scharfrichter, der unentwegt die Hunderte und Aberhunderte von Hinrichtungen vornahm, (…) wobei er freilich – begreiflicherweise – sich vorher kräftig mit Alkohol versah."[322]

Dann kommt das Kriegsende. In Bayern marschieren die Amerikaner ein und stehen bald auch vor Reichharts Haustür, um ihn zu verhaften. Zuerst muss er Schlimmes fürchten, denn sie zerren ihn – so erzählt er es jedenfalls – auf den Hachinger Friedhof, beschimpfen ihn als *murderer* und *dirty bastard* und lassen ihn über längere Zeit hin in dem Glauben, sie würden ihn jeden Moment vor einem der Grabsteine erschießen. Doch dann stellt sich heraus: Man braucht ihn noch – ebenso wie einige andere seiner Scharfrichterkollegen –, denn bald muss er für die US-Militärregierung im Gefängnis Landsberg am Lech verurteilte Kriegsverbrecher hinrichten – nun nicht mehr mit der Guillotine, sondern am langen Strick mit Falltür. Seine Biografen gehen von mehr als

Abb. 22 Der ehemalige Scharfrichter Johann Reichhart 1967 vor seinem Haus in Deisenhofen bei München. Seit 1963 war er Ehrenmitglied im Verein zur Wiedereinführung der Todesstrafe e. V. 1972 starb er einsam und verarmt im oberbayerischen Dorfen.

150 Exekutionen im Dienst der Amerikaner aus, ohne allerdings Quellen zu nennen. Da aber in Landsberg zwischen November 1945 und Ende 1946 nur 37 Verurteilte gehenkt wurden und Reichhart seine Arbeit dort im Mai 1946 einstellte, werden es deutlich weniger gewesen sein. Der amerikanische Historiker French L. MacLean listet 21 Landsberger Hinrichtungen durch Reichhart auf. Seine Todeskandidaten hatten etwa notgelandete US-Piloten erschossen oder in Konzentrations- und Vernichtungslagern Dienst getan – unter ihnen auch Martin Gottfried Weiß, Kommandant mehrerer Lager wie Majdanek und Dachau.[323]

Der Spöttinger Friedhof in Landsberg am Lech

Noch bis 1951 – also zwei Jahre, nachdem Deutschland die Todesstrafe abschaffte – ließen die Amerikaner im Gefängnis Landsberg Todesurteile an insgesamt 252 deutschen NS- und Kriegsverbrechern vollstrecken und weitere 33 wegen Nachkriegsdelikten. 175 der Hingerichteten sind heute auf dem benachbarten Spöttinger Friedhof bestattet. Hier liegen zum Beispiel SS-Obergruppenführer und General der Waffen-SS Oswald Pohl, der als Chef des SS-Wirtschafts- und Verwaltungshauptamts auch für die Verwaltung der Konzentrationslager verantwortlich war und dort etwa die Zwangsarbeit oder die Verwertung der Habseligkeiten und Goldplomben vergaster Juden organisierte, SS-Brigadeführer Erich Naumann, der in Weißrussland knapp 100.000 Menschen hat erschießen lassen, SS-Hauptscharführer Otto Moll, der in Auschwitz die Leichen von Ermordeten beseitigte und immer wieder größere Mordaktionen plante und ins Werk setzte, sowie der erwähnte Lagerkommandant Martin Gottfried Weiß.

Abb. 23 Der Spöttinger Friedhof neben dem Gelände der JVA Landsberg am Lech. Hier wurden jahrhundertelang Verstorbene des Gefängnisses beerdigt – auch Opfer des NS-Regimes. Zudem wurden hier 175 NS-Kriegsverbrecher bestattet, die amerikanische Gerichte nach 1945 zum Tode verurteilt hatten. 21 von ihnen hat Johann Reichhart am Galgen gehängt. Die Namen an den Kreuzen wurden 2003 entfernt, sind jedoch rekonstruierbar.

Außerdem sind für den Spöttinger Friedhof auch vor der NS-Zeit Bestattungen von Gefängnisinsassen dokumentiert, entweder nach ihrer Hinrichtung oder weil sie an Krankheit, Mangelernährung oder Entkräftung starben. Auch Folteropfer der Gestapo liegen hier, auf der Flucht Erschossene oder von NS-Gerichten zum Tode Verurteilte sowie auch einige jüdische Opfer.

In den Jahrzehnten nach dem Krieg war es manchen unerträglich, dass in Landsberg Opfer und Täter auf einem Friedhof nebeneinander liegen. Sie empfanden die Ruhestätten der Kriegsverbrecher als staatlich finanzierte Ehrengräber. Auch Altnazis und Rechtsradikale suchten (und suchen?) vor allem zu „braunen" Gedenktagen die Gräber der Kriegsverbrecher auf, um etwa Kränze für sie niederzulegen. Ohne Frage also ein höchst schwieriger, kontroverser und sensibler Ort. Aber eben auch ein herausragend authentischer Ort deutscher Geschichte, an dem sich Verbrechen während der NS-Herrschaft gleichzeitig mit Blick auf Opfer und Täter erfahren lassen.

Wohl um die Diskussionen zu entschärfen, hat der Freistaat Bayern den Spöttinger Friedhof 2003 entwidmet und die Namen der Begrabenen von den Kreuzen entfernen lassen – trotz heftiger Proteste. Wer an der Gefängnismauer parkt und den Friedhof von hinten betritt, wo die überwiegende Mehrzahl der Kreuze steht, findet keinen Hinweis auf seine Bedeutung. Die unscheinbare Gedenktafel ist erst zu entdecken, wenn man um die Kirche herumläuft.

Selbstverständlich ist es unerfreulich, wenn ein Friedhof zum Ziel rechtsradikaler Pilger wird, aber soll deswegen die Erinnerung – und damit eine Auseinandersetzung – erschwert werden? Wünschenswert wäre eine erklärende Tafel an beiden Eingängen des Friedhofs und eventuell über QR-Codes abrufbare Biografien der Opfer und Täter, um die Erinnerung an diese Verbrechen zu bewahren.[324]

Im Mai 1947 stecken die Amerikaner Johann Reichhart ins Internierungslager Moosburg. Dass er ihre eigenen Verurteilten aufknüpfte, war ihnen recht. Aber jetzt soll er für seine Henkerstätigkeit unterm Hakenkreuz büßen. Er unternimmt nach eigener Aussage einen Selbstmordversuch, wird im Juli 1947 ins Internierungskrankenhaus Garmisch verlegt, wo ihm der Chefarzt eine „psychoneuropathische Konstitution mit ausgesprochen hysterischer Reaktion“ sowie eine „posttraumatische Änderung der Psyche“ attestiert. Behandelt wird er dort allerdings wegen eines urologischen Problems.

Im Spruchkammerverfahren wird Reichhart am 18. August 1947 zunächst als Hauptschuldiger unter anderem zu zehn Jahren Arbeitslager verurteilt, ein Jahr später als „belastet“ eingestuft und zu zwei Jahren Arbeitslager verurteilt, dann aber wird das Strafmaß im Berufungsverfahren nochmals auf anderthalb Jahre reduziert, die durch die Internierung als verbüßt gelten. Außerdem verliert er 30 Prozent seines Vermögens. Er bekommt ein Arbeitsverbot für fünf Jahre und darf so lange auch nicht Auto fahren. Er muss die Kosten beider Verfahren tragen.[325]

Bei seinem Interview im Frühjahr 1958 fragt der Journalist Will Berthold den ehemaligen Scharfrichter, ob ihm denn nicht bewusst gewesen sei, dass unter seinen Opfern viele Unschuldige waren. Reicharts Antwort:

> „Heute weiß ich das, damals nicht. Es war sicher dumm, aber ich habe an den Staat geglaubt. Der Staat erlässt die Gesetze, und die müssen befolgt werden, nahm ich an, und wenn ich dazu beitrug, dass sie befolgt werden, war das doch kein Verbrechen. (…) Ich hatte fast mit allen Mitleid. Aber ich war überzeugt, dass sie zu Recht sterben mussten.“[326]

1963 lässt er sich zum Ehrenmitglied des Vereins zur Wiedereinführung der Todesstrafe e. V. ernennen und sagt gegenüber Journalisten, er fände es richtig, Mörder und Sexualmörder hinzurichten – und zwar mit der Guillotine, weil dies die „schnellste und sauberste Methode“ sei. Im Jahr darauf spricht er sich dann wieder gegen die Todesstrafe aus.[327]

Seine letzten Jahre verbringt Johann Reichhart ärmlich, einsam und gemieden. Er handelt mit Haarwasser, Heiligenbildern und Hunden. 1972 stirbt er in einem Altenheim im oberbayerischen Dorfen – drei Tage vor seinem 79. Geburtstag.[328] Eine Randnotiz: Es wird immer wieder behauptet, Reichhart habe die „Doppelte Kriminalpatentzange“, mit der heute noch Angeklagte bei Gericht vorgeführt werden, erfunden und bei den Hinrichtungen verwendet. Belege dafür habe ich nicht gefunden.[329]

Walter Roemer: Staatsanwalt der Vollstreckung

Reichhart ist das letzte Zahnrad in der NS-Maschinerie der Todesstrafe. Das vorletzte, das mit dem von Reichhart passgenau ineinandergreift, ist Walter Roemer, seit 1934 Erster Staatsanwalt und Leiter der Vollstreckungsabteilung des Münchner Landgerichts. Im Wechsel mit anderen Staatsanwälten ordnet er die Hinrichtungen an, beaufsichtigt sie zum Teil persönlich und meldet hinterher den Vollzug: Sobald der Scharfrichter sich davon überzeugt hat, dass die Guillotine ordnungsgemäß funktioniert, informiert er darüber den in Stadelheim anwesenden Staatsanwalt. Der lässt dann den Todeskandidaten aus seiner Zelle holen und veranlasst unmittelbar die Hinrichtung. Roemer und Reichhart sind Partner bei der Durchführung von Hunderten Todesurteilen. Nach dem Krieg wird Scharfrichter Reichhart aussagen:

> „Dr. Römer war auch jedesmal als Staatsanwalt mit dabei. Auf die Frage, ob ich gewiss weiß, dass Dr. Römer dabei war, kann ich nur sagen, dass ich zur damaligen Zeit keinen anderen Staatsanwalt in Stadelheim als den Dr. Römer erlebt habe."[330]

Ab 1940 sei Roemer ständiger Vollstreckungsstaatsanwalt und immer in Stadelheim anzutreffen gewesen, habe sich aber auch von anderen Staatsanwälten vertreten lassen. Allerdings ist Roemer nicht an der Hinrichtung der Geschwister Scholl beteiligt, wie ihm nach dem Krieg immer wieder unterstellt wird, da der aus Berlin angereiste Reichsanwalt Albert Weyersberg die Hinrichtungsprotokolle unterzeichnet. Roemers Vorgesetzte sind sehr zufrieden mit ihm und loben auch seine politische Zuverlässigkeit. Mitglied der NSDAP ist er jedoch nicht und hat sich politisch auch nicht mehr engagiert als für seine Tätigkeit erforderlich.

Anders als Reichhart kommt Roemer nach dem Krieg ungeschoren davon und wird als „nicht betroffen" entnazifiziert. Er versucht, seine Tätigkeit mit eklatant falschen Angaben herunterzuspielen oder behauptet, er habe in den letzten Kriegsmonaten die Vollstreckung von 134 Todesurteilen verzögert und abgewendet. 1947 sagt der studierte Jurist beim Nürnberger Juristenprozess aus, er habe an den Urteilen des

Volksgerichtshofs nicht gezweifelt, weil die Angeklagten ihre Taten nicht bereut hätten. Auch habe ihn nicht irritiert, dass in die Verfahren keine Verteidiger und Zeugen involviert waren. Über Reichhart sagt er 1964 aus, er sei ein „sehr aufgeregter Mann“, und auch Kollegen hätten ihm gesagt, Reichhart „neige ausgesprochen zum Erzählen von phantastischen Geschichten und man könne ihm nicht glauben“.[331]

Auch später muss Roemer sich nie für seine Taten verantworten und macht ungehindert Karriere: zuerst als Ministerialrat beim Bayerischen Justizministerium und von 1950 bis zu seiner Pensionierung fast 20 Jahre lang als Ministerialdirektor im Bundesjustizministerium – ausgerechnet als Chef einer Abteilung, deren Ziel es ist, ein neues Verfassungsverständnis für die Bundesrepublik zu entwickeln und sich vom NS-Unrechtsregime abzugrenzen. Auch die in der Presse immer wieder aufkommenden heftigen Vorwürfe wegen der Hinrichtungen von Widerstandskämpfern können ihm letztendlich nichts anhaben. 1985 stirbt Roemer im Alter von 83 Jahren.[332]

Geheimhaltung

Seit dem Ausschluss der Öffentlichkeit bei Hinrichtungen in Bayern seit 1862 wächst die Geheimhaltung. Auch die NS-Machthaber treiben sie mit einer Reihe von Vorkehrungen weiter voran: Die Scharfrichter bekommen die Richtlinien, nach denen sie arbeiten sollen, nur zu lesen und nicht ausgehändigt; als es für Ärger sorgt, dass Johann Reichhart nach einer Hinrichtung im August 1937 in Weimar mit seinen Gehilfen gegenüber dem Gefängnis im Wirtshaus „Zum Löwen“ frühstücken geht, muss er versprechen, das künftig zu unterlassen; angereiste Scharfrichter müssen im Gefängnis essen und schlafen; außerdem sind sie zu absoluter Diskretion verpflichtet; die Klöppel der Armesünderglocken werden zur Dämpfung teilweise mit Stoff umwickelt und ab September 1942 gar nicht mehr geläutet; die Hinrichtungen werden vom Gefängnishof in einen überdachten Raum verlegt; die Särge für die Enthaupteten sollen in Gefängniswerkstätten hergestellt werden; und vor allem wird die Öffentlichkeit vollständig ausgeschlossen, weil man ihr unterstellt, dem Staat zu vertrauen und ihn darum nicht kontrollieren zu wollen: Die Presse druckt auf Anweisung des Propagandaministeriums keine Reportagen mehr, die die Sensationslust der Leser anheizen oder die Verurteilten als Helden oder Opfer erscheinen lassen könnten, und darf später auch nicht mehr teilnehmen; die Zahl der ursprünglich zwölf Zeugen einer Hinrichtung wird 1934 reduziert auf den Gefängnisdirektor, einen Vertreter der Staatsanwaltschaft, einen Arzt und – falls vom Kandidaten gewünscht – einen Geistlichen. Und natürlich sind auch die Zentralen Hinrichtungsstätten ein Baustein der Geheimhaltung, weil es keine Transporte der Guillotinen mehr gibt, die die Öffentlichkeit mitbekommen könnte.

Die Menschen im Land erfahren von den Hinrichtungen erst hinterher durch wörtlich von oben vorgegebene „Hinrichtungsnotizen" in der Zeitung und durch blutrote Plakate, auf denen weder der Beruf des oder der Hingerichteten vermerkt sein darf noch die Todesart oder der Ort. Die Namen der Scharfrichter sind darauf bald auch nicht mehr zu lesen. Und wenn Familien die Opfer beerdigen, muss auch das ohne großes Aufsehen geschehen. Ab Juli 1944 dürfen sie nicht einmal mehr eine Todesanzeige in die Zeitung setzen.

Laut dem britischen Historiker Richard Evans geschieht diese Geheimhaltung auch, um das Volk zu spalten in die „Volksgemeinschaft" und die „Gemeinschaftsfremden". Man will die Menschen erziehen, ihnen drohen sowie das Gewissen der „gesund empfindenden" Deutschen nicht mit den grausamen Details der Strafverfolgung belasten. Sie sollen nur dunkel ahnen, dass ihnen Schreckliches widerfährt, wenn sie die restriktiven Gesetze des NS-Staates übertreten. Vielleicht fürchtet der Staat aber auch, dass die Stimmung sich gegen die Todesstrafe richten könnte, und verbirgt ihre Umsetzung darum weitestgehend vor der Öffentlichkeit. Dass der Grad der Geheimhaltung seit Mitte des 19. Jahrhunderts zunehmend angestiegen ist, legt den Schluss nahe, dass die Todesstrafe in der Gesellschaft in diesem Zeitraum an Rückhalt verlor oder dass die Machthaber das zumindest vermuteten. Die Bürgerinnen und Bürger sollten erfahren, dass der Staat konsequent gegen die von ihm als solche festgesetzten Straftaten vorging, wie das jedoch geschah und in welchem Ausmaß, sollte im Ungewissen bleiben.[333]

Beschleunigung der Vollstreckung

Im Laufe des Krieges fallen in Deutschland immer mehr Todesurteile, und die Gefängnisse füllen sich mit Kandidaten. In Stadelheim müssen die Todeszellen deshalb mehrfach belegt werden, und der kurze Hinrichtungszeitraum in den frühen Morgenstunden reicht nicht mehr aus, um genügend Verurteilte zu enthaupten. Zusätzlich ist dieser frühe Zeitpunkt für den ausführenden Apparat eine Belastung: Das tagsüber arbeitende Wachpersonal muss die Todeskandidaten teilweise zusätzlich die ganze Nacht lang beaufsichtigen, damit sie sich der Hinrichtung nicht durch Selbstmord entziehen; auch die ohnehin stark belasteten Geistlichen, die tagsüber ebenfalls Pflichten zu erfüllen haben, verbringen viele Nächte damit, den Verurteilten in ihren letzten Stunden beizustehen; der Anstaltsarzt beklagt sich, dass er für die Hinrichtungen mehrmals die Woche frühmorgens aufstehen müsse und dabei auch seine Angehörigen wecke; und schließlich muss ein Anstaltsauto den Scharfrichter und seine Gehilfen in aller Frühe in mehreren Einzelfahrten zu Hause abholen, weil um diese Zeit noch keine Trambahnen fahren. Im Winter werden diese Fahrten noch durch Eis und Schnee erschwert.[334]

Auf Initiative aus München lockert Berlin ab dem Winter 1941/42 die Regeln: Zunächst darf nun auch in den Abendstunden geköpft und gehängt werden, dann ab September 1942 zu jeder Tages- und Nachtzeit – nach Möglichkeit aber im Schutz der Dunkelheit. In München vollstreckt Scharfrichter Reichhart die Todesurteile meist am späten Nachmittag oder Abend, nachdem die Todeskandidaten zunächst acht, dann sechs Stunden zuvor davon erfahren haben. Später wird die Frist – und damit die Dauer ihrer akuten Todesangst – reichsweit noch einmal auf zwei bis drei Stunden verkürzt und die Mitteilung erfolgt oft zwischen 9 und 14 Uhr. Wenn es das „öffentliche Interesse“ erfordert, sind inzwischen ohnehin sogenannte „Blitzvollstreckungen“ innerhalb einer Stunde nach der Ablehnung des Gnadengesuchs möglich – vor allem bei Mord oder Totschlag. In einem Fall wird der Verurteilte sogar 17 Minuten nach seiner Ankunft in Stadelheim hingerichtet.[335]

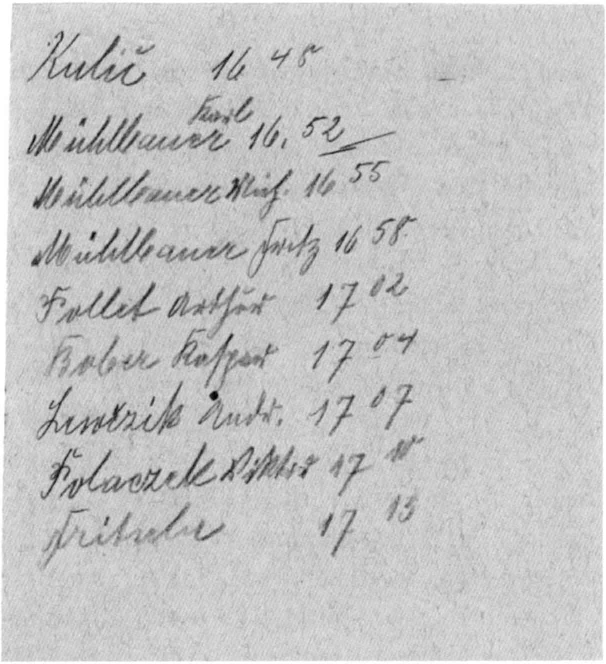
Kulić 16 48
Mühlbauer Karl 16.52
Mühlbauer [illegible] 16 55
Mühlbauer Fritz 16 58
[illegible] Arthur 17 02
[illegible] 17 04
[illegible] 17 07
[illegible] 17 10
Fritzsche 17 13

Abb. 24 Die Hinrichtungen in Stadelheim fanden teilweise im Abstand von wenigen Minuten statt. Handschriftliche Auflistung mit blauem Buntstift von neun Enthauptungen mit der Guillotine am 18. 9. 1942 zwischen 16.48 und 17.13 Uhr, unter ihnen Rudolf Fritzsche, der wegen Diebstahls zum Tode verurteilt worden war (vgl. S. 120f.).

Außerdem wird der Abstand zwischen den Hinrichtungen auf drei Minuten verkürzt, das Verlesen des ganzen Urteils und seiner Bestätigung fällt weg, ebenso wie Kerzen und Kruzifixe: Der NS-Staat will nicht, dass vor allem Widerständler sich in den letzten Sekunden ihres Lebens durch den Anblick des Kruzifixes in der Vorstellung bestätigt sehen, Märtyrer zu sein. Sie sollen sich durchaus als „Volksfeinde“ fühlen. Am 15. Oktober 1942 weist das Justizministerium in Berlin die Gefängnisleitung in Stadelheim an, keinen Geistlichen mehr bei der Hinrichtung zuzulassen: „Ein kurzes Gebet (…) kann der Geistliche in der Zelle vor der Abführung sprechen.“[336]

Die immer knappere Zeit zwischen der Endgültigkeit des Todesurteils und seiner Vollstreckung bedeutet zwar eine Verkürzung der Todesangst, aber sie setzt die Verurteilten auch unter Druck, denn sie müssen ihr Testament und die Abschiedsbriefe an ihre Angehörigen nun in aller Eile schreiben. Für Gebet, Beichte, Kommunion und letzte Ölung bleibt kaum mehr ausreichend Zeit.[337]

Wegen der Luftangriffe ist die Justiz ab 1943 angehalten, auch das Begnadigungsverfahren zu beschleunigen. Die Gerichte müssen die Urteilsbegründungen innerhalb von drei Tagen liefern, und die Vollstreckungsbehörde hat die Akten innerhalb eines Tages nach Erhalt an das Justizministerium zu schicken, damit die Begnadigung schneller geprüft werden kann.[338]

Im August 1943 warten in deutschen Gefängnissen 900 Gefangene auf ihre Hinrichtung. Hitler äußert die Sorge, dass einige von ihnen im Falle eines Luftangriffes entkommen könnten, und ordnet an, für die Gnadengesuche der Todeskandidaten keine weiteren Dienststellen mehr einzubeziehen, wenn der Fall zweifelsfrei sei. Als im August 1944 die Hamburger Guillotine bei einem Bombenangriff beschädigt wird, lässt man die Todeskandidaten im KZ Neuengamme durch Erschießungskommandos hinrichten und empfiehlt das auch für Celle, Kiel und Rostock. Jetzt werden viele Hinrichtungen von der SS übernommen. Die Gestapo bringt zu „legalen" Hinrichtungen oft noch anonyme Todeskandidaten mit, die der Scharfrichter ohne Urteil und jegliche Fragen zusätzlich exekutieren muss.[339]

Auch das Gefängnis München-Stadelheim wird Ende Juli 1944 von Bomben schwer getroffen, woraufhin der Generalstaatsanwalt darum bittet, die Zahl der Insassen des Todestraktes auf 25 zu begrenzen. Das Strafgefängnis Berlin-Plötzensee wird bei einem Bombenangriff in der Nacht auf dem 4. September 1943 ebenfalls zur Hälfte zerstört. Dabei wird auch die Guillotine unbrauchbar. Weil drei Todeshäftlinge kurzzeitig fliehen können, sieht Justizminister Thierack die Vollstreckung der Todesstrafen insgesamt in Gefahr. So werden auf sein Geheiß hin in der Nacht auf den 8. September 186 Menschen bei Kerzenschein erhängt, obwohl über ihr Gnadengesuch zum Großteil noch nicht entschieden ist – unter ihnen versehentlich sechs Menschen, die nicht einmal auf der Liste stehen. Während der Hinrichtungen fallen immer wieder Bomben auf Berlin.[340]

Bürokratie des Todes

Auch in der Zeit des Nationalsozialismus ist jede Hinrichtung von einem regen Schriftwechsel begleitet. Die Bürokratie funktioniert. Nach Urteil und Ablehnung des Gnadengesuchs ordnet das Reichsjustizministerium die Hinrichtung schriftlich in einer „Vollstreckungsanweisung" an, bestimmt den Scharfrichter und legt fest, was mit der Leiche zu geschehen hat. Im Fall des erwähnten Josef Bollwein aus Regensburg sieht das Schreiben unter dem Geschäftszeichen IV g 10a. 1491/43g folgendermaßen aus:

> „In der Strafsache gegen den vom Volksgerichtshof am 9. Juni 1943 zum Tode verurteilten Josef BOLLWEIN übersende ich Reinschrift und begl. Abschrift des Erlasses vom 28. Juli 1943 mit dem Ersuchen, mit größter Beschleunigung das Weitere zu veranlassen. Die Vornahme der Hinrichtung ist dem Scharfrichter Reichart (!) zu übertragen. (…) Von einer Bekanntmachung in der Presse und durch Anschlag bitte ich abzusehen." [341]

Das Schreiben erreicht laut Eingangsstempel fünf Tage später den Oberreichsanwalt am Volksgerichtshof. Weitere 14 Tage später erstattet der Oberstaatsanwalt München I. dem Volksgerichtshof Berlin und dem Reichsjustizministerium Bericht über die drei Tage zuvor vollzogene Hinrichtung – wie gewohnt mit den als relevant erachteten Sekundenangaben. All diese Schreiben sind mit dem Stempel „Geheim" versehen.

Nach der Bestattung bekommen die Angehörigen eine Rechnung vom Münchner Bestattungsamt zugeschickt. In Bollweins Fall sind es 94,40 RM – darin enthalten 10 RM für einen Leihsarg und 20 RM für Überstunden. Außerdem müssen die Angehörigen – wie auch schon vor dem Dritten Reich – die Kosten der Hinrichtung tragen. So werden für die Todesstrafe an sich 300 RM abgerechnet, für die Enthauptung 144 RM, für jeden Hafttag 1,50 RM und für das Porto 12 Pfennige. Insgesamt belaufen sich diese Rechnungen schon mal auf über 700 RM. Zum Vergleich: Ein VW kostet 1940 knapp 1.000 RM und ein Ingenieur verdient im Monat 500 RM.[342]

Anatomie

Dass die Leichname von Hingerichteten in die Anatomie gehen, um dort von Studenten oder Wissenschaftlern seziert zu werden oder für medizinische Versuche herzuhalten, ist keine Erfindung des Dritten Reiches. Schon im 19. Jahrhundert war es in Bayern üblich, die Leichname der Hingerichteten den Anatomischen Instituten für Lehre und Forschung zu überlassen. Gut die Hälfte (54 %) der zwischen 1933 und 1945 in München-Stadelheim hingerichteten Männer und Frauen wurde nicht (durch ihre Familien) bestattet, sondern landete in den Anatomien der Universitäten von München, Würzburg, Erlangen und Innsbruck, die das „Material" für ihre Forschung lange Zeit dringlich anforderten.[343]

Bis einschließlich 1942 ist die Wahrscheinlichkeit für eine hingerichtete Person, in der Anatomie zu enden, noch vergleichsweise hoch: 1940 bei etwa 67 %, 1941 bei 76 % und 1942 bei 63 %. Auch Hingerichtete, die aus Polen (insgesamt 72 %) und der Ukraine (insgesamt 63 %) stammen, enden oft auf dem Seziertisch. Bei Opfern des Nacht- und Nebelerlasses hingegen wird darauf ganz verzichtet, um die als notwendig erachtete Geheimhaltung zu wahren.[344]

Vor dem Krieg kann der Bedarf der Anatomien noch nicht ausreichend erfüllt werden. So schreibt der Leiter des Anatomischen Instituts Würzburg, Hans Petersen, am 28. Mai 1938 an den Generalstaatsanwalt des Oberlandesgerichts:

> „Es wäre ein nicht zu tragender Verlust für die Anatomie Würzburg, wenn ihr künftig die Leichen Hingerichteter entgingen. Dieses Material dient ganz der Forschung und der Sammlung und ist das bei weitem Wertvollste, was wir an Material bekommen."[345]

Trotz der hohen Ausbeute beklagt sich der Direktor der Münchner Anatomie, Max Clara, noch im Mai 1943, als die Hinrichtungen in Stadelheim fast auf ihrem Höhepunkt sind: In letzter Zeit hätten sich Angehörige von Hingerichteten mit der Bitte an ihn gewendet, er möge ihnen die Leichen ihrer Lieben übergeben, damit sie sie begraben könnten. Einer dieser Bittbriefe stammt von der Ehefrau eines hingerichteten Familienvaters:

> „Ich bitte Sie Herr Direktor herzlichst und inständigst mir doch das allerletzte nicht zu versagen (...). Schon meinen armen Kindern wegen, dass sie doch wenigstens am Grabe ihres lb. guten gewesenen Pappi gehen können. Sie müssten es doch verstehen in solch einer Lage, dass unser Leben sehr schwer zu ertragen ist. So hätten wir wenigstens den einen Trost dass wir unseren lieben Pappi am Grabe zu jeder Zeit besuchen können. Ich bitte Sie nochmals und haben Herr Direktor ein Herz für uns ärmsten."[346]

Clara hat für diese Bitten offensichtlich wenig Verständnis und schreibt nach Stadelheim:

> „Da die (…) Leichen dringend für Forschung und Unterricht benötigt werden, muss ein solches Ersuchen der Angehörigen unter allen Umständen von mir abgelehnt werden. Um solche Gesuche in Zukunft zu vermeiden, erlaube ich mir den Vorschlag, dass die Angehörigen bei der Mitteilung der vollzogenen Hinrichtung keine Angaben über den Verbleib erhalten."[347]

Die Forschung Claras hat keinen direkten medizinischen Nutzen. Er will mit seinen Versuchen in erster Linie herausfinden, wie genau der Vitamin-C-Gehalt in menschlichen Organen mit der histochemischen Methode nachgewiesen werden kann. Das gelingt ihm am Ende jedoch nicht, und die Versuche bleiben erfolglos.[348] Für diese Experimente lässt Clara den Todeskandidaten über mehrere Tage vor ihrer Hinrichtung Vitamin C verabreichen, um es nach ihrem Tod bei der anatomischen Sektion in ihren Organen nachzuweisen. Sie selbst wissen nicht, dass ihr Gnadengesuch bereits abgelehnt ist und ihre Hinrichtung kurz bevorsteht. Die Anweisungen dafür übermittelt Clara am 3. März 1943 an den Leiter des Gefängnisses München-Stadelheim:

> „… erlaube ich mir Sie hiermit zu ersuchen, dass Sie die Verabreichung von Vitamin C mit der Nahrung bei solchen Verurteilten gestatten, die in den nächsten Tagen hingerichtet werden sollen. Die Verabreichung von Vitamin C kann völlig unauffällig durch Auflösen der Tabletten in der Nahrung erfolgen. Die notwendigen Mengen von Vitamin C werden selbstverständlich von der Anatomischen Anstalt zur Verfügung gestellt. Heil Hitler!"[349]

Die Gabe von Vitamin C in Form von synthetischer Ascorbinsäure ist zwar medizinisch unbedenklich, aber Clara tut es ohne Wissen und Einverständnis seiner Probanden und führt seine Forschungen offenbar bedenkenlos auf der Grundlage von massenhaften Todesurteilen durch. Nach heutigen Maßstäben sieht ethisch verantwortungsvolle Forschung anders aus.

Normalerweise müssen Angehörige auch in der NS-Zeit gefragt werden, ob sie den Leichnam eines Hingerichteten selbst bestatten möchten, und nur wenn sie daran kein Interesse haben, darf der Leichnam für anatomische Zwecke freigegeben werden. Die Anfrage bei den Angehörigen unterbleibt jedoch seit 1939, „wenn das Todesurteil wegen Hochverrats, Landesverrats oder eines anderen, ausweislich des Urteils aus politischen Beweggründen begangenen Verbrechens verhängt worden ist“. In diesen Fällen müssen die Angehörigen von sich aus die Herausgabe der Leiche beantragen.[350]

Weil man den gestiegenen Verwaltungsaufwand dafür vermeiden will, ordnet das Justizministerium im November 1942 an, diese Anfragen auch in anderen Fällen künftig zu unterlassen. Und schließlich haben die Angehörigen ihrerseits aufgrund der Beschleunigung der Hinrichtungen oft keine Gelegenheit mehr, die Herausgabe des Hingerichteten von sich aus zu beantragen, zumal sie oft nicht rechtzeitig davon erfahren. Aus politischen Gründen Hingerichtete dürfen auf Weisung vom 15. Juli 1942 überhaupt nicht mehr an ihre Familien übergeben werden, da man Aufsehen vonseiten politischer Gegner vermeiden will. Ab November gibt die Justiz auch die Körper der jüdischen Hingerichteten nicht mehr heraus. Mit diesen Maßnahmen werden so viele Leichen für die Anatomie frei, dass sich mehrere Universitäten im Herbst 1943 beklagen, ihre Kühlräume für die Leichen seien überfüllt.[351]

Die Universität München bekommt während der NS-Zeit für anatomische Forschungen mindestens 342 Leichen aus Stadelheim – mehr als die Universitäten von Erlangen (85), Würzburg (112) und Innsbruck (59) zusammen. Bei weiteren 37 Fällen ist unklar, ob sie nach München oder Erlangen gegangen sind.

Die Leichen, die nicht an die Anatomischen Institute gehen, werden im Krematorium des Ostfriedhofs eingeäschert oder auf dem hinter dem Gefängnis Stadelheim gelegenen Friedhof am Perlacher Forst bestattet. 93 oder 95 der Hingerichteten wurden nach dem Krieg innerhalb des Friedhofs umgebettet in ein Sammelgrab, den sogenannten Ehrenhain II.[352]

Karl Valentin und die Guillotine

So wie die Zeitgenossen schon während der Französischen Revolution den Schrecken der Guillotine in Gassenhauern, Witzen oder Theaterstücken verarbeiteten, regte sie während des Dritten Reiches auch die Fantasie des

Münchner Komikers Karl Valentin an. Er hatte offenbar Gefallen daran, seine Besucher zu schockieren oder zum Gruseln zu bringen. Das gedankliche Spiel mit dem Tod scheint ihn fasziniert zu haben, und dafür informierte er sich genau über die Hinrichtungspraxis in Stadelheim. Mehrere seiner Sketche handeln von Exekutionen. In „Eine Schlamperei" inszeniert er mit allerhand Galgenhumor eine Enthauptung, am Ende jedoch findet der Henker sein Beil nicht. Als der Delinquent darum stattdessen erhängt werden soll, protestiert er aufs Energischste:

> „Ausgeschlossen! In meinem Urteil hab ich es schwarz auf weiss. Enthauptung. Ich bestehe darauf, dass ich geköpft werde und zwar sofort. Jetzt bin ich schon amal da und Abschied hab ich auch schon gnommen von meinen Angehörigen – also los!! Runter mitn Kopf! Scheissts net so lang rum!"[353]

In der „Folterkammer" seines Münchner Grusel- und Kuriositätenkabinetts – genannt „Panoptikum" – präsentierte Valentin von Oktober 1934 bis November 1935 mit Unterbrechungen nicht nur eine Streckbank, Totenköpfe, einen Morgenstern, Riemenpeitschen und Feuerzangen, sondern auch eine selbst gebaute Guillotine, die mit der aus Stadelheim Ähnlichkeiten hatte – vor allem wegen des oben herausragenden Rades, über das das Messer hochgezogen wird. Auf ihrer Bank lag eine Wachspuppe des Serienmörders Peter Kürten, der drei Jahre zuvor enthauptet worden war. Daneben stellte Valentin ein Schild mit der Aufschrift: „Kopfschmerzen jeder Art beseitigt unter Garantie sehr rasch Scharfrichter Wuchtig."

Für eine möglichst realistische Inszenierung der Guillotine holte Valentin sich Rat bei Hermann Donderer, einem Gehilfen von Scharfrichter Reichhart. Donderer erklärte den Besuchern auch fachkundig die Funktionsweise der Maschine, während Valentin den Mechanismus vorführte.

Als Reichhart von dem makabren Gaudium erfuhr, entließ er seinen Gehilfen und machte die Behörden auf das Tableau im Panoptikum aufmerksam. Bei seiner Vernehmung gab Valentin an, Reichharts Onkel und Vorgänger Franz Xaver Reichhart sei der Tierarzt seiner Eltern gewesen und habe oft von Hinrichtungen erzählt, was offenbar die Fantasie des kleinen Valentin beschäftigte. Der entlassene und auf Rache sinnende Donderer zeigte Reichhart als angeblichen Kommunisten an, was diesem weiteren Ärger einbrachte, den er aber unbeschadet überstand.

Neben der Polizei waren auch mehrere Ministerien mit der Sache befasst, ohne dass die Ausstellung der Guillotine untersagt worden wäre. Es könne ja niemand aus eigener Anschauung wissen, dass sie dem Stadelheimer Modell so ähnlich sehe, argumentierte die Polizeidirektion München am 16. Februar 1935, und außerdem könne ein Verbot „zweifellos mehr abträgliche Wirkungen" haben als eine Duldung.[354]

Nach dem finanziellen Scheitern seines Panoptikums stellte Valentin die nachgebaute Guillotine in seinem Garten in Planegg bei München auf – mit dem Kommentar: „... dass 's Enkelkind was zum Spielen hat. San fei zwoahundert Personen mit 'köpft word'n."[355]

Reichhart erweist sich ein weiteres Mal als unsichere Quelle, wenn er nach dem Krieg erzählt, Valentin habe schon im Jahr 1932 auf dem Münchner Oktoberfest mit seiner Guillotine „Hinrichtungen" vollzogen – unter dem Hinweis „nur für starke Nerven!". Valentin habe sich dazu als Staatsanwalt verkleidet und das Zeichen zur „Hinrichtung" einer Wachspuppe gegeben, die dem Serienmörder Fritz Haarmann nachgebildet gewesen sei. Das Fallbeil habe ihr den Kopf abgeschlagen, woraufhin aus einer Schweinsblase in ihrem Rumpf eine rote Flüssigkeit geflossen sei. Laut Reichhart war es dieser Vorfall, der den Rauswurf seines Gehilfen Donderer zur Folge hatte. Letzterer ereignete sich jedoch erst 1934, und in den Akten des Münchner Stadtarchivs gibt es keinen Hinweis darauf, dass Valentin unter den Schaustellern des Oktoberfestes 1932 gewesen wäre.[356]

Zu Valentins 100. Geburtstag zeigte das Münchner Stadtmuseum 1982 eine Ausstellung, in der auch Teile des Panoptikums nachgestellt wurden. Für das besagte Enthauptungs-Tableau wanderte groteskerweise die Mannhardt-Guillotine von 1855 als Leihgabe vom Bayerischen Nationalmuseum hinüber ins Münchner Stadtmuseum. Skurril und makaber, dass in der Reinszenierung des die Wirklichkeit imitierenden und karikierenden Panoptikums ausgerechnet die originale Guillotine von Stadelheim zur Ausstellung kam. Der Museumsdirektor und Ausstellungskurator Wolfgang Till wusste 1982 nach eigener Aussage nichts von der Geschichte des Fallbeils und versichert, er hätte es sonst keinesfalls ausgestellt – vor allem wegen der Ermordung der Mitglieder der Weißen Rose.[357]

Opferzahlen

„Je stärker ein Staat ist, desto leichter kann er Kritik und Opposition ertragen."
(Karl Alt, Gefängnispfarrer von München-Stadelheim[358])

Bisher gibt es keine Auflistung, wie viele Menschen unter der Münchner Guillotine gestorben sind – genauer gesagt unter dem eisernen, aufrechtstehenden Fallbeilrahmen. Nach meiner Zählung, für die ich mich vor allem auf die historischen Zeitungsrecherchen der Hobbyhistoriker Dieter Paprotka (Berlin), Wolfgang Krüger (Celle) und Christian Schrepper (Essen) – zum Großteil veröffentlicht in den beiden Büchern von Udo Bürger – stütze, waren es in den 78 Jahren zwischen 1855 und 1932 124 Männer und eine Frau. Ich vermute, dass diese Auflistung vollständig ist.[359]

Die Zahl dieser 125 Opfer setzt sich folgendermaßen zusammen: *33* von ihnen wurden zwischen 1855 und 1878 in München, Straubing oder Augsburg hingerichtet – dem ursprünglichen Zuständigkeitsgebiet der Münchner Fallschwertmaschine. Zwei weitere Hingerichtete aus Amberg im Jahr 1873 rechne ich ebenfalls dem Münchner Scharfrichter und dem dortigen Fallbeil zu, da der Würzburger Scharfrichter 1866 gestorben war (zwischen 1866 und 1878 gab es sonst keine Hinrichtung im Zuständigkeitsbereich der Würzburger Fallschwertmaschine). Ab 1879 hatte das rechtsrheinische Bayern ohnehin nur noch einen Scharfrichter, und ich gehe davon aus, dass er auch nach Nordbayern mit dem eisernen Obergestell aus München anreiste, anstatt sich das Würzburger Gestell per Bahn an den Einsatzort schicken zu lassen. Zwischen 1879 und Ende 1932 starben also vermutlich weitere 90 Menschen unter dem Münchner Mannhardt-Fallbeil oder genauer gesagt: unter einem der beiden baugleichen Messer des Münchner Fallbeilrahmens (wenn man annähme, dass bei den drei Hinrichtungen in Würzburg zwischen 1879 und 1901 das dortige Metallteil verwendet worden ist, müsste man sie noch davon abziehen). Je nachdem, in welcher Stadt die Verurteilten hingerichtet wurden, verwendete man eine andere Hinrichtungsbank.

Zusätzlich wurden im rechtsrheinischen Bayern zwischen 1855 und 1866 – soweit mir bekannt – zehn Menschen mutmaßlich mit der Würzburger Guillotine hingerichtet: vier in Amberg, einer in Würzburg, einer in Ansbach und vier in Bayreuth.[360] Wenn man zu ihnen die bis Ende 1932 125 mit der Münchner Guillotine Enthaupteten zählt und die 85 Erschossenen zwischen 1919 und 1925, ergibt sich eine Summe von 220 Hinrichtungen. Das macht einen Durchschnitt von 2,8 Hinrichtungen pro Jahr, wobei die Tendenz – abgesehen von den nachrevolutionären Jahren 1919 bis 1924 – deutlich nach unten ging.[361]

In den zwölf Jahren von 1933 bis 1945 schnellte der Durchschnitt auf etwa 100 Hinrichtungen pro Jahr empor. In den ersten Jahren des Dritten Reiches nahm die Zahl zwar noch nicht eklatant zu, weil man sich der „Feinde“ gern ohne Gerichtsverhandlung im KZ Dachau oder im Gefängnis der Gestapo entledigte.[362] Mit Kriegsbeginn stieg die Zahl der offiziellen Hinrichtungen jedoch dramatisch an. Während zum Beispiel in Stadelheim 1938 noch zehn Todesurteile vollstreckt wurden, waren es 1943 377: mehr als 30 Mal so viele.[363]

Insgesamt wurde zwischen 1933 und 1945 in Stadelheim an mindestens 1.190 Menschen die Todesstrafe vollzogen – unter ihnen 75 Frauen. Fünf von ihnen wurden erhängt, vier erschossen und einer mit dem Handbeil geköpft. Bleiben 1.180 Stadelheimer Opfer der Guillotine in dieser Zeit.[364] Dazu kamen mindestens 18 Hinrichtungen außerhalb Münchens in der Zeit zwischen 1933 und Ende 1936, als die Guillotine noch „auf Reisen“ ging. Zusätzlich wurde sie in diesen vier Jahren auch außerhalb Bayerns eingesetzt – wann, wo und wie oft, wäre noch zu prüfen. Nach 1945 sind keine Exekutionen mit der Münchner Guillotine mehr vollzogen worden.[365] Das bedeutet: Insgesamt sind unter dem aufrechtstehenden Fallbeilrahmen der Münchner Guillotine mit einem der beiden Messer mindestens 1.323 Menschen gestorben (ohne die 1933–36 außerhalb Bayerns Hingerichteten).

München Augsburg } (1855–1878) Straubing	33
Amberg (1873)	2
rechtsrheinisches Bayern (1879–1932)	90 (= bisher 125)
Stadelheim (1933–1945)	1.180
Bayern außerhalb Münchens (1933–1936)	18
außerhalb Bayerns (1933–1936)	?
Gesamt	**1.323**

Tabelle: Mutmaßliche Zahl der Opfer der Münchner Guillotine (1855–1945)

Die allermeisten Opfer der Münchner Guillotine sind heute vergessen. Darum sind im Anhang dieses Buches die Enthaupteten von vor 1933 namentlich aufgeführt und diejenigen, die zwischen 1933 und Ende 1936 außerhalb Münchens in Bayern hingerichtet wurden. Die Liste der Todesopfer von Stadelheim zwischen 1933 und 1945 ist – zumindest in Archiven – bereits zugänglich.[366]

Die Guillotine wird unsichtbar

„Deshalb soll das Fallbeil (...) nicht ausgestellt werden."
(Bayerisches Kunstministerium im Jahr 2014)

Das Fallbeil kommt zum Stillstand

Im Jahr 1945 sinkt die Zahl der Hinrichtungen in Stadelheim deutlich. Während in den letzten drei Monaten des Jahres 1944 noch an 116 Menschen die Todesstrafe vollstreckt wird, sind es in den ersten drei Monaten 1945 „nur" noch 52. Und das obwohl der Todestrakt aus allen Nähten platzt. So fragt man sich, warum der Eifer in Stadelheim nachlässt, während auf der Straße in den letzten Kriegswochen reihenweise Menschen erschossen werden, weil sie Widerstand üben, zur kampflosen Übergabe von Ortschaften an die Alliierten aufrufen, als Zwangsarbeiter Liebesbeziehungen mit deutschen Frauen haben oder sonstwie die „Heimatfront" angeblich in Gefahr bringen.

Im Einzelfall zeigt das System aber durchaus noch, wie geschmiert und unerbittlich es funktionieren kann. Die 23-jährige Edith Adel zum Beispiel: Sie steht offenbar nicht auf der Sonnenseite des Lebens, muss sich ihren Lebensunterhalt teilweise als Prostituierte verdienen und erschleicht sich unter Vorspiegelung falscher Tatsachen mehrfach staatliche Leistungen, indem sie sich unter falschen Namen als „Fliegergeschädigte" ausgibt, die durch Luftangriffe ihre Habe verloren hat. Sie wird überführt, als „Volksschädling" zum Tode verurteilt und sitzt monatelang im Todestrakt von Stadelheim, um auf ihre Hinrichtung zu warten. Dann aber wendet sich das Blatt für sie, als bei einem Bombenangriff im Juli 1944 ihre Zelle getroffen und sie selbst leicht verletzt wird. Wie durch ein Wunder kann sie sich im aufkommenden Trubel an allen Wachtposten, Schlössern und Riegeln vorbeischleichen, gelangt auf die Straße vor dem Gefängnis, holt sich in ihrer Wohnung in der Münchner Görresstraße einen Koffer und schafft es, sich mit dem

Zug nach Vorarlberg abzusetzen. Wer heute im Archiv ihren Akt liest, kann nicht umhin, mit ihr mitzufiebern und der jungen Frau zu wünschen, ihre Flucht möge gelingen. Aber sieben Monate später schlägt das Räderwerk des NS-Verfolgungsapparates doch noch in seiner ganzen Unerbittlichkeit zu: Sie wird verhaftet, wieder zurück nach Stadelheim gebracht und landet am 23. Februar 1945 als letzte Frau unter Reichharts Fallbeil. Die beiden Abschiedsbriefe an ihre Eltern werden wieder einmal nicht zugestellt.[367]

Zum letzten Mal fällt das Messer in Stadelheim am 10. April 1945. Wegen Diebstahls wird der 30-jährige Schuhmachergehilfe Guerrino Bozzato aus Padua „als gefährlicher Gewohnheitsverbrecher" geköpft, weil er mehrere Tausend Zigaretten und andere Tabakwaren aus Einbrüchen „zu Schleichhandelspreisen" verhökerte und außerdem unerlaubterweise 200 bis 300 Kilogramm Fisch aus dem Zeller See holte. Der Aufschub seiner Hinrichtung vier Wochen zuvor reicht nicht mehr aus, sein Leben zu retten.[368]

Der nahende Zusammenbruch sorgt auch in München für chaotische Zustände: Panisch werden aus dem Justizpalast tonnenweise Akten ins Heizwerk gekarrt und verbrannt, der Volksgerichtshof muss in einem Luftschutzkeller von Stadelheim tagen; wichtige Nazifunktio-

Abb. 25 Das letzte Stadelheimer Opfer der Guillotine war am 10. April 1945 Guerrino Bozzato aus Padua. Er hatte in großem Stil Hehlerware weiterverkauft und illegal im Zeller See gefischt.

näre haben ebenfalls hier im Gefängnis Unterschlupf gesucht. Der Gefängnisleiter ist versetzt, einen Nachfolger gibt es nicht. Die Befehle geben jetzt ranghohe Mitarbeiter des Reichsjustizministeriums, die aus Berlin hierher geflohen sind und bald weiter nach Garmisch wollen, um sich abzusetzen, bevor die Amerikaner ihrer habhaft werden. Dass unterdessen der feindliche Geschützdonner immer lauter wird, hindert den Volksgerichtshof nicht am Verhängen von Todesurteilen.

Knapp drei Wochen vor Kriegsende aber streiken offenbar die Angestellten des Gefängnisses: Der Leiter des uniformierten Aufsichtsdienstes, Xaver Leyerseder, bedroht angeblich den Generalstaatsanwalt mit gezogener Dienstwaffe und ruft: „Jetzt ist Schluss mit der Ermorderei!" Also sucht die Justiz einen anderen Weg, die Hinrichtungen durchzusetzen, und zieht einen nicht realisierten Plan aus der Schublade: Bereits 1944 gab es Überlegungen, im Straubinger Gefängnis eine Hinrichtungsstätte einzurichten, die im Dezember aber auf Eis gelegt wurden. Auf diese Idee greift man jetzt zurück und lädt am 13. April um zwei Uhr früh 47 Todeskandidaten auf den letzten einsetzbaren Lastwagen. Sie müssen unter freiem Himmel im Nieselregen sitzen, während auf dem Anhänger – vor ihren Blicken geschützt – die Guillotine unter einer Regenplane steht. Das Gespann soll nach Straubing fahren, um die Häftlinge noch kurz vor dem Zusammenbruch im dortigen Gefängnis enthaupten zu lassen.[369]

Unter den Todeskandidaten ist auch der erwähnte Heinrich Hamm aus Essen. Es ist ihm tatsächlich gelungen, mithilfe des zweiten Wiederaufnahmeantrags seine Hinrichtung hinauszuzögern. Eigentlich hätte er schon am 27. März 1945 um 16 Uhr geköpft werden sollen, doch der entsprechende Vermerk in seiner Häftlingskarte (Abb. 26) ist kreuzweise durchgestrichen. In letzter Minute hatte sein Anwalt noch einen Aufschub erwirkt.[370] Allerdings wollen auch die Gefängnismitarbeiter in Straubing nicht mehr kooperieren: Sie weigern sich, die Guillotine auch nur aufzustellen. Laut dem evangelischen Seelsorger von Stadelheim, Karl Alt, wagt die Gefängnisleitung es offenbar nicht, die Befehle durchzusetzen – aus Angst vor einer Meuterei, die darin münden könnte, dass Henker und Anstaltsleiter selbst auf der Guillotine enden. Schlussendlich sei die Maschine in der Donau versenkt worden. Woher er diese Information hat, schreibt Alt nicht. Andere dahingehende Quellen gibt es offenbar nicht.[371]

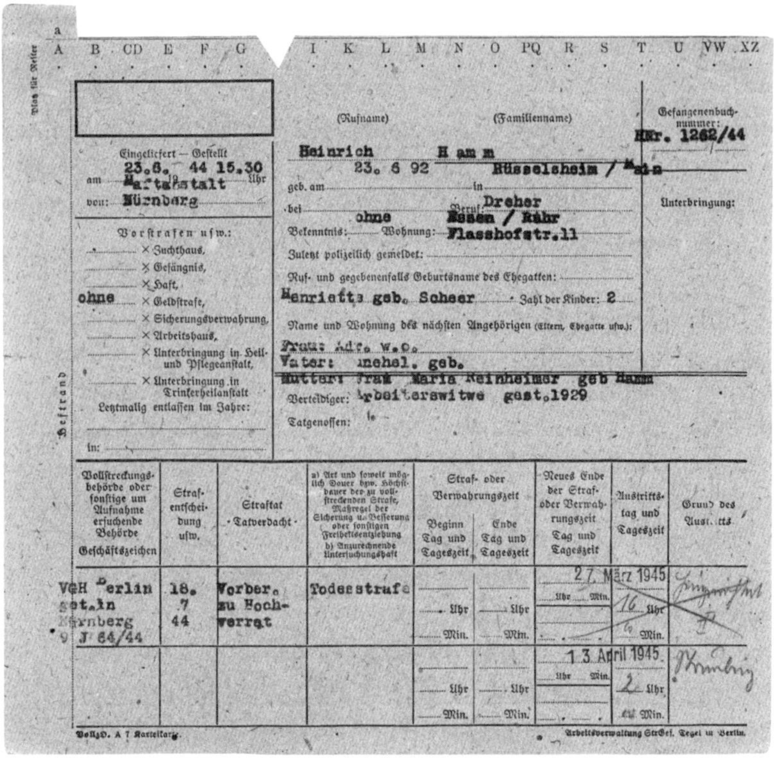
A B CD E F G I K L M N O PQ R S T U VW XZ

(Rufname) (Familienname) Gefangenenbuchnummer: Nr. 1262/44

Eingeliefert — Gestellt am 23.6. 44 15.30 Uhr
von: Haftanstalt Nürnberg

Heinrich Hamm
geb. am 23. 6 92 in Rüsselsheim / Main
bei Beruf: Dreher
Bekenntnis: ohne Wohnung: Essen / Ruhr Flasshofstr.11
Zuletzt polizeilich gemeldet:
Ruf- und gegebenenfalls Geburtsname des Ehegatten: Henriette geb. Scheer Zahl der Kinder: 2
Name und Wohnung des nächsten Angehörigen (Eltern, Ehegatte usw.):
Vater: ... Mutter: Frau Maria ... geb Hamm
Verteidiger: Arbeiterswitwe gest. 1929
Tatgenossen:

Unterbringung:

Vorstrafen usw.:
× Zuchthaus,
× Gefängnis,
× Haft,
ohne × Geldstrafe,
× Sicherungsverwahrung,
× Arbeitshaus,
× Unterbringung in Heil- und Pflegeanstalt,
× Unterbringung in Trinkerheilanstalt
Letztmalig entlassen im Jahre:
in:

Vollstreckungsbehörde oder sonstige um Aufnahme ersuchende Behörde Geschäftszeichen	Strafentscheidung usw.	Straftat · Tatverdacht ·	a) Art und soweit möglich Dauer bzw. Höchstdauer der zu vollstreckenden Strafe, Maßregel der Sicherung u. Besserung oder sonstigen Freiheitsentziehung b) Anzurechnende Untersuchungshaft	Straf- oder Verwahrungszeit Beginn Tag und Tageszeit	Ende Tag und Tageszeit	Neues Ende der Straf- oder Verwahrungszeit Tag und Tageszeit	Austrittstag und Tageszeit	Grund des Austritts
VGH Berlin set. in Nürnberg 9 J 64/44	18. 7 44	Vorber. zu Hochverrat	Todesstrafe	Uhr Min.	Uhr Min.	27. März 1945 Uhr Min.	16 Uhr Min.	
				Uhr Min.	Uhr Min.	13. April 1945 Uhr Min.	2 Uhr Min.	

VollzO. A 7 Karteikarte. Arbeitsverwaltung StrGef. Tegel in Berlin.

Abb. 26 Häftlingskarte des zum Tode verurteilten Heinrich Hamm. In der Ecke rechts unten ist erkennbar, dass seine Hinrichtung bereits für den 27. März 1945 geplant war. Er war einer der wenigen Überlebenden des Stadelheimer Todestraktes.

Das tatsächliche oder angebliche Versenken einer während des Dritten Reiches eingesetzten Guillotine in einem Fluss oder See scheint ein Topos gewesen zu sein, der mutmaßlich eine gute Möglichkeit darstellte, diesen unangenehmen Gegenstand samt der damit verbundenen Schuldgefühle loszuwerden. Später wurde eine solche Versenkung zu einer Geschichte, die man sich gern erzählte, gerne glaubte und die wohl Erleichterung und das Gefühl verschaffte, damit sei das Problem der Hinrichtungen aus der Welt geschafft. Auch vom Straßburger Mannhardt-Fallbeil heißt es, es sei anschließend an seinen Transport nach Bruchsal gemeinsam mit zwei weiteren Guillotinen auseinandergebaut, zerschlagen und im Neckar versenkt worden – darunter auch die Württemberger Guillotine von 1852, die 1854 für mindestens sieben Hinrichtungen nach Bayern ausgeliehen worden war und zum Ausgangspunkt für die Konstruktion des Mannhardt-Fallbeils wurde. Auch die Guillotine der Hinrichtungsstätte Prag-Pankratz wurde nach dem Krieg in der Moldau gefunden, und die Guillotine von Brandenburg-Görden ist zunächst in einen See geworfen, dann aber geborgen worden, um sie wieder für Hinrichtungen zu verwenden.[372]

Bevor die Amerikaner das Zuchthaus in Straubing in den letzten Kriegstagen befreien können, evakuieren die Nazis es und schicken die Häftlinge – Hamm berichtet von mehreren Tausend – auf einen Fußmarsch Richtung KZ Dachau – wohl um sie dort doch noch zu exekutieren. Hamm hat Glück: Er kann sich unterwegs gemeinsam mit einem ortskundigen Mithäftling über den Damm der Isar absetzen. Am Ufer finden sie, wie erhofft, ein nicht gesichertes Boot. Da ein Ruder fehlt, lassen sich die beiden bis Deggendorf treiben, wo sie untertauchen. Nach Kriegsende gibt ihm der Kamerad ein Fahrrad, mit dem er nach Hause ins Ruhrgebiet fährt.[373]

Die Guillotine verschwindet von der Bildfläche

Die Stadelheimer Guillotine bleibt nach Kriegsende erst einmal im Straubinger Gefängnis. Zwar gestatten die Alliierten den deutschen Gerichten weiter die Todesstrafe – wenn auch beschränkt auf diejenigen Delikte, die schon vor 1933 mit dem Tode bestraft wurden –, aber offenbar wird niemand mehr mit der Münchner Guillotine hingerichtet. Die in Bayern verhängten Todesurteile werden nicht mehr vollstreckt.[374]

Die Bevölkerung akzeptiert das Gerücht von ihrer Versenkung offenbar, staatliche Stellen jedoch wissen es besser: Ab dem 31. August 1946 gibt es einen Briefwechsel zwischen Freiburg bzw. später Stuttgart und München, der zeigt, dass man auch außerhalb Bayerns um ihre Existenz weiß. Erst will man in Freiburg wissen, ob es Konstruktionspläne für eine möglichst transportable Hinrichtungsmaschine oder wenigstens Angaben vom Hersteller gebe. Im Dezember 1948 dann die konkrete Anfrage, ob man sich die in Straubing stehende Guillotine vielleicht ausleihen könne, da man selbst über keine verfüge.[375] Daraufhin stellen die Behörden in Bayern fest, dass die Straubinger Guillotine nicht mehr funktionsfähig ist. Im Januar 1949 lässt man sie zur Reparatur ins Regensburger Gefängnis schaffen. Der dafür ausersehene Fachmann ist übrigens der ehemalige Scharfrichtergehilfe Reichharts und nachmalige Henker von Prag-Pankratz, Alois Weiß, der inzwischen in Straubing lebt. Er gibt die Empfehlungen, welche Arbeiten notwendig sind, um die Hinrichtungsmaschine wieder einsatzfähig zu machen.

Unterdessen gibt es sowohl in Straubing als auch in Stadelheim Anfang 1949 Pläne bzw. Arbeiten, um wieder einen Hinrichtungsraum für die Stadelheimer Guillotine bereitzustellen. Der neue Scharfrichter soll Weiß werden. An Reichhart will man in diesen Zeiten nicht mehr denken: Am 9. Februar 1949 – also knapp zwei Monate nach seiner Verurteilung im Spruchkammerverfahren – schreibt ihm die Münchner Staatsanwaltschaft, „daß bei der gegen Sie bestehenden politischen Belastung eine Wiederverwendung ihrer Person als Scharfrichter nicht mehr in Frage kommen kann". Der unterzeichnende Oberstaatsanwalt kündigt ihm an, dass er ab dem 1. März keine entsprechenden Bezüge mehr bekommen werde. Man fragt sich, warum Weiß weniger belastet sein soll.[376]

Wohl im Februar 1949 meldet Regensburg nach München, die Guillotine sei nun instand gesetzt: keine Antwort. Im März dann eine Erinnerung. Als die Väter des Grundgesetzes im Mai die Todesstrafe abschaffen, ist die Regensburger Justiz offensichtlich ratlos, was sie mit der inzwischen einsatzbereiten, aber überflüssigen Guillotine anfangen soll. Im Herbst fragt sie ein weiteres Mal in München nach, was denn nun damit geschehen solle. Die Antwort: erst einmal dabehalten und abwarten. Also wandert sie auf den Speicher der JVA Regensburg und verstaubt. Offenbar wollen Politik und Verwaltung in Bayern gewappnet sein für den Fall, dass Deutschland die Todesstrafe wieder einführt. Das passt zur Stimmung im Land: 1948 sind fast drei Viertel der Deutschen noch für die Todesstrafe, 1952 sind es immer noch 55 Prozent.[377]

Auch im Bayerischen Landtag ist man in den 1950er-Jahren nicht so sicher, dass es eine gute Idee war, die Todesstrafe abzuschaffen. Noch dazu richten ja auch die amerikanischen Befreier in Bayern immer noch verurteilte Kriegsverbrecher hin. Auf Antrag der Bayernpartei stimmt also die Mehrheit der Abgeordneten am 21. Juni 1951 dafür, dass sich die Bayerische Staatsregierung beim Bund dafür einsetzen solle, die Todesstrafe bei Mord wieder einzuführen. Hintergrund ist eine Häufung von Morden, die Schlagzeilen machen und populistische Energien entfesseln. In einer hitzigen Aussprache positionieren sich Abgeordnete der CSU und der Bayernpartei für die Todesstrafe, Abgeordnete der SPD dagegen. Als ein sozialdemokratischer Redner die Bibel zitiert, um seine Ablehnung der Todesstrafe zu untermauern, überziehen ihn die Abgeordneten des konservativen Lagers – darunter auch die C-Partei – mit höhnischem Gelächter. Bei der anschließenden Abstimmung sind 89 Abgeordnete für den Antrag und 72 dagegen, sechs enthalten sich. Die Initiative scheint dann aber im Sande verlaufen zu sein.[378]

Aus der Bayerischen Verfassung verschwindet der Artikel zur Todesstrafe erst im Jahr 1998. Mit den Worten „Der Vollzug der Todesstrafe bedarf der Bestätigung der Staatsregierung“ (Art. 47 Abs. 4) regelte er jedoch nur das Prozedere, falls tatsächlich ein Todesurteil gefällt werden sollte. Das ist seit 1949 zwar nicht mehr nötig, weil die Todesstrafe per Grundgesetz in ganz Deutschland abgeschafft ist, dennoch kann sich der Artikel fast 50 Jahre lang in der Verfassung halten. 1998 schließlich stimmen die Bayern in einem Volksentscheid zu mehreren Fragen dafür, dass der Passus aus der Bayerischen Verfassung gestrichen wird.[379]

Von der Stadelheimer Guillotine ist indes in der Öffentlichkeit nicht mehr die Rede. Es bleibt bei dem Gerücht von ihrer Versenkung. Jahrzehntelang. Wohl in den 1970er-Jahren suchen Bedienstete des Straubinger Gefängnisses, die als ehrenamtliche Mitarbeiter der örtlichen Deutschen Lebens-Rettungs-Gesellschaft (DLRG) auch Tauchübungen durchführen, in ihrer Freizeit die Donau nach ihr ab – ohne Ergebnis. Staatliche Stellen gehen dem Gerücht offensichtlich nicht nach. Warum auch? Dort weiß man schließlich um den Verbleib des problematischen Gegenstandes.[380]

1974 dann will Regensburg die Guillotine offenbar loswerden und kontaktiert das Bayerische Justizministerium. Dort vermittelt man die Abgabe des hochbelasteten Stücks an das Bayerische Nationalmuseum in München. Interessant dabei: Offensichtlich glaubt erst jetzt – 25 Jahre nach der Abschaffung der Todesstrafe – niemand mehr an ihre Wiedereinführung, und so wird die Fallschwertmaschine ein Museumsobjekt.[381]

An ihrem neuen Standort wird sie aber nicht etwa ausgestellt, da man seit Jahrzehnten nicht einmal mehr die historischen Richtschwerter und Schandmasken zeigt, um nicht den vermuteten Voyeurismus des Publikums zu bedienen. Also wandert die Guillotine ins Depot und steht dort nun schon seit fünf Jahrzehnten – abgesehen von der erwähnten Ausstellung 1982 im Münchner Stadtmuseum, bei der sie allerdings nicht als Stadelheimer Fallbeil gezeigt wird, sondern als Requisite für Karl Valentins Panoptikum fungiert.

Die Guillotine wird entdeckt – und bleibt doch im Depot

Als ich 2014 die Existenz der Guillotine öffentlich machte, erregte das breite mediale Aufmerksamkeit. Nichtsdestotrotz versank die Maschine schon nach wenigen Monaten abermals im Dämmerschlaf – bis heute. Nach wie vor steht sie im Depot des Bayerischen Nationalmuseums und darf auf Geheiß des Bayerischen Kunstministeriums von praktisch niemandem gesehen werden. Nach den 2014 veröffentlichten Aufnahmen wurden Anfragen von Foto- und Filmjournalisten oder Dokumentarfilmerinnen abschlägig beschieden. Auf meine Anfrage im Sommer 2021 bekräftigte das Kunstministerium das Ausstellungsverbot unter neuer Leitung noch einmal: Die Sache solle erst „zu einem deutlich späteren Zeitpunkt nochmals geprüft werden".

Das Leid der Opfer und ihrer Angehörigen ist auch nach 1945 nicht vorbei, denn zusätzlich zu den erlittenen Wunden müssen sie erleben, dass die Rehabilitierung Jahrzehnte dauert, und nicht alle Angehörigen oder Nachfahren sind der Meinung, sie sei abgeschlossen: Erst 1998 rehabilitiert der Deutsche Bundestag mit dem „Gesetz zur Aufhebung nationalsozialistischer Unrechtsurteile in der Strafrechtspflege" (NS-AufhG) einen Teil der Opfer, die NS-Gerichte aus politischen, militärischen, rassischen, religiösen oder weltanschaulichen Gründen verurteilt haben. Die Urteile gegen Deserteure und Homosexuelle werden erst 2002 und die gegen „Kriegsverräter" erst 2009 aufgehoben – 64 Jahre nach Kriegsende. Eine Wiedergutmachung ist damit jedoch nicht verbunden, denn die Frist dafür ist bereits 1969 abgelaufen.

Diese pauschale Rehabilitierung war sicher ein politisch schwer zu erreichender Kompromiss, aber weit davon entfernt, befriedigende

Wiedergutmachung zu leisten. Wie soll auch ein pauschaler Federstrich vieltausendfaches Unrecht aufheben, aufarbeiten oder gar die Betroffenen versöhnen? Schließlich ist jedes Opfer einzeln in einem demütigenden Prozess verurteilt worden. Müsste also nicht auch jeder Fall von Unrechtsjustiz einzeln neu verhandelt werden, damit die Wahrheit ans Licht kommt, die „Erkenntnisse" jedes der NS-Prozesse als irrig erwiesen und die Verurteilten vor der Welt individuell als unschuldig anerkannt werden?

Die Nachwirkungen der Unrechtsjustiz und ihrer mangelhaften Aufarbeitung enden also nicht mit der NS-Herrschaft: Sofern die Verurteilten mit dem Leben davongekommen sind, müssen sie weiter mit dem Stigma etwa des „Hochverräters" oder „Volksschädlings" leben. Auch ihre Angehörigen und Nachkommen leiden nach dem Krieg unter den Folgen – emotional und oft auch wirtschaftlich, zum Beispiel weil die Opfer traumatisiert und nicht arbeitsfähig sind. In den Familien wurden die Schicksale der Hingerichteten vielfach aus Scham verschwiegen. Die psychischen Auswirkungen der Stigmatisierung und Hinrichtung zeigen sich noch Generationen später.[382]

Die Echtheit der Guillotine

„Allerdings sollte das Gerät komplett erhalten sein, nur so kann es seinen Zweck im Rahmen der Sammlung für Rechtsaltertümer des Bayer. Nationalmuseums erfüllen."[383]

Als 2014 bekannt wurde, dass die Stadelheimer Guillotine im Depot des Bayerischen Nationalmuseums lagert, war sich der zuständige Fachmann vor Ort, Sybe Wartena, bereits ziemlich sicher, dass es sich auch wirklich um dasjenige Fallbeil handelt, mit dem auch die Mitglieder der Weißen Rose hingerichtet worden sind. Die definitiven Nachweise dafür, die dieses Kapitel wiedergibt, hat er inzwischen in akribischer Recherche erbracht und auch die weitere Geschichte der übrigen Mannhardt-Fallbeile geklärt.[384] Warum aber waren die Hinrichtungsgegenstände ausgerechnet in die kunst- und kulturhistorischen Sammlungen dieses Museums gewandert? Man entschied sich wohl dafür, weil dieses Haus fast seit seiner Gründung auch über eine Sammlung von Straf- und Rechtsaltertümern verfügt, die allerdings seit 1942 nicht mehr zu sehen ist.

In den 1970er-Jahren wird das Bayerische Nationalmuseum also zum Aufbewahrungsort für die noch in Bayern vorhandenen und bekannten Bestandteile der bayerischen Guillotinen. Die erste Lieferung kommt 1972. Dabei handelt es sich um die Augsburger Guillotinenbank samt Kippbrett, einen kurzen Sarg und zwei kleine Böcke, die zum Aufstellen und Anschrauben des Fallbeilrahmens an den Bock dienten.[385] 1974 wird dann das Hauptstück aus der JVA Regensburg nach München geliefert – die vollständige Stadelheimer Guillotine: der 2,56 Meter hohe eiserne Fallbeilrahmen mit zwei nahezu identischen Messern samt Aufbewahrungskästen, die zugehörige Hinrichtungsbank, eine untere und zwei obere Lünetten, mit denen der Hals im Fallbeilrahmen fixiert wurde, und lose Bauteile wie Seilrolle, Kurbel und Haken. Außerdem laden die Spediteure noch zwei Hinrichtungsbänke, drei Anschnallbretter und zwei Kopfkörbe ab (das vierte Anschnallbrett ist vermutlich das der Münchner Bank, das Reichhart nach August 1940 abmontierte). Und schließlich gehörten zu der Sammlung neben weiteren Kleinteilen auch zehn Haken und hanfleinerne Schlingen zum Erhängen.

Beide Lieferungen von Hinrichtungsgegenständen an das Museum veranlasste und vermittelte das Bayerische Justizministerium. Die Staatsbeamten dort wussten also, dass die Stadelheimer Guillotine mitnichten 1945 in der Donau versenkt worden war. Die Überführung ging jedoch vonstatten, ohne die Öffentlichkeit darüber zu informieren – weder vonseiten des Ministeriums noch vonseiten des Museums, das bedeutende Zugänge sonst für gewöhnlich pressewirksam öffentlich macht.

Doch woher wissen wir, dass das eiserne Obergestell wirklich das aus Stadelheim ist und welcher der insgesamt fünf Böcke dazugehörte? Fangen wir mit dem Bock an, auf den die Todeskandidaten gelegt wurden. Was den Münchner von den übrigen Böcken vor allem unterscheidet, ist das fehlende Anschnallbrett. Zwei weitere Details zeigen, dass dieser Bock in der an Guillotinierungen reichen Nazizeit verwendet wurde: Zum einen hat er als einziger am Kopfende ein eingebautes schräges Blech, das das Blut ablaufen ließ und breiter war als das von Mannhardt eingebaute. An den exponierten Stellen ist deutlich erkennbar, dass das Blech häufig mit Blut in Kontakt kam, da es dort im Gegensatz zu den geschützten Stellen stark korrodiert ist. Als Mannhardt die Guillotine 1854 konstruierte, fanden die Hinrichtungen ja noch im Freien statt – es genügte ein Ballen Holzwolle, der das Blut aufsaugte. Als die Enthauptungen dann aber ab 1937 in Innenräumen stattzufinden hatten, musste die Guillotine nach jeder der vielen Hinrichtungen mit einem Schlauch abgespritzt werden.[386] Dass das bei dem Stadelheimer Bock als einzigem überaus häufig geschah, sieht man ihm noch heute deutlich an – vor allem am Kopfende.

Außerdem trägt er in weißer Ölfarbe die handschriftlich aufgebrachte Bezeichnung „M. N°: I.“. Es liegt nahe, dass das „M“ für „München“ steht, denn bei dem Untergestell der Würzburger Guillotine, die im Krieg in Breslau von der Roten Armee erbeutet wurde und heute im Museum in Kiew aufbewahrt wird, ist an derselben Stelle und in derselben Handschrift in weißer Ölfarbe „W. N°: II.“ aufgemalt. Es gibt in

Abb. 27 Mehrere zur Münchner Guillotine gehörende Hinrichtungsbänke stehen heute im Depot des Bayerischen Nationalmuseums (die dritte von links ist die Münchner Bank), darüber sind Schandmäntel zu sehen und im Vordergrund rechts eine Streckbank. Der eiserne Fallbeilrahmen ist stehend an der gegenüberliegenden Wand befestigt (nicht im Bild). Die beiden Messer lagern im nächsten Raum in zugehörigen flachen Kästen, ebenso zwei Kopfkörbe und ein kurzer Sarg. Die Öffentlichkeit darf bisher keinen dieser Gegenstände sehen.

diesem Kontext noch einen letzten Hinweis darauf, dass es sich wirklich um den Bock der Stadelheimer Guillotine handelt: In einer Liste vom 7. Mai 1855, die die Verpackungsart der Hinrichtungsgegenstände von 1855 beschreibt, war die Kiste des Münchner Bocks mit „St M. N: 1" bezeichnet – ein entsprechendes Kürzel fand sich für die anderen sechs Städte in der Liste und es passt zur Beschriftung des Bocks.[387]

Dass zu diesem Bock auch der eiserne Fallbeilrahmen gehört, liegt mehr als nahe, denn passend zur genannten Beschriftung ist in die Schrauben, mit denen sich das Messer in den Schlitten des Obergestells montieren lässt, das Zeichen „M.1." eingeprägt. Auch ein Montageteil sowie eine Arretierungsleiste der Messerkästen tragen ein „m" in weißer Ölfarbe (beim Würzburger Modell ist es analog ein „w"). Und zu guter Letzt ist der Fallbeilrahmen auf mehreren historischen Fotos anhand unverwechselbarer Lackausbrüche eindeutig identifizierbar.

Das Obergestell kann nicht von einer der anderen mutmaßlich vier Mannhardt-Fallschwertmaschinen stammen, denn nur ein einziges von ihnen ist exakt baugleich mit dem Münchner Exemplar: das der 1855 für Würzburg gebauten Guillotine, die heute eben in Kiew steht. Die anderen drei Guillotinen weisen kleine bauliche Neuerungen auf und kommen deshalb nicht in Frage. Außerdem ist durch die Untersuchung von Sybe Wartena weitgehend geklärt, was aus den nicht-bayerischen Mannhardt-Maschinen geworden ist. Die Bruchsaler Guillotine zog 1937 ins Berliner Gefängnis Plötzensee um, wo mit ihr über 2.000 Menschen geköpft wurden, und ist heute – ohne den originalen, bei einem Bombenangriff 1943 verbrannten Unterbau – in der Gedenkstätte Brandenburg-Görden ausgestellt. Bislang gibt die Gedenkstätte auf ihrer Webseite jedoch an, ihre Herkunft nicht zu kennen, auch am Exponat selbst gibt es keinen diesbezüglichen Vermerk.[388] Die Straßburger Guillotine holte man nach der Besetzung Frankreichs als Ersatz nach Bruchsal und ließ sie noch im März 1945 vernichten. Einzig die Hannoveraner Guillotine ist verschollen: Sie war zwischen 1937 und 1947 ins Gefängnis Wolfenbüttel verlegt, wo die britischen Besatzer noch 44 Todesurteile mit ihr vollstreckten, und kehrte 1947 nach Hannover zurück. Dann verlor sich ihre Spur. Aufgrund der baulichen Abweichungen kann das Münchner Exemplar aber – wie gesagt – nicht das aus Hannover sein. Außerdem wäre schwer zu erklären, wie die Hannoveraner Maschine nach Regensburg hätte gelangen sollen, zumal der Weg der Münchner archivalisch gesichert ist.[389]

Dass der Fallbeilrahmen in der Nazizeit verwendet wurde, legen zudem zwei markante Umbauten nahe, auf die man damals so viel Wert legte, dass sie auch bei den sogenannten Tegel-Fallbeilen umgesetzt wurden, die ab 1938 in Serie gingen.[390] Das war zum einen das bereits erwähnte Blech, mit dem am oberen Ende des Obergestells das hochgezogene Messer von vorne verblendet wurde. Dieser Umbau geht offenbar auf einen Antrag des Scharfrichters Johann Reichhart im August 1940 zurück.[391] Und zum anderen ist an der Seite des Rahmens auf Höhe des Auslösehebels ein herausklappbares schmales, hohes Blech einsteckbar, das den Scharfrichter vor Blutspritzern schützen sollte. Bis auf diese Umbauten stimmen Ober- und Untergestell der Guillotine im Nationalmuseum genau mit den Zeichnungen überein, die die Firma Mannhardt vor der Lieferung im Jahr 1855 angefertigt hatte.[392]

Von den übrigen vier Böcken im Bayerischen Nationalmuseum stammt einer, wie gesagt, aus Augsburg, einer aus Straubing, ein dritter wurde 1925 nachträglich für Regensburg gebaut, und der vierte, der wohl unabhängig von den beiden Lieferungen 1972 und 1974 ins Museum gelangt ist, dürfte der Probebock gewesen sein, mit dem in München ab 1897 die Fallschwertprobe gemacht wurde, sooft das Obergestell außerhalb Münchens zum Einsatz kommen sollte. An ihm sind jedoch Spuren erkennbar, die nahelegen, dass er auch für Hinrichtungen verwendet wurde. Die Untergestelle, die 1855 nach Bayreuth und Ansbach geliefert worden sind, fehlen in der Sammlung: Der Bayreuther Bock ist offenbar im Zweiten Weltkrieg verbrannt, als ein Bombentreffer das Landgerichtsgefängnis in der Markgrafenallee 30 zerstörte, und vom Ansbacher Bock wissen die zuständigen Mitarbeiter der dortigen und der JVA in Nürnberg heute nichts zu berichten. Mündlich ist jedoch überliefert, dass er Ende der 1940er-Jahre zu Brennholz verarbeitet worden sei.[393] Der Amberger Bock ist dagegen bei den Recherchen für dieses Buch aufgetaucht, als ich bei einem Besuch in Amberg erfuhr, dass er in der dortigen JVA steht. Mit der Auflösung der Fronfeste 1972 war er zunächst ins dortige Stadtmuseum gewandert und dann aus Platzgründen als Leihgabe in die neue JVA gekommen, wo er bei Führungen besichtigt werden konnte – zuletzt ergänzt mit der Attrappe eines Fallbeilrahmens samt „Messer".[394] Nachdem ich das Bayerische Justizministerium informiert hatte, veranlasste es im Oktober 2022, dass der Amberger Bock zu den anderen Hinrichtungsgegenständen ins Bayerische Nationalmuseum überführt wurde.

Die Hinrichtungsstätte im Hof der Amberger Fronfeste ist heute übrigens noch frei zugänglich. Das Gefängnis ist inzwischen am Originalzustand orientiert eindrucksvoll saniert und zu einem „Knasthotel" umgebaut worden. Der Baldachin über dem ehemaligen Standort der Guillotine im Innenhof (Abb. 2) ist rekonstruiert.

Als ab 1924 Hinrichtungen auch in Nürnberg, Ebrach, Eichstätt, Bamberg, Coburg, Schweinfurt, Weiden, Regensburg, Landshut, Deggendorf, Passau, Traunstein und Kempten stattfanden, wurden offenbar weitere Böcke angeschafft – wie viele ist bisher unklar. Die originalen

Transportkisten der Böcke und des Obergestells der Münchner Guillotine sind offenbar sämtlich verloren.

Bemerkenswert ist, dass das Bayerische Nationalmuseum die beiden Zugänge 1972 und 1974 auf unterschiedliche Weise inventarisierte: Die Augsburger Hinrichtungsgegenstände bekamen die üblichen Nummern, die aus einer „72" (für das Jahr des Zugangs) und einer Nummer bestehen, bei der Bank beispielsweise 72/91.a. Demgegenüber bekamen die Gegenstände aus Regensburg nur sogenannte NN-Nummern – beim Fallbeilrahmen etwa NN 2793.1. NN-Nummern sind im Bayerischen Nationalmuseum aber nur als Notbehelf üblich – nämlich dann, wenn im Haus Gegenstände auftauchen, die noch nicht inventarisiert sind. Dieser Fall trifft auf die Regensburger Zugänge nicht zu, sodass eigentlich eine 74er-Nummer hätte vergeben werden müssen.

Warum ist das nicht geschehen? Darüber kann man nur spekulieren. Das Nationalmuseum mutmaßt, der zuständige Mitarbeiter habe die Stücke damals nicht als vollwertige Museumsstücke anerkannt und ihnen deswegen nicht die „Ehre" einer regulären Inventarnummer zuteilwerden lassen. Warum hat er sie dann aber überhaupt aufgenommen? Wollte Regensburg sie loswerden? Gab es politischen Druck? Sollten sie von der Bildfläche verschwinden? Und warum bekamen die vergleichbaren Hinrichtungsgegenstände aus Augsburg zwei Jahre zuvor sehr wohl noch eine reguläre Nummer?

Das Museum vermutet weiter, der inventarisierende Mitarbeiter könnte unsicher gewesen sein, wie lange die Regensburger Stücke im Museum verbleiben würden, und habe deshalb zu NN-Nummern gegriffen.[395] Genauso gut kann man aber vermuten, dass er oder das Museum die Aufnahme der Regensburger Stücke verschleiern wollten. Die für die Guillotine zuständige Referentin wusste spätestens seit 2009 um die Brisanz des Objektes, und im Jahr 2012 wusste auch der Depotwart, dass damit mutmaßlich die Geschwister Scholl hingerichtet worden sind.[396]

Man kann also annehmen, dass das auch 1974 bei der Übernahme bekannt war. Schließlich ist eine Guillotine selbst für ein gut bestücktes Haus wie das Nationalmuseum ein spektakuläres Stück, bei dem man sich gut vorstellen kann, dass schon der anliefernde Spediteur die brisante Geschichte des Objekts von den Regensburger Mitarbeitern erzählt bekommen und an die Angestellten in München weitergegeben hat. So könnte sich die Information in der mündlichen Überlieferung bis 2012 im Haus erhalten haben. Insofern wäre gut nachvollziehbar, dass der inventarisierende Mitarbeiter 1974 mit dem Wissen um ihre Geschichte eine Scheu vor den Gegenständen hatte und sie darum nicht regulär aufnehmen wollte. Dazu würde auch passen, dass das Museum das Wissen um den Besitz der Stadelheimer Guillotine bis 2013 für sich behalten hat.

Den tausendfachen Justizmord ausstellen?

„Ich glaube tatsächlich, dass es eher entwürdigend ist,
wenn man die Guillotine nicht ausstellt,
weil man dadurch das so ein bisschen verdrängt."
(Luzia, 11. Klasse[397])

Die Stadelheimer Guillotine war 90 Jahre lang Machtinstrument mehrerer deutscher Staaten, die – mehr oder weniger – von oben nach unten dachten: vom König oder „Führer" hinunter zu den Bürgerinnen und Bürgern und vom Justizapparat hinunter zu den – tatsächlichen oder vermeintlichen – Delinquenten. Der Mensch als Einzelner spielte in diesen Systemen eine untergeordnete Rolle. Seine individuellen Bedürfnisse und Rechte hatten hinter dem staatlich verordneten Gemeinwohl zurückzustehen. Man kann die bayerische Monarchie oder die Weimarer Republik natürlich nicht mit dem menschenverachtenden NS-Staat gleichsetzen, aber gemeinsam war diesen drei deutschen Staaten die Selbstverständlichkeit der Todesstrafe.

Den wenigsten Deutschen ist heute bewusst, dass hierzulande während des Dritten Reichs 12.000 Menschen der Todesstrafe zum Opfer gefallen sind. Im Gegensatz zum Holocaust, der „Euthanasie", den Kriegsverbrechen der Wehrmacht oder der Verfolgung von Minderheiten spielen diese Toten im Gedächtnis unseres Landes keine nennenswerte Rolle – mit Ausnahme der prominentesten Widerständler wie der Weißen Rose. Würdige Erinnerungsorte an ihr Sterben gibt es dementsprechend kaum.[398]

Im Gefängnis München-Stadelheim ist der historische Ort der Hinrichtungen heute verloren: Die Baracke, in der die Guillotine zum Einsatz kam, diente nach dem Krieg noch einige Jahre als Garage und wurde dann abgerissen, um einem Neubau Platz zu machen. An den ungefähren Standort der Guillotine erinnert nur noch ein kleines Kreuz auf einer Steinplatte, die auf Augenhöhe in den Wandpfeiler einer Wachstube eingelassen ist. Der ehemalige Todestrakt existiert noch und ist regulär mit Häftlingen belegt – auch die Armesünderzelle (Abb. 19). Das etwa einen Meter hohe Kruzifix aus der Armesünderzelle hängt inzwischen in einem Vorraum der Anstaltskirche von Stadelheim, und die Totenglocke läutet heute im Dachreiter des Karmeliterinnenklosters „Heilig Blut“ auf dem Gelände der KZ-Gedenkstätte Dachau zwei Mal täglich für die weltweit Sterbenden und Verstorbenen.[399]

An die in Stadelheim zum Tode Verurteilten und Hingerichteten erinnert seit 1974 innerhalb der Gefängnismauern ein sogenannter Gedenkraum, der jedoch nur nach Voranmeldung und unter Begleitung von Gefängnispersonal zu besichtigen ist. Nur sehr wenige Menschen finden hierher: Nach Aussage von Aufsehern besuchen die Stätte so wenige Menschen, dass man sie nicht pro Monat zählen kann, sondern nur pro Jahr. Die JVA erhebt darüber nach eigener Aussage keine Zahlen.

Der fast leere Raum ist von übermannshohen Betonwänden umschlossen und liegt unter freiem Himmel, überschirmt von einem scheinbar aus groben eisernen Bruchstücken zusammengeflickten Kreuz. Unter dessen Zentrum befindet sich am Boden ein quadratischer Betonsockel, auf dem eine kunstvoll verfremdete Inschrift in allerdings kaum entzifferbaren Lettern angebracht ist. Schließlich erkennt man die lapidare Botschaft: „Den Opfern der Gewaltherrschaft von 1933 bis 1945.“ Allgemeiner könnte man es kaum formulieren. Es fehlen Worte wie „Nationalsozialismus“, „Unrechtsjustiz“, „Justizterror“, „Todesurteile“, „Guillotine“, „Enthauptung“, „Widerstandskämpfer“, „Zwangsarbeiter“ oder „Volksschädling“; es fehlen die Zahlen und die Namen der Opfer; es fehlen ihre Gesichter und Lebensgeschichten; und es fehlt eine historische Einordnung. Insgesamt erweckt der Raum den Eindruck eines Alibi-Ortes.[400]

Immerhin stehen draußen vor dem Gefängnis an der Stadelheimer Straße drei Tafeln, die die wesentlichen Fakten um die Hinrichtungspraxis hier im Gefängnis während des Dritten Reiches zusammenfassen. Jedoch werden die meisten Besucher, die hierher kommen, anderes im Kopf haben, als sich damit zu befassen. Auch in den Dokumentationszentren von Nürnberg, München und am Obersalzberg wird die Praxis der Todesstrafe unter der NS-Diktatur nur am Rande thematisiert.

Eindrückliche Erinnerungsarbeit leisten dagegen zum Beispiel die privat und ehrenamtlich organisierten Kunstaktionen „Faces for the

Abb. 28 Seit 1974 erinnert in der JVA Stadelheim ein Gedenkraum an die 1.190 hier vollstreckten Todesurteile. Die Inschrift an der erhöhten Stelle am Boden ist jedoch recht allgemein gehalten: „Den Opfern der Gewaltherrschaft von 1933 bis 1945." Selbst das Wort „Todesstrafe" wird vermieden. Die Besichtigung ist nur in Begleitung von Wachpersonal möglich, die Besucherzahlen sind dementsprechend äußerst niedrig (Aufnahme 2022).

Names“ vom Verein „Jews Engaged With Society e. V.“ um den Wahlmünchner Terry Swartzberg. In Zusammenarbeit mit Angehörigen recherchiert der Verein zusammen mit Jugendlichen die Lebens- und Leidensgeschichten auch der unbekannteren NS-Opfer und projiziert seit 2020 immer wieder Fotografien ihrer Gesichter bei Dunkelheit etwa an die Gefängnismauern von Stadelheim oder an die Wände ihrer früheren Wohnhäuser, um ihrer zu gedenken. Finanzielle Unterstützung vom Freistaat gibt es dafür laut Verein bisher nicht.

Was an institutioneller Erinnerungsarbeit möglich wäre, zeigen zum Beispiel die ehemaligen NS-Hinrichtungsstätten von Brandenburg-Görden und Berlin-Plötzensee. An beiden Orten sind die früheren Hinrichtungsräume öffentlich zugänglich. In Plötzensee liegen am Boden Kränze für die Opfer, über den Fenstern hängt noch der Eisenträger, an dem viele der „Verschwörer“ erhängt wurden, die das Hitler-Attentat vom 20. Juli 1944 geplant hatten. In einem Nachbarraum erklären in einer Dauerausstellung Schautafeln die historischen Rahmenbedingungen für Todesurteile und Hinrichtungspraxis, deuten die Lebensgeschichten der Hingerichteten an und zeigen Fotos von ihnen. Interessierte Besucher können auch einen Katalog zur Ausstellung mit nach Hause nehmen, um den Eindruck zu vertiefen. Im ehemaligen Hinrichtungsraum von Brandenburg-Görden ist sogar eine in der NS-Zeit verwendete Guillotine ausgestellt. Allerdings hat Sybe Wartena (Bayerisches Nationalmuseum) inzwischen nachgewiesen, dass sie nicht hier, sondern ab 1937 in Plötzensee im Einsatz war. Darum wäre zu überlegen, ob man sie nicht lieber dort ausstellt und die originale Gördener Guillotine aus dem Depot des Deutschen Historischen Museums in Berlin zurückholt. Das Museum für Hamburgische Geschichte stellt immerhin das Messer des dortigen NS-Fallbeils aus.[401]

Mit der in Bayern kaum existierenden Erinnerungsarbeit an die Hinrichtungsopfer korrespondiert, dass der Freistaat die Guillotine von Stadelheim der Öffentlichkeit bis heute vorenthält. Aber auch Historikerinnen und Ausstellungsmacher haben sich seit ihrer „Auffindung“ im Jahr 2014 kaum mit ihrer Existenz und ihrem Erinnerungspotenzial auseinandergesetzt. Eine breitere gesellschaftliche Diskussion ist bisher ebenfalls ausgeblieben. Nun kann man freilich fragen: Sind die mit der Guillotine vollstreckten Todesurteile denn heute noch so wichtig? Schließlich ist die Todesstrafe abgeschafft, unsere Demokratie besteht seit vielen Jahrzehnten, und offensichtlich brauchen Öffentlichkeit und Fachwelt die Guillotine nicht. Andererseits sehen wir vielerorts auf der Welt, dass die Versuchung Einzelner, zu Herrschern zu werden, eine permanente Bedrohung bleibt. Bei uns sind Terror und Todesstrafe zwar Vergangenheit, aber ihre Auswirkungen sind bis heute spürbar: Die Kinder und Enkel der Opfer leben noch, berichten aufgrund der ihrer Meinung nach defizitären staatlichen Gedenkarbeit immer noch von Kränkungen und geben ihre familiären Verletzungen unbewusst und ungewollt an die nächsten Generationen weiter. Außerdem sind die Gnadenlosigkeit und Ausgrenzung des NS-Staates sowie das stillschweigende Einverständnis der damaligen Bevölkerungsmehrheit tief in die deutsche Gesellschaft eingedrungen und wirken teilweise bis heute nach – in Vorurteilen, Ausgrenzung von Minderheiten und Rassismus. Selbst die Deutung des Dritten Reiches ist kein selbstverständlicher Konsens mehr: Dass sich in der Corona-Pandemie Impfgegner mit Sophie Scholl verglichen oder sich gelbe Sterne an die Schulter hefteten, ist nicht nur eine ungeheuerliche Provokation, sondern zeugt auch von mangelndem Verantwortungsbewusstsein für unsere Geschichte. Freiheit, Demokratie oder Respekt vor dem Andersartigen sind nie ein für allemal errungene Güter, sondern jede Generation muss die niederen, gewalttätigen und rücksichtslosen Instinkte unserer Spezies von Neuem in sich bekämpfen, muss sich klar machen, welchen teuer bezahlten Weg die Demokratie gegangen ist, und sie muss die Werte dieser Freiheit schätzen lernen, um sie verteidigen zu wollen.

Die Stadelheimer Guillotine hat meiner Ansicht nach großes Potenzial, dieses Lernen exemplarisch und anschaulich anzustoßen, denn sie ist Zeugin des autoritären Denkens. Die tödliche Gewalt, die mit ihr ausgeübt wurde, haftet ihrem Holz, Eisen und Stahl noch an und ist bis heute spür- und erfahrbar. Zusammen mit ihrer Geschichte kann sie ihre Betrachter nachempfinden lassen, wie staatliche Herrschaft Kleinkriminellen, Freiheitskämpferinnen und ihren Angehörigen tausendfaches Leid angetan hat. Bei ihrem Anblick können wir uns von dieser unmittelbaren Erkenntnis erschüttern lassen und daraus politische Überzeugungen entwickeln und festigen.

Warum aber behindert der Staat die Auseinandersetzung mit dieser Guillotine durch sein Ausstellungsverbot und warum interessiert sich die Öffentlichkeit kaum für sie? Offenbar liegt ein Tabu auf ihr, das mit Berührungsängsten einhergeht. Das ist verständlich, denn wer ihr gegenübersteht oder sich das auch nur vorstellt, muss es aushalten, sich von ihr abgestoßen zu fühlen oder zumindest eine schauerliche Faszination zu erleben. Es ist nun einmal ungeheuerlich und verstörend, sich vorzustellen, was auf diesem Tisch weit über tausend Mal mit unerbittlicher Grausamkeit geschehen ist – im Auftrag des Staates. Die Guillotine ist ein Sterbeort, der uns Respekt, Schrecken, Empörung und Trauer einflößt. Und als ein Ort des Todes liegt auf ihr auch dessen Tabu. Sich abzuwenden fällt leichter. Obendrein werden viele Deutsche die Guillotine auch als einen Gegenstand deutscher Schuld und Schande empfinden und sich mit etwaigen Schamgefühlen konfrontiert sehen.

Die Berührungsängste von Historikern und Politikerinnen sind also gut nachvollziehbar. Diese Ängste müssen aber nicht der Schlusspunkt des Nachdenkens sein, sofern man zu der Auffassung gelangt, dass die Guillotine ein wertvoller Lernort sein könnte, der durch Texte und Fotos nicht ersetzt werden kann. Schließlich werden an diesem zentralen Exponat sowohl das menschenverachtende Menschenbild und die Mordjustiz des NS-Regimes erfahrbar als auch der Mut vieler geistig unabhängiger Menschen, die für ihre Ideale in den Widerstand und in den Tod gegangen sind.

Historikerinnen und Museumspädagogen kommen zunehmend zu der Einschätzung, dass mit dem Abschied der Zeitzeugen und der immer größer werdenden zeitlichen Distanz die historischen Gegenstände immer wichtiger werden, um zum einen vor allem jungen Menschen zu ermöglichen, sich gedanklich und gefühlsmäßig in die Welt des Dritten Reiches zurückzuversetzen, und um zum anderen zu beglaubigen, dass die behauptete Geschichte sich auch tatsächlich ereignet hat. Gerade für Jugendliche ist die NS-Zeit inzwischen in weite Ferne gerückt: Sie haben meist keine Groß- oder Urgroßeltern mehr, die ihnen aus eigenem Erleben davon erzählen könnten. Originale Gegenstände werden also zu Zeugen, Brücken und Bürgen für die Wahrhaftigkeit der Geschichte.

Natürlich lassen sich auch bedenkenswerte Argumente gegen eine öffentlich zugängliche Stadelheimer Guillotine ins Feld führen, und die Frage ist, ob eine Ausstellung möglich ist, ohne bei Betrachtern vor allem Voyeurismus und Grusel auszulösen oder die ermordeten Persönlichkeiten ein weiteres Mal zu Objekten zu degradieren. Niemand möchte sich zum Beispiel vorstellen, dass Jugendliche vor diesem emotional so hoch aufgeladenen Gegenstand juxend Selfies machen, weil sie den Gefühlen von Entsetzen, Schock und Scham, die sie zu plötzlich überwältigen, nur mit Albernheit entgehen können. Die Hinrichtungsmaschine lediglich in einen Raum zu stellen und mit einem Schild zu versehen, auf diesem Tisch sei Sophie Scholl gestorben, wäre freilich platt, verkürzend, sensationsheischend und würdelos und würde auch keinen Lernprozess anstoßen.

Warum aber schaffen es dann beispielsweise KZ-Gedenkstätten, die genannten Fallstricke zu vermeiden und eine Nähe zu den ungeheuerlichen Ereignissen der Vergangenheit zu schaffen? Warum haben sich die ehemaligen Konzentrationslager, die ebenfalls Sterbeorte sind, zu erfolgreichen, unumstrittenen, fest im Lehrplan verankerten Lernorten entwickeln können, die die Besucherinnen und Besucher mit Respekt und Mitgefühl erfüllen? Der entscheidende Unterschied zur Guillotine ist wohl, dass sie zusammenhängende historische Orte sind, die die Besuchenden für mehrere Stunden in ihre Geschichte eintauchen lassen. Hier wird nicht nur kurz ein Sterbeort besichtigt, sondern es werden Informationen zum grausamen Alltag der Häftlinge, zu ihren Biografien, den Mechanismen der Verfolgung oder den dahinter stehenden Ideologien geliefert. Eine solche Einbettung und Einstimmung ermöglicht es dann auch, etwa Gaskammern oder Verbrennungsöfen in einer angemessenen geistigen und emotionalen Haltung auf sich wirken zu lassen.

Ein Rundgang durch eine KZ-Gedenkstätte kann aber zusätzlich auch so gestaltet sein, dass die Besuchenden anschließend wieder in der Gegenwart ankommen können, um ihr Leben in einer Gesellschaft mit Demokratie und Menschenrechten besser einordnen und wertschätzen zu können; und um auch stolz und dankbar zu sein, was dieses Land in den letzten Jahrzehnten alles an demokratischer, gesellschaftlicher und sozial-marktwirtschaftlicher Entwicklung geleistet hat. Historische

Aufarbeitung bedeutet schließlich nicht, in Sack und Asche zu gehen, sondern ein Bewusstsein zu entwickeln sowohl für die Barbarei als auch für die seither errungenen Werte, denn wer seinen Idealen entsprechend handeln will, muss selbstbewusst sein, und wer „selbstbewusst“ sein will, braucht das Bewusstsein für die eigenen Wurzeln – die guten und die schlechten.

Da der historische Ort und Kontext der Stadelheimer Guillotine jedoch – anders als in Berlin-Plötzensee oder Brandenburg-Görden – verloren ist, müsste eine Ausstellung zusätzliche erinnerungspädagogische Akzente setzen, um die Authentizität auf andere Weise herzustellen. Doch dafür sollten sich Wege finden lassen. Schließlich profitieren etwa die Dokumentationszentren am ehemaligen Reichsparteitagsgelände in Nürnberg, auf dem Grundstück des Braunen Hauses in München oder auf dem Obersalzberg zwar vom authentischen Ort, aber sie hätten zur Not auch ohne ihn ihre gewünschte Wirkung – zumal die Guillotine gewissermaßen ein historischer Ort ist.

Das Publikum könnte also bei einem Besuch museumsdidaktisch aufbereitet erfahren, wie der NS-Staat Gesetze ohne das Parlament in Kraft setzte, wie die Justiz sich willfährig vor den Karren der Exekutive spannen ließ, wie die Todesstrafe im NS dem Terror diente oder wie Verfolgung und Hinrichtungen bürokratisch organisiert waren. Es könnten Biografien der Opfer und ihre Leidensgeschichten erfahrbar werden. Der Fokus sollte sich zudem darauf richten, wie sehr Deutschland seither aus dem Staatsterror gelernt und demokratische Werte etabliert hat: Rechtsstaatlichkeit, Gewaltenteilung, der verfassungsmäßig gesicherte Schutz des Einzelnen vor dem Staat, die Rechte auf freie Meinungsäußerung und sogar auf Widerstand, und eben auch die Abschaffung der Todesstrafe – weil Schwerverbrecher heute das Recht auf Leben und die Chance bekommen, sich weiterzuentwickeln und an sich zu arbeiten.

Wenn Besuchende all das mit Herz und Verstand nachvollzogen haben, sind sie mutmaßlich ausreichend vorbereitet und eingestimmt auf den Anblick der Guillotine. Dann muss es auch kein Schaden sein, wenn sie vielleicht für Momente Gefühle von Schauder oder Faszination erleben. In einer einbettenden Ausstellung wäre der Lerneffekt – ähnlich wie in KZ-Gedenkstätten – mit Sicherheit bedeutend größer als etwaige Gefühle von Sensation oder Grusel.

Teilweise bis heute hängen Fachleute der Vorstellung an, Lernen könne oder müsse rein kognitiv ablaufen. Doch die Annahme, man könne geschichtliches Wissen nüchtern an die Lernenden herantragen, und sie würden ebenso nüchtern ihre Gehirne damit füttern und die gewünschten Rückschlüsse daraus ziehen, ist längst überholt: Die moderne Wahrnehmungs- und Lernpsychologie weiß, dass nachhaltige Lernprozesse ohne emotionale Beteiligung kaum möglich sind. Auch die Widerstandskämpfer der Weißen Rose haben nicht nur nüchtern analysiert und dann gehandelt, sondern mit dem NS-Staat emotionale Erfahrungen gemacht und darauf mit Entrüstung, Verletzung oder Abscheu reagiert. Diese Gefühle haben sie zu Gewissensentscheidungen geführt, denn auch Gewissen ist ohne Emotionen nicht denkbar. Aus rein kognitivem Wissen können Lernende also mangels Integration noch keine Überzeugungen oder Ideale entwickeln, kein politisches Wollen und keine Geschichtskultur.

Dass sich für einen tiefen, nachhaltigen Lernprozess auch die Stadelheimer Guillotine eignen könnte, legen etwa die Erfahrungen im Strafvollzugsmuseum Ludwigsburg nahe. Dort sind zwei Guillotinen ausgestellt, von denen eine in der NS-Zeit an bisher unbekanntem Ort und zwischen 1945 und 1949 im Zellengefängnis Lehrter Straße in Berlin-Moabit zum Einsatz kam (Modell Tegel). Museumsleiterin Susanne Opfermann berichtet, dass Schulklassen bei Führungen im Haus etwa über die Frage diskutieren, ob Deutschland die Todesstrafe wieder einführen sollte. Zu Beginn des Rundganges sprächen sich immer wieder Schülerinnen und Schüler dafür aus, bestimmte Verbrechen mit dem Tod zu bestrafen. Sobald sie aber die Guillotine gesehen, die nötigen Informationen dazu bekommen und sich mit Anteilnahme vorgestellt hätten, was sich auf dieser Hinrichtungsbank zugetragen hat, sei bislang keine und keiner mehr für die Todesstrafe gewesen. Nie hätten Besuchende sich inadäquat verhalten. Aus dieser Erfahrung heraus hält Opfermann die Sorgen des Freistaates Bayern für übertrieben. Sie empfiehlt etwaigen Ausstellungsmacherinnen und -machern mit Präsentationsformen zu experimentieren, um zu sehen, wie das Publikum darauf reagiert. Wenn nichts funktioniere, könne man die Guillotine immer noch ins Depot zurückstellen: „Es ist doch schade, dass wir vor lauter Angst, etwas nicht richtig machen zu können, gar nichts machen“, so Opfermann. „Ich zweifle nicht daran, dass man ein Ausstellungskonzept formulieren kann, das all diesen Aspekten, die ihre Schwierigkeiten mit sich bringen, gerecht werden kann.“ Außerdem könnte man darüber nachdenken, zunächst nur einzelne Bauteile der Stadelheimer Guillotine auszustellen. So könnten Ausstellungsmachende gemeinsam mit den Besuchenden Erfahrungen sammeln.

Einen rein kognitiven Erkenntnisgewinn liefert der Anblick der Münchner Guillotine freilich nicht. Aber vielleicht kann man die Ungeheuerlichkeit der NS-Justizmorde und überhaupt den Tabubruch der Todesstrafe nur in seiner ganzen Tragweite empfinden, wenn man diesem monströsen Gegenstand gegenübersteht und seine Fantasie für die Bilder öffnet, die aus ihm entstehen: Bilder von den mindestens 1.323 Toten und von den Lebenden, die sie gewesen waren.

Eine weitere Befürchtung ist, dass Rechte die Guillotine zu einer Pilgerstätte werden lassen und für reaktionäres und diffamierendes Gedankengut missbrauchen könnten. Sicher eine Gefahr, auf die man sich vorbereiten muss, mit der aber auch andere Gedenkstätten umgehen. Das darf kein Grund sein, sich daran hindern zu lassen, an die Geschichte zu erinnern und den nachkommenden Generationen eine Gelegenheit zu bieten, sich mit ihr auseinanderzusetzen: Schwer erträgliche Meinungsäußerungen hält die Demokratie ja auch an anderer Stelle aus. Unerwünschte Nebenwirkungen hat schließlich auch jede wirksame Medizin. Die Gedenkstätte Brandenburg-Görden berichtet im Übrigen, dass nie erkennbar Rechtsradikale zur dortigen Guillotine gepilgert seien.

Allerdings ist das Betrachten der Guillotine möglicherweise nicht für jedermann gleichermaßen geeignet. Besonders empfindsame oder vorbelastete Menschen sollten deshalb in einer Ausstellung den direkten Anblick vermeiden können. Eventuell finden auch Künstlerinnen und Künstler eine Möglichkeit, die Wucht des Objektes zu brechen und abzumildern, ohne sie zu verfremden.

Das sogenannte „Überwältigungsverbot“, das die Landeszentrale für politische Bildung von Baden-Württemberg bei ihrer Tagung von 1976 im sogenannten „Beutelsbacher Konsens“ festhielt, wird bisweilen als Argument gegen die Ausstellung von Objekten aus der NS-Diktatur angeführt, greift aber hier nicht, da dieses Verbot lediglich verhindern will, dass Schülerinnen und Schüler durch „Überrumpelung" politisch indoktriniert und daran gehindert werden, sich eine eigene politische Meinung zu bilden. Des Weiteren soll der Beutelsbacher Konsens gewährleisten, dass kontroverse Sachverhalte im Schulunterricht auch kontrovers dargestellt werden und die Lernenden eine politische Situation im Hinblick auf ihre eigene Interessenlage analysieren und dementsprechend politisch handeln können.[402]

Ein weiterer kritischer Punkt, den Ausstellungsmachende im Auge haben müssten, ist die Frage, ob eine öffentlich sichtbare Guillotine dem Ansehen und der Würde der Opfer gerecht wird oder schadet. Schließlich rückt sie vor allem das Sterben ihrer Opfer in den Blick und nicht ihre Lebensleistungen. Die zu würdigen, sind jedoch andere Orte geeigneter. Natürlich dürfte eine Ausstellung der Guillotine die Opfer nicht auf ihr Sterben reduzieren und sollte sie als Menschen mit ihren Biografien und ihrem Denken spürbar werden lassen, um sie nicht ein weiteres Mal zum Objekt zu machen. Ausstellungsmachende – und im Vorfeld die Politik – sollten außerdem die Angehörigen und Nachkommen der Opfer an dem Projekt beteiligen. Für manche von ihnen mag es verletzend sein, den Tisch, auf dem der Großvater oder die Urgroßmutter gestorben ist, ungefragt ins Licht der Öffentlichkeit gestellt zu sehen. Diese Menschen sollten in die Planung eingebunden werden, denn sie brauchen Signale, dass ihre Betroffenheit gesehen wird, um sie dann vielleicht für die Idee zu gewinnen, mit der Guillotine nachkommende Generationen für das Unrecht zu sensibilisieren, das ihren Angehörigen widerfahren ist.

Für ein Radiofeature zu den bayerischen Guillotinen konnte ich mit fast allen Familien der Mitglieder der Weißen Rose sprechen. Keiner dieser Nachkommen hat sich gegen eine Ausstellung der Guillotine ausgesprochen, manche hielten es sogar für unerlässlich, sie sichtbar zu machen.[403] Selbstverständlich sollte vor einer Ausstellung aber auch das Gespräch mit den Nachkommen weniger prominenter Opfer gesucht werden.

Einen Ort für eine solche Ausstellung zu finden, ist erfahrungsgemäß keine leichte Aufgabe. Sobald aber der politische Wille da ist, wird eine Lösung möglich sein. Im Folgenden möchte ich einige Vorschläge machen, ohne der nötigen Diskussion freilich vorgreifen zu wollen. Die naheliegendste Lösung wäre sicherlich eine Ausstellung am historischen Ort. Angesichts der Sicherheitsaspekte für den Strafvollzug und des Platzmangels im und am Gefängnis scheint eine Realisierung in Stadelheim jedoch nicht sehr wahrscheinlich. Alternativ könnte möglicherweise das NS-Dokumentationszentrum München die Guillotine aufnehmen, falls es sich eines Tages dafür öffnet, historische Gegenstände zu zeigen (im Übrigen besteht die Architektur im unmittelbaren Umfeld ohnehin aus historischen Objekten, zu denen das Haus sich ganz bewusst mit großen Fenstern öffnet). Für einen eventuellen Erweiterungs- oder Ergänzungsbau gäbe es in der direkten Nachbarschaft noch Grundstücke auf der anderen Straßenseite und an der Stelle der beiden nach dem Krieg gesprengten „Ehrentempel“, von denen nur noch die Sockel erhalten sind. Ein weiterer interessanter Ort für eine Dauerausstellung wäre als Täterort der Münchner Justizpalast, wo auch die Todesurteile über die Mitglieder der Weißen Rose gefallen sind. Das Haus der Bayerischen Geschichte in Regensburg käme grundsätzlich ebenfalls als Ausstellungsort in Frage, falls es bereit wäre, einer weiter ausholenden Präsentation den adäquaten Raum zu widmen. Denkbar wäre auch eine Integration der Guillotine in ein noch zu schaffendes bayerisches Strafvollzugsmuseum, das zum Beispiel in einem ehemaligen bayerischen Gefängnis untergebracht werden könnte.

Wenn all dies nicht umsetzbar erscheint, könnte eine Ausstellung im Bayerischen Nationalmuseum eine praktikable, letztendlich naheliegende und zudem frühere Versäumnisse ausgleichende Lösung sein. Das würde auch der Tatsache Rechnung tragen, dass die Hinrichtungsgegenstände bereits ein halbes Jahrhundert im Haus lagern – eine Phase, die für den lange als schwierig empfundenen und unzureichenden Umgang mit der hochbelasteten Guillotine steht und in der Ausstellung thematisiert werden sollte. Freilich dürfte sie nicht zwischen Möbeln, gotischen Skulpturen, Altären, Krippen oder Schwertern gezeigt werden, sondern sie sollte einen Platz in einer eigenen Dauerausstellung finden, die dem wohl spektakulärsten Exponat des Hauses angemessen wäre – eventuell auch angegliedert an die eines Tages vielleicht wieder eröffnete Abteilung der Straf- und Rechtsaltertümer.

Die Guillotine von Stadelheim ist ohne Zweifel ein schrecklicher Gegenstand, dem gegenüberzutreten Überwindung kostet. Aber sie ist nun einmal ein Teil unserer Geschichte, mit dem wir uns – auch durch dieses Objekt – auseinandersetzen müssen, wenn wir ihn nicht verdrängen wollen. Darum plädiere ich dafür, dass der Staat die Guillotine, die er jahrzehntelang versteckt und unter Verschluss gehalten hat, der Öffentlichkeit zurückgibt und das Ausstellungsverbot aufhebt. Noch viel problematischer, als die Guillotine auszustellen, ist es, sie wegzusperren und der Allgemeinheit vorzuenthalten. Die Entscheidung, welche Exponate ausgestellt werden, sollten – wie sonst auch – Kuratorinnen treffen und nicht Politiker, denn wenn der Staat schon vorab Verbote ausspricht, ist das nichts anderes als Paternalismus und Zensur. Und beides darf in einem freien und demokratischen Land keine Option sein.

Dank

Dieses Buch wäre nicht entstanden ohne die Vor- und Mitarbeit des Bayerischen Nationalmuseums in München und ohne die Offenheit des Hauses, sich mit dem hochbelasteten Erbe der Guillotine von München-Stadelheim auseinanderzusetzen und ihre Existenz nicht länger zu verschweigen. An erster Stelle zu danken ist hier dem zuständigen Fachmann vor Ort, Dr. Sybe Wartena. Er spürte bei seiner ersten Begegnung mit der Guillotine die Verantwortung, ihre Vergangenheit aufzudecken, und bestätigte bei meiner Anfrage im Jahr 2013 nach nur kurzem Zögern ihre Existenz und Herkunft. In akribischer Recherche stellte er inzwischen sicher, dass es sich tatsächlich um diejenige von Stadelheim handelt. Demnächst soll dazu seine hier vielfach zitierte Publikation erscheinen, die er mir großzügigerweise schon vorab zur Verfügung stellte. Darüber hinaus war er viele Male für meine Fragen offen und unterstützte mich mit seinem fundierten Detailwissen und Literaturempfehlungen.

Wie viele Menschen vor 1933 unter dieser Guillotine gestorben sind, ist nicht endgültig geklärt. Dass ich hier eine annähernde Zahl nennen kann, ist den mühevollen Zeitungsrecherchen der Hobbyhistoriker Dieter Paprotka (Berlin), Wolfgang Krüger (Celle) und Christian Schrepper (Essen) zu verdanken sowie dem Autor Udo Bürger, der auf dieser Basis einen Großteil dieser Fälle in zwei Büchern erzählt hat.

Die Leiterin des Strafvollzugsmuseums Ludwigsburg, Dr. Susanne Opfermann, unterstützte meine Recherchen und beantwortete viele meiner Fragen, ebenso ihr Vorgänger Dr. Erich Viehöfer. Der Medizinhistoriker Dr. Mathias Schütz versorgte mich freigiebig mit Informationen und Quellen darüber, wie Stadelheimer Leichen für die anatomische Forschung verwendet wurden. Auch seine Datenbank mit sämtlichen Stadelheimer Hingerichteten des Dritten Reiches, die er recherchieren konnte, stellte er mir freundlicherweise zur Verfügung. Rudolf Drasch, der sich neben seiner Tätigkeit als Innenrevisor in der JVA München-Stadelheim bis zu seinem Ruhestand verdienstvoll für die Bewahrung der Geschichte des Hauses eingesetzt hat, ließ mich ebenfalls an seinem Wissen Anteil haben. Informationen zum Verbleib der die Guillotine ergänzenden Böcke verdanke ich Gerald Stelzer (Hotel Fronfeste Amberg), Gabriela Bachmann-Werling, Heribert Hohlheimer (beide JVA Amberg) und Johanna Rubenbauer (JVA Bayreuth). Der ehemalige Sozialarbeiter der JVA Stadelheim Bernhard Moninger ermöglichte mir freundlicherweise den Zugang zum Archiv der JVA und zeigte mir bei einer Führung im Gefängnis unter anderem den ehemaligen Todestrakt. Besonders dankbar bin ich auch für die kollegiale und freundschaftliche Zusammenarbeit mit dem Historiker Prof. Dr. Alexander Korb, der zeitgleich eine Publikation zu den Hinrichtungen in den 1920er- und 1930er-Jahren vorbereitete. Er ließ mich großzügig an seiner Expertise in der Archivarbeit Anteil haben und teilte sogar manche Trouvaille mit mir.

Die Nachkommen von Opfern des NS-Unrechts Heidi Delbeck, Wolfgang Paterno und Carmen Eckhardt vermittelten mir ein Verständnis für das Fortwirken der nationalsozialistischen Todesstrafen unter den Angehörigen. Von den Nachkommen der Weißen Rose danke ich Prof. Dr. Wolfgang Huber (Sohn von Prof. Kurt Huber), Joachim Baez (Neffe von Willi Graf), Jörg Hartnagel (Neffe von Hans und Sophie Scholl) und Markus Schmorell (Neffe von Alexander Schmorell) für ihre Offenheit und Gesprächsbereitschaft.

Wichtige Denkanstöße verdanke ich auch Prof. Dr. Mario Gollwitzer, Prof. Dr. Bernhard Grau, Dr. Frank Matthias Kammel, Dr. Sven Keller, Dr. Susanne Opfermann, Oliver Poetzsch, Prof. Dr. Hermann Schäfer, Dr. Alexander Schmidt, Prof. Dr. Jörg Skriebeleit, Prof. Dr. Johannes Tuchel, Christian Ude, Dr. Michael Verhoeven und Prof. Dr. Mirjam Zadoff.

Für das Lesen des Manuskriptes und viele kritische Anregungen und Korrekturen danke ich Elke Blancke, Dr. Jörg Denzer, Prof. Dr. Bernhard Grau, Prof. Dr. Alexander Korb, Dr. Petra Overath, Prof. Dr. Hermann Schäfer, Christian Schrepper, Dr. Erich Viehöfer, Dr. Sybe Wartena, Anja Wolf und Dr. Robert M. Zoske. Mein besonderer Dank gilt hier der Lektorin Christiane Tomasi, die aus dem Manuskript stilsicher, klug und taktvoll den jetzigen Text herausgeschält hat. Es war eine Freude, mit ihr und dem übrigen – ebenso sympathischen und wertschätzenden – Team des Verlags Friedrich Pustet zusammenzuarbeiten.

Nicht zuletzt danken möchte ich den Geschichtslehrern des Münchner Willi-Graf-Gymnasiums Sabrina Neubauer und Andreas Schöberl und vor allem den Schülerinnen und Schülern der damaligen 11. Klasse: Sie haben das Tabuthema „Guillotine“ mit unverstelltem Blick offen diskutiert und mich in der Überzeugung bestärkt, dass das Stadelheimer Fallbeil enttabuisiert und dauerhaft zu einem Lernort werden sollte.

Bildnachweis

Umschlagmotiv: Die Guillotine, mit der während des Nazi-Regimes unter anderem die Geschwister Scholl hingerichtet wurden und die sich seit 1974 im Depot des Bayerischen Nationalmuseums befindet. – Undatierte Fotografie, freigegeben 2014 vom Bayerischen Nationalmuseum. (picture alliance / dpa | Walter Haberland / Handout).

Akg-images: 41
Alamy: 76
Archiv des Autors: 101 (Regensburger Anzeiger vom 09.03.1931), 141 (Stadelheimer Hefte 2, München 2004, 32)
Bayerisches Hauptstaatsarchiv: 102 (Kriegsarchiv des Bayerischen Hauptstaatsarchivs; MJu 18346)
Bayerisches Nationalmuseum: 184 (Foto: Wartena)
https://commons.wikimedia.org, public domain: 28, 37, 38, 142
Mittelalterliches Kriminalmuseum Rothenburg ob der Tauber: 20
picture alliance / dpa | Petr Mlch: 118
Sammlung Sylvain Larue: 47
Staatsarchiv Augsburg (LBA Augsburg Abg. 1965 Nr.39): 91
Staatsarchiv München: 162 (STAM JVA M 196), 174 (STAM JVA M 81), 176 (STAM JVA M 29976/1)
Staatsbibliothek zu Berlin – Preußischer Kulturbesitz, Signatur Fy 7271, aus: Kritische Geschichte der Guillotine von Georg Wilhelm Boehmer. 1821 (Sonderabdruck aus: Curiositäten; 9). Bestand: Universitätsbibliothek FU Berlin. Digitialisiert durch UB/FU Berlin: 36
Stadtarchiv München: 25 (DE-1992-FS-NL-2157), 94 (DE-1992-FS-NL-KV-2156)
Stolpersteine Regensburg: 124
Strafvollzugsmuseum Ludwigsburg: 48
SZ Photos: 43 (Rue des Archives/Rene Dazy), 97, 154 (United Archives)
Ulrich Trebbin: 135, 155, 191

Literaturverzeichnis

Verwendete Archive

HSTA Bayerisches Hauptstaatsarchiv
K-HSTA Kriegsarchiv des HSTA
STAM Staatsarchiv München
StdAM Stadtarchiv München
Archiv der JVA Stadelheim

Quellen ohne Autor*in

Strafgesetzbuch für das Königreich Baiern, München 1813.

Strafgesetzbuch für das Königreich Bayern vom 10.11.1861, erläutert aus den Materialien der Rechtslehre und der Entscheidung der Gerichte, Melchior Stenglein (Hg.), München 1869.

Instruction Zur Behandlung und Aufstellung der Fallschwert-Maschinen, die am 9. Mai 1855 vom Kreis- und Stadtgericht München an die Königliche Lokalbau-Inspektion München versandt wurde (HStA MJu 13066, zit. nach Wartena).

„Instruktion über das Verfahren bei dem Vollzuge der Todes-Urtheile." In: Königlich Bayerisches Kreis-Amtsblatt von Oberbayern, 21 (20. April 1855), Sp. 645–652.

Regierungsblatt für das Königreich Bayern (32), 5.8.1854, 585–587.

Literatur

Alt, Karl: Todeskandidaten. Erlebnisse eines Seelsorgers im Gefängnis München-Stadelheim mit zahlreichen im Hitlerreich zum Tode verurteilten Männern und Frauen. München 1946; (neu aufgelegt unter dem Titel: Überschreiten von Grenzen. Strafgefängnis München Stadelheim zwischen 1934 und 1945. Der evangelische Seelsorger und Zeitzeuge Karl Alt begleitet die zum Tode Verurteilten bis zu ihrer Hinrichtung. München 1994)

Amberg, Stefan (Pseudonym von Will Berthold): Vollstreckt. Johann Reichhart, der letzte deutsche Henker. München 1982.

Arasse, Daniel: Die Guillotine. Die Macht der Maschine und das Schauspiel der Gerechtigkeit. Reinbek 1988.

Balint, Michael: Angstlust und Regression. Stuttgart [5]1999.

Beaurieux, Docteur: Exécution de Languille, observation prise immédiatement après decapitation. In: Archives d'anthropologie criminelle, 20 (1905), 643–48.

Behrens, Petra (et al.): Gedenkstätte Plötzensee. Hinrichtungen im Strafgefängnis Berlin-Plötzensee. Katalog zur Dauerausstellung. Berlin 2019.

Blazek, Matthias: Scharfrichter in Preußen und im Deutschen Reich 1866–1945, Stuttgart 2010.

Blazek, Matthias: Zur Biographie Roland Freislers (1893–1945). In: Journal der juristischen Zeitgeschichte, 1 (2010), 35–37.

Boberach, Heinz (Hg.): Richterbriefe. Dokumente zur Beeinflussung der deutschen Rechtsprechung 1942–1944. Boppard am Rhein 1975.

Böhmer, Georg Wilhelm: Kritische Geschichte der Guillotine. Göttingen 1821.

Brauer, Juliane und Lücke, Martin (Hg.): Emotionen, Geschichte und historisches Lernen. Geschichtsdidaktische und geschichtskulturelle Perspektiven. Göttingen 2013.

Brinkmann, Elisabeth: Der letzte Gang. Ein Priesterleben im Dienste Todgeweihter. Erinnerungen an meinen Bruder. Münster 1950.

Bürger, Udo: Die spektakulärsten Kriminalfälle in Altbayern. München 2018.

Bürger, Udo: Historische Kriminalfälle in Franken und Schwaben von 1815 bis 1936. Regenstauf 2018.

Chaussy, Ulrich: „Und ihr Geist lebt trotzdem weiter…“: Wie Hans Leipelt und Marie-Luise Jahn den Widerstand der „Weißen Rose“ fortsetzten. Radiofeature, Bayerischer Rundfunk 1995.

Dachs, Johann: Tod durch das Fallbeil. Der deutsche Scharfrichter Johann Reichhart. Regensburg ²2012.

Dachs, Johann: Wahre Mordgeschichten. Kriminalfälle aus der Oberpfalz und Niederbayern. Regensburg ³2015.

De Pasquale, Silvia / Nagel, Sebastian (Hg.): Auf dem Görden: Die Strafanstalt Brandenburg im Nationalsozialismus (1933–1945) und in der DDR (1949–1990). Eine Ausstellung am historischen Ort. Berlin 2020.

Dimpfl, Monika: Karl Valentin. Biografie. München 2007/2017.

Drasch, Rudolf: 110 Jahre München-Stadelheim. Die Justizvollzugsanstalt München (Stadelheimer Hefte 2). München 2004.

Drasch, Rudolf: Die Todesstrafe. Hinrichtungen im Münchner Strafgefängnis Stadelheim. Enthauptet, erschossen, erhängt (Stadelheimer Hefte 7). München 2010

Düsing, Bernhard: Die Geschichte der Abschaffung der Todesstrafe in der Bundesrepublik Deutschland. Offenbach 1952.

Eckhardt, Carmen: Viktors Kopf. Dokumentarfilm 2016 und: Radiofeature, Deutschlandfunk 2018.

Eisenburg, Beni und Rausch, Waldemar (Hg.): Johann Baptist Mannhardt – ein Genie. In: Gmunder Hefte. Beiträge zur Heimatkunde, 10 (1998).

Ernst, Roland: Der Vollstrecker. Johann Reichhart. Bayerns letzter Henker. München 2019.

Evans, Richard: Rituale der Vergeltung. Die Todesstrafe in der deutschen Geschichte. 1532–1987. Berlin 2001.

Evans, Richard: Öffentlichkeit und Autorität. Zur Geschichte der Hinrichtungen in Deutschland vom Allgemeinen Landrecht bis zum Dritten Reich. In: Heinz Reif (Hg.): Räuber, Volk und Obrigkeit. Studien zur Geschichte der Kriminalität in Deutschland seit dem 18. Jahrhundert. Frankfurt a. M. 1984, 185–258.

Frech, Siegfried und Richter, Dagmar (Hg.): Der Beutelsbacher Konsens. Schwalbach 2017.

Glasmeier, Michael C.: Die Geschichte des Valentin-Panoptikums. In: Wolfgang Till (Hg.): Karl Valentin. Volks-Sänger? Dadaist? München 1982, 104–150.

Glasmeier, Michael C.: Karl Valentin. Der Komiker und die Künste. München 1987.

Glenzdorf, Johann Caspar und Treichel, Fritz: Henker, Schinder und arme Sünder, Bd. 1. Bad Münder am Deister 1970.

Gollwitzer, Helmut (et. al.): Du hast mich heimgesucht bei Nacht. Abschiedsbriefe und Aufzeichnungen des Widerstands 1933–1945. München 1954.

Görtemaker, Manfred / Safferling, Christoph: Die Akte Rosenburg. Das Bundesministerium der Justiz und die NS-Zeit. München 2016.

Grau, Bernhard: In einem funktionierenden Königreich mussten auch die Köpfe ordentlich rollen. In: Bayerische Staatszeitung, 3 (2007) (Kunst- und kulturhistorische Beilage), 7–10.

Greinwald, Sigisbert: Für und wider die Todesstrafe. München 1931.

Gromann, Jürgen (Hg.): Aufzeichnungen eines Scharfrichters: Das Tagebuch des Königlichen Nachrichters von Bayern Franz Xaver Reichhart. Donauwörth 2018.

Gruchmann, Lothar: Hitler über die Justiz. Das Tischgespräch vom 20. August 1942. In: Vierteljahreshefte für Zeitgeschichte, 12 (1964/1), 86–101.

Gruchmann, Lothar: „Nacht- und Nebel"-Justiz. Die Mitwirkung der Strafgerichte an der Bekämpfung des Widerstandes in den besetzten westeuropäischen Ländern 1942–1944. In: Vierteljahreshefte für Zeitgeschichte, 29 (1981/3), 342–396.

Gruchmann, Lothar: Justiz im Dritten Reich 1933–1940. Anpassung und Unterwerfung in der Ära Gürtner. München 1988.

Hamm, Heinrich: „Wir hörten das Fallbeil fallen." In: Werkstatt Düsseldorf des Werkkreises Literatur der Arbeitswelt (Hg.): Der rote Großvater erzählt. Frankfurt a. M. 1974, 166–174.

Helmensdorfer, Erich: „Ich tät's nie wieder": Scharfrichter Reichart(!) ist gegen die Todesstrafe. In: Die Zeit, 30.10.1964.

Hillenbrand, Klaus: Berufswunsch Henker. Warum Männer im Nationalsozialismus Scharfrichter werden wollten. Frankfurt a. M. 2013.

Hitler, Adolf: Reichstagsrede am 11.12.1941 (zit. nach Völkischer Beobachter, 12.12.1941, 4).

Hofmann, Prof. Dr.: Die Einführung des Fallschwertes zu Hinrichtungen im Königreiche Bayern. In: Adolph Henke's Zeitschrift für die Staatsarzneikunde, 4 (1855), 369–387.

Holland, Hyacint: Mannhard, Johann. In: Allgemeine Deutsche Biographie (ADB), Bd. 20, Duncker & Humblot, Leipzig 1884, 200–203.

Hormayr, Gisela: „Wenn ich wenigstens von euch Abschied nehmen könnte". Letzte Briefe und Aufzeichnungen von Tiroler NS-Opfern aus der Haft. Innsbruck 2017.

Huber, Clara (Hg.): Kurt Huber zum Gedächtnis. Bildnis eines Menschen, Denkers und Forschers. Regensburg 1947.

Huber, Wolfgang (Hg.): Die Weiße Rose. Kurt Hubers letzte Tage. München 2018.

Huhle, Rainer: „Nacht und Nebel" – Mythos und Bedeutung. In: Zeitschrift für Menschenrechte, 8 (2014), 120–135.

Iken, Katja: Todesstrafe in Deutschland: „Gehen Sie mutig und gefasst Ihren letzten schweren Gang". In: Der Spiegel, 18.2.2019 https://www.spiegel.de/geschichte/todesstrafe-fuer-richardschuh-letzte-hinrichtung-durch-westdeutsche-justiz-a-1252841.html (abgerufen am 4.12.2022).

Kant, Immanuel: Anthropologie in pragmatischer Hinsicht abgefasst. Königsberg 1798.

Kerrl, Hanns: Nationalsozialistisches Strafrecht. Denkschrift des Preußischen Justizministers. Berlin 1933.

Kershaw, Alister: Die Guillotine. Eine Geschichte des mechanischen Fallbeils. Hamburg 1959.

Koch, Jürgen Reinhard: Die Todesstrafe unter nationalsozialistischer Strafrechtsherrschaft (Dissertation). Heidelberg 1948.

Kock, Peter Jakob: Der Bayerische Landtag. Eine Chronik. München [7]2016.

Kristl, Wilhelm Lukas: Das traurige und stolze Leben des Mathias Kneißl. München [2]1978.

Krüger, Thomas: Beutelsbach 2.0 – zehn Thesen zur politischen Bildung. In: Gudrun Hentges (Hg.): Krise der Demokratie. Demokratie in der Krise? Frankfurt a. M. 2020, 177–193.

Krüger, Wolfgang: Serienmörder des Dritten Reiches. Arnstadt 2015.

Kubink, Michael: Strafen und ihre Alternativen im zeitlichen Wandel. Berlin 2002.

Küppersbusch, Friedrich/Becker, Oliver: Lebenslänglich Todesstrafe. Deutschlands letzte Todeskandidatin. Hamburg 2000.

Langheiter, Alexander: Johann Michael Mannhardt. In: Ders.: Miesbach. Ein Kulturführer. Miesbach 2006.

Larue, Sylvain: Le couperet de l'éternité: Histoire de la guillotine. Chamalières 2021.

Leder, Karl Bruno: Todesstrafe. Ursprung, Geschichte, Opfer. München 1986.

Leistner, Gotthold: Sachsen und die Guillotine. Ein Beitrag zur Geschichte eines Tötungsmonstrums. In: Sächsische Heimatblätter 48 (2002), 130–149.

Leonhard, Henrike: Jahrzeit. Erinnerung an Maria Ehrlich, enthauptet am 10.2.1944 in München-Stadelheim. Radiofeature, Bayerischer Rundfunk 1994.

Lichtenberg, Georg Christoph: Ein Wort über das Alter der Guillotine. In: Göttinger Taschenkalender (1795), 157–165.

Liedtke, Rüdiger: 55½ Orte rund ums Oktoberfest, die man gesehen haben muss. Köln 2014.
MacLean, French L.: American Hangman. MSgt. John C. Woods. The United States Army's Notorious Executioner in World War II and Nürnberg. Atglen (Pennsylvania) 2019.
Maier, Lorenz: Mannhardt, Johann Michael. In: Karl Bosl (Hg.): Bosls bayerische Biographie. Regensburg 1983, 504.
Maser, Werner/Poelchau, Harald: Der Mann, der tausend Tode starb. Rastatt 1982.
Martschukat, Jürgen: „Ein schneller Schnitt, ein sanfter Tod? Die Guillotine als Symbol der Aufklärung." In: Anne Conrad et al. (Hg.): Das Volk im Visier der Aufklärung. Studien zur Popularisierung der Aufklärung im späten 18. Jahrhundert. Hamburg 1998, 121–142.
Martschukat, Jürgen: Inszeniertes Töten. Eine Geschichte der Todesstrafe vom 17. bis zum 19. Jahrhundert. Köln 2000.
Meiners, Christoph: Betrachtungen über die Hinrichtung mit dem Schwerdte. In: Berliner Monatsschrift (3) 1784, 408–422.
Memminger, Josef: Karl Valentin. Der grantige Clown. Regensburg 2011.
Moll, Christiane (Hg.): Alexander Schmorell / Christoph Probst: Gesammelte Briefe. Schriftenreihe der Gedenkstätte Deutscher Widerstand. Berlin 2011.
Münz, Erwin und Elisabeth (Hg.): Geschriebenes von und an Karl Valentin. Eine Materialsammlung 1903 bis 1948. München 1978.
Nerdinger, Eugen: Die unterliegen nicht, die für eine große Sache sterben! Augsburg 1965.
Nerdinger, Winfried (Hg.): München und der Nationalsozialismus. Katalog des NS-Dokumentationszentrums München. München 2015.
Niederhut, Jens: „Es ist besser zu sein als nicht zu sein". Arnold, Heinemann, Sträter und die Todesstrafe in Nordrhein-Westfalen. In: Geschichte im Westen (GiW) (28) 2013, 141–160.
Nowosadtko, Jutta: Scharfrichter und Abdecker: Der Alltag zweier „unehrlicher Berufe" in der Frühen Neuzeit. Paderborn 1994.
Oleschinski, Brigitte: Gedenkstätte Plötzensee. Berlin [2]1995.
Ortner, Helmut: Das Buch vom Töten. Über die Todesstrafe. Springe 2013.
Overath, Petra: Tod und Gnade. Die Todesstrafe in Bayern im 19. Jahrhundert. Köln 2001.
Paterno, Wolfgang: „So ich noch lebe …". Meine Annäherung an den Großvater. Eine Geschichte von Mut und Denunziation. Innsbruck 2020.
Paterno, Wolfgang: Langes Lebewohl. In: Profil, 50 (12.12.2021), 48–53.
Perz, Bernhard/Skriebeleit, Jörg: Den Tod ausstellen. In: Gregor Holzinger: Der Tatort Mauthausen. Eine Spurensuche. Wien 2014, 117–133.
Pflanz, Heinrich: Der Spöttinger Friedhof in Landsberg am Lech. St. Ottilien [2]2005.
Poetzsch, Oliver: Vom Henker und Schinder zum Arzt und Maler. Die Kuisls oder wie sich eine bayerische Familie vom Ruch des Ehrlosen befreite. Radiofeature, Bayerischer Rundfunk 2010.

Raithel, Thomas: Die Strafanstalt Landsberg am Lech und der Spöttinger Friedhof (1944–1958). Eine Dokumentation im Auftrag des Instituts für Zeitgeschichte München-Berlin. München 2009.

Rieger, Hans: Das Urteil wird jetzt vollstreckt. Wien 1977.

Rijn, Clementina M. van (et al.): Decapitation in Rats: Latency to Unconsciousness and the "Wave of Death". In: PLOS ONE. 6 (1), 27. Januar 2011, Online: e16514. https://www.ncbi.nlm.nih.gov/pmc/articles/PMC3029360/ (zuletzt abgerufen am 13.6.2022).

Rossa, Kurt: Todesstrafen. Ihre Wirklichkeit in drei Jahrtausenden. Bergisch Gladbach 1979.

Sanson, Henri: Tagebücher der Henker von Paris. München 1983.

Schäfer, Hermann: Nicht einfach „eine" Guillotine. Staatliche Willkür und Anmaßung. In: Ders.: Deutsche Geschichte in 100 Objekten. München 2015.

Schattenhofer, Michael: „Henker, Hexen und Huren im alten München." In: Ders.: Beiträge zur Geschichte der Stadt München, Oberbayerisches Archiv 109/1. München 1984, 113–143.

Schulte, Michael: Karl Valentin. Eine Biografie. München 1998.

Schurr, Stephan: Studien zur Geschichte der Hinrichtung in Bayern im 19. Jahrhundert. München 1987. (Stadtarchiv München Signatur: 01/Av; Bibk. 27283)

Schütz, Mathias (et al.): Anatomische Vitamin-C-Forschung im Nationalsozialismus und in der Nachkriegszeit: Max Claras Humanexperimente an der Anatomischen Anstalt München. In: Medizinhistorisches Journal 50 (2015), 330–355.

Schütz, Mathias: Das Strafgefängnis Stadelheim als zentrale Hinrichtungsstätte im Nationalsozialismus. Entwicklungen und Opfer. In: Zeitschrift für Geschichtswissenschaft (2016), 854–875 (zu der Publikation gehört eine Excel-Datei mit den Namen und sonstigen Daten der Hinrichtungsopfer zwischen 1933 und 1945, die der Autor mir freundlicherweise zur Verfügung gestellt hat. Laut seiner Aussage ist sie im Staatsarchiv München und im Münchner Stadtarchiv hinterlegt).

Schütz, Mathias (et al.): Munich anatomy and distribution of bodies from the Stadelheim execution site during National Socialism. In: Annals of Anatomy 211 (2017), 2–12.

Schweiggert, Alfons: Karl Valentins Panoptikum. Wie es ächt gewesen ist. München 1985.

Seidl, Helmut A.: Ein Mördertrio auf dem Schafott. Die Hingerichteten beim ersten Einsatz der Guillotine in Bayern. Norderstedt 2017.

Seidl, Helmut A.: Die Gattenmörderin von Oberzeitlbach. Wie die Bäuerin A.M.Pickl 1857 auf dem Schafott endete. Norderstedt 2017.

Seidl, Helmut A.: Zwei Spektakel im Morgengrauen. Der Ersteinsatz der Guillotine in Niederbayern und der Oberpfalz. Norderstedt 2018.

Stuiber, Irene: Hingerichtet in München-Stadelheim. München 2004.

Stumme, Wolfgang: Die letzte Guillotine in Mainz (aktualisiert am 22.07.2016) http://www.regionalgeschichte.net/rheinhessen/mainz/einzelaspekte/die-letzte-guillotine-in-mainz.html?L=0 (zuletzt abgerufen am 20.8.2022).

Taeger, Angela: Die Guillotine und die Erfindung der Humanität. Stuttgart 2016.
Trebbin, Ulrich: Problematisches Erbe. Die bayerischen Guillotinen. Radiofeature, Bayerischer Rundfunk 2021.
Triest, Ludwig: Die Todesstrafe in Bayern. In: Allgemeine Deutsche Strafrechtszeitung, 2 (1862), Sp. 177–182.
Valentin, Karl: Eine Schlamperei. In: Ders.: Sämtliche Werke in neun Bänden. München 2007. Bd. 3, 129–132.
Völderndorff, Otto von: Harmlose Plaudereien eines Alten Münchners. Neue Folge. München 1898.
Waibel, J. Maximilian: Altmünchener Richtstätten und anderes hier Einschlägige. In: Bayernland, 25 (1914), 634–639.
Waltenbacher, Thomas: Zentrale Hinrichtungsstätten. Der Vollzug der Todesstrafe in Deutschland von 1937–1945. Scharfrichter im Dritten Reich. Berlin 2008.
Wartena, Sybe: Die bayerische Fallschwertmaschine: zwischen Humanisierung der Justiz und nationalsozialistischem Terror-Regime. Unveröffentlichtes Manuskript, voraussichtlich in: Zeitschrift für bayerische Landesgeschichte, 2022 (die Nummer soll im Frühjahr 2023 erscheinen). Das Manuskript wurde mir vom Autor freundlicherweise vorab zur Verfügung gestellt.
Wegener, Bernhard: Zur Psychohistorie der Scharfrichter und verwandter Professionen. Göttingen 2017.
Will, Martin: Ephorale Verfassung. Das Parteiverbot der rechtsextremen SRP von 1952, Thomas Dehlers Rosenburg und die Konstituierung der Bundesrepublik Deutschland. Tübingen 2017.
Winterstein, Axel: Erfinder in München. Genies, Querköpfe, Tüftler. Landsberg 1997.
Zapf, Hannelore: Die Amberger Fronfeste erzählt… . Amberg 2015.
Zoske, Robert M.: Flamme sein! Hans Scholl und die Weiße Rose. München 2021 (EA: München 2018).
Zoske, Robert M.: Sophie Scholl: Es reut mich nichts. Porträt einer Widerständigen. Berlin ^{3}2021.
Zoske, Robert M.: Die Weiße Rose. Geschichte, Menschen, Vermächtnis. München 2023 (der Autor hat mir das Manuskript freundlicherweise vorab zur Verfügung gestellt).

Anhang

Mutmaßlich mit dem *Münchner* Fallbeilrahmen Enthauptete zwischen 1855 und 1933 (mit Ort der Hinrichtung und angeklagtem Vergehen):

Datum	Name	Ort	Vergehen
27.1.1855	Joseph Anton Häusler	Augsburg	Raubmord
7.7.1855	Sebastian Langguth	München	Raubmord
31.10.1855	Georg Erbschwendner	München	Vatermord
28.1.1856	Georg Gschwendtner	München	Auftragsmord
7.4.1856	Kaspar Kreitelhuber	München	Kindsmord
29.9.1856	Johann Seitz	München	Raubmord
2.10.1856	Jakob Köpf	Augsburg	Mord am Schwiegervater
25.10.1856	Joseph Graf	München	Mord an seiner schwangeren Geliebten
20.12.1856	Leopold Berglehner	Straubing	Raubmord/Sexualmord
31.1.1857	Peter Kefer	München	Raubmord
12.2.1857	Georg Buchner	Straubing	Mord an der Ehefrau
21.3.1857	Anna Maria Pickl	München	Gattenmord/ Auftragsmord
27.3.1857	Joseph Nadler	Augsburg	Aufragsmord (Habgier)
18.4.1857	Sebastian Niedermaier	München	Mord an Mithäftling
18.4.1857	Franz Lettl	München	Mord an Mithäftling
8.2.1858	Lorenz Hiebl	München	Raubmord
19.8.1858	Josef Engelsberger	München	Raubmord
19.8.1858	Balthasar Zachenbacher	München	Raubmord
26.8.1858	Anton Engelhart	Straubing	Raubmord
13.11.1858	Johann Krieger	München	Mord an Mithäftling
4.12.1858	Karl Lang	München	Raubmord
18.6.1859	Franz Zann	München	Mord an der ehemaligen Geliebten
29.9.1859	Ignaz Häusler	Augsburg	Raubmord
28.1.1860	Andreas Fäßl	München	Doppelmord/ Raubmord

Datum	Name	Ort	Vergehen
25.2.1860	Max Aigner	München	Mord am Mann der Geliebten
25.2.1860	Michael Klotz	München	Raubmord
9.11.1861	Franz Klaushammer	München	Raubmord
11.5.1866	Michael Trauner	Straubing	Mord an der Ehefrau
13.7.1866	Ferdinand Hilz	Straubing	Raubmord
30.3.1868	Josef Staringer	Straubing	Raubmord
18.9.1873	Franz Xaver Marchner	Amberg	Familienmord
18.9.1873	Joseph Marchner	Amberg	Familienmord
20.12.1875	Michele Battistella	München	Raubmord
9.10.1876	Valentin Gläsgen	München	Raubmord
9.10.1876	Johann Ruf	München	Raubmord
14.2.1879	Georg Ulherr	Nürnberg	Kindsmord/Sexualmord
18.12.1879	Johann Kaspar Holleber	Würzburg	Raubmord
1.3.1882	Castulus Rami	München	Raubmord
4.1.1883	Johann Adam Reißmann	München	Raubmord
26.9.1883	Wilhelm Strohhofer	München	Raubmord
26.9.1883	Jakob Faßl	München	Raubmord
30.1.1884	Michael Reitner	Amberg	Mord an der Ehefrau
5.7.1884	Benno Ziegelgänsberger	München	Raubmord
21.2.1885	Georg Meilinger	Straubing	Raubmord
15.4.1885	Anton Hornsteiner	München	Raubmord
6.2.1886	Alois Mayer	Augsburg	Raubmord
6.3.1886	Johann Brunnbauer	Straubing	Raubmord
4.8.1886	Max Stich	München	Raubmord
4.8.1886	Friedrich Fischer	München	Raubmord
2.4.1887	Josef Buckreus	Bayreuth	Raubmord/Kindsmord
2.7.1887	Anton Riedl	Amberg	Raubmord
10.11.1887	Friedrich Matthäus Wild	Bayreuth	Mord an Gefängnisaufseher
26.11.1887	Joseph Placak	München	Polizistenmord
10.4.1889	Georg Adam Seiß	Bayreuth	Raubmord
6.8.1890	Leonhard Regauer	München	Raubmord
6.9.1890	Michael Schieber	Amberg	Mord an sechsjähr. Stiefsohn und dessen Großvater
17.10.1890	Josef Emil Eichner	München	Raubmord
15.11.1890	Karl Reitz	München	Raubmord

Datum	Name	Ort	Vergehen
19.12.1891	Peter Tremmel	Augsburg	Raubmord
15.7.1892	Leonhard Labender	Augsburg	Raubmord
16.11.1892	Johann Schindler	München	Doppelmord (Rache)
21.6.1893	Georg Kratzer	Augsburg	Raubmord
3.8.1893	Karl Guttenberger	Amberg	Kindsmord/Doppelmord/Raubmord
2.5.1894	Anton Spichtinger	Amberg	Vatermord
26.4.1895	Otto Giersberg	München	Sexualmord an einem Kind/Mord an Mithäftling
14.8.1895	Ernst Raupach	Augsburg	Mord an der Ehefrau
16.11.1895	Johann Wagner	Amberg	Mord an der Ehefrau
11.9.1896	Josef Persch	Amberg	Mord an der Ehefrau
11.11.1896	Josef Frohnauer	Augsburg	Raubmord
7.5.1897	Josef Ipfelkofer	Amberg	Sexualmord
11.6.1897	Michael Girnghuber	Straubing	Auftragsmord
11.6.1897	Anselm Able	Straubing	Vatermord
16.6.1897	Alphons Unrath	Würzburg	Mord am Schwiegervater
16.7.1897	Jakob Stadele	München	Mord an Gefängnisaufseher
28.8.1897	Wolfgang Adolf Bauriedl	Bayreuth	Vatermord
20.11.1897	Anton Karl Nußstein	Straubing	Raubmord
10.3.1898	Mathias Hofmann	Bayreuth	Mord am Schwiegersohn
5.5.1898	Rochus Geiger	Augsburg	Raubmord
5.5.1898	Jakob Wegele	Augsburg	Sexualmord an einem Kind
4.6.1898	Joseph Wammensberger	München	Sexualmord
30.7.1898	Konrad Krug	Augsburg	Sexualmord an Mithäftling
22.3.1899	Alois Egger	München	Raubmord
8.5.1901	Wolfgang Höfling	Nürnberg	Raubmord an Schwiegermutter
8.5.1901	Christian Schaller	Nürnberg	Raubmord
11.5.1901	Johann Bauer	Augsburg	Vatermord
3.7.1901	Josef Braun	Straubing	Raubmord
13.12.1901	Andreas Nowicki	Würzburg	Raubmord

Datum	Name	Ort	Vergehen
21.2.1902	Mathias Kneißl	Augsburg	Mord an zwei Polizisten
30.4.1902	Georg Bader	Augsburg	Vatermord
6.3.1903	Josef Rupprecht	Amberg	Mord aus Hass
15.5.1903	Max Bradl	Straubing	Raubmord
15.5.1903	Karl Bradl	Straubing	Raubmord
13.4.1904	Jakob Stadi	Amberg	Sexualmord an einem Kind
7.5.1904	Gustav Roscher	Nürnberg	Raubmord
25.1.1905	Xaver Steindl	Straubing	Raubmord
27.2.1905	Albert Allramseder	München	doppelter Raubmord
1.9.1905	Johann Huber	München	Raubmord
23.5.1908	Josef Weinmann	Straubing	Raubmord an ehem. Geliebter
5.10.1910	Heinrich Zeiler	Straubing	Mord an ehem. Geliebter
20.12.1911	Joseph Raith	Amberg	Polizistenmord
25.9.1913	Johann Baptist Straßer	München	Doppelmord an Militärattaché und Polizist
19.5.1915	Heinrich Steger	Bayreuth	doppelter Raubmord
5.6.1918	Peter Eisenhofer	Amberg	Raubmord

(1918–1924 Erschießung als Vollstreckungsmethode von Todesurteilen)

Datum	Name	Ort	Vergehen
24.7.1924	Rupert Fischer	Landshut	Mord an der Ehefrau
24.7.1924	Andreas Hutterer	Landshut	Mord (Verdeckung einer Straftat)
6.8.1924	Johann Steingruber	Landshut	Mord (Verdeckung von Straftaten)
10.9.1924	Otto Ratzinger	Würzburg	Raubmord
17.9.1924	Johann Kapfer	Straubing	Mord an seiner Ehefrau
22.10.1924	Samuel Dürschner	Nürnberg	Mord an seinem Sohn
20.12.1924	Josef Heid	Schweinfurt	Mord an seiner Geliebten
15.1.1925	Michael Hettler	Weiden	Mord an seinen sechs Kindern

Datum	Name	Ort	Vergehen
25.2.1925	Johann Dengler	Landshut	Raubmord/ Sexualmord
28.2.1925	Sebastian Rußwurm	Regensburg	Mord an seiner Geliebten
18.6.1925	Max Schneider	Coburg	Mord an seiner Geliebten
4.9.1925	Karl Schwarz	Schweinfurt	Mord an seiner schwangeren Geliebten
10.9.1925	Wolfgang Fertl	München	Raubmord
29.12.1925	Johann Berthold	Regensburg	Mord an unehelichem Sohn
4.3.1926	Josef Sachsenhauser	Regensburg	Sexualmord
19.7.1926	Johann Lechner	Nürnberg	Vatermord
23.7.1926	Jakob Huber	Traunstein	Sexualmord an einem Kind
2.7.1927	Otto Klein	Augsburg	Mord (Verdeckung von Straftaten)
27.9.1927	Heinrich Kern	München	Raubmord
14.12.1927	Emil Ehrlinger	Nürnberg	Raubmord
20.1.1928	Rupert Uhlemayr	Kempten	Doppelmord an seiner Geliebten und dem gemeinsamen Kind
2.5.1931	Kurt Tetzner	Regensburg	Mord (Habgier)

Mutmaßlich mit dem *Münchner* Fallbeilrahmen außerhalb Münchens in Bayern Enthauptete zwischen 1933 und 1936 (mit Ort der Hinrichtung und angeklagtem Vergehen):

Datum	Name	Ort	Vergehen
9.5.1933	Felix Schieder	Weiden	Mord an Bruder, Schwägerin und deren gemeinsamem Kind
11.5.1933	Josef Fraundorfer	Deggendorf	Raubmord und Kindsmord
9.9.1933	Lorenz Schriefer	Ebrach	Mord an einem SA-Mann
13.9.1933	Magnus Strobel	Augsburg	Mord an seiner schwangeren Geliebten
9.8.1934	Alex Schicker	Weiden	Raubmord an 12-jährigem Jungen

Datum	Name	Ort	Vergehen
15.8.1934	Wilhelm Draxler	Passau	Mord am ehem. Dienstherrn
26.1.1935	Georg Hirsch	Ansbach	Mord an seiner schwangeren Geliebten
22.6.1935	Michael Körle	Augsburg	Raubmord
2.8.1935	Josef Heimer	Augsburg	Raubmord
10.8.1935	Johann Haslbeck	Landshut	Mord an seiner schwangeren Geliebten
18.9.1935	Ludwig Weber	Amberg	Raubmord an seiner Tante sowie deren Tochter und Enkel
3.12.1935	Mathias Schwab	Eichstätt	Mord am Onkel (Habgier)
2.4.1936	Georg Kraus	Landshut	Sexualmord
16.7.1936	Robert Heirich	Würzburg	Raubmord
25.7.1936	Georg Würr	Nürnberg	Mord an zwei Enkelsöhnen (Habgier)
28.7.1936	Wilhelm Schröder	Bamberg	Raubmord
29.7.1936	Anton Landstorfer	Regensburg	Raubmord
9.12.1936	Rudolf Brand	Bamberg	Mord an seiner Geliebten

Mutmaßlich mit dem *Würzburger* Fallbeilrahmen Enthauptete zwischen 1855 und 1866 (mit Ort der Hinrichtung und angeklagtem Vergehen):

13.9.1855	Georg Fleischmann	Bayreuth	Raubmord
24.1.1856	Georg Michael Stiegler	Ansbach	Mord an seiner schwangeren Geliebten
4.2.1856	Katharina Knorr	Amberg	Gattenmord
4.2.1856	Xaver Hemrich	Amberg	Mord des Nebenbuhlers
21.1.1858	Franz Kräusel	Amberg	Raubmord
17.7.1858	Adam Achziger	Bayreuth	Mord an seiner Ehefrau
29.8.1859	Philipp Suffel	Würzburg	Raubmord
9.9.1859	Johann Schamberger	Bayreuth	Mord an seiner Ehefrau
9.9.1859	Johann Ammon	Bayreuth	Auftragsmord
14.12.1863	Michael Neumann	Amberg	Raubmord

Anmerkungen

1 Alt, Karl: Todeskandidaten. Erlebnisse eines Seelsorgers im Gefängnis München-Stadelheim mit zahlreichen im Hitlerreich zum Tode verurteilten Männern und Frauen. München 1946, 95 (neu aufgelegt unter dem Titel: Überschreiten von Grenzen. Strafgefängnis München Stadelheim zwischen 1934 und 1945. Der evangelische Seelsorger und Zeitzeuge Karl Alt begleitet die zum Tode Verurteilten bis zu ihrer Hinrichtung. München 1994).

2 Die Gewichtsangaben stammen von Herrn Sybe Wartena (Bayerisches Nationalmuseum) nach eigener Prüfung.

3 Schäfer, Hermann: Nicht einfach „eine" Guillotine. Staatliche Willkür und Anmaßung. In: Ders.: Deutsche Geschichte in 100 Objekten. München 2015.

4 Trebbin, Ulrich: Problematisches Erbe. Die bayerischen Guillotinen. Radiofeature, Bayerischer Rundfunk 2021.

5 Trebbin.

6 Der Bayerische Landbote, 21.3.1854; Bürger, Udo: Die spektakulärsten Kriminalfälle in Altbayern. München 2018, 87.

7 Strafgesetzbuch für das Königreich Baiern, München 1813, I. Art. 5.

8 Evans, Richard: Rituale der Vergeltung. Die Todesstrafe in der deutschen Geschichte. 1532–1987. Berlin 2001, 384.

9 Overath, Petra: Tod und Gnade. Die Todesstrafe in Bayern im 19. Jahrhundert. Köln 2001, 82; Evans, Richard: „Öffentlichkeit und Autorität. Zur Geschichte der Hinrichtungen in Deutschland vom Allgemeinen Landrecht bis zum Dritten Reich". In: Heinz Reif (Hg.): Räuber, Volk und Obrigkeit. Studien zur Geschichte der Kriminalität in Deutschland seit dem 18. Jahrhundert. Frankfurt a. M. 1984. 185–258, 186.

10 Balint, Angstlust und Regression. Stuttgart [5]1999.

11 Kant, Immanuel: Anthropologie in pragmatischer Hinsicht abgefasst. Königsberg 1798, 182.

12 Martschukat, Jürgen: Inszeniertes Töten. Eine Geschichte der Todesstrafe vom 17. bis zum 19. Jahrhundert. Köln 2000, 44–53, 103–109 und 188–194; Balint etwa 17–22 oder 72–75.

13 Evans, Rituale 394 f.; Evans, Öffentlichkeit 198; Glenzdorf, Johann Caspar und Treichel, Fritz: Henker, Schinder und arme Sünder, Bd. 1. Bad Münder am Deister 1970, 73. Lorenz Scheller wird in der Literatur und in Zeitungsberichten oft auch „Schellerer" genannt. In München ist seit 1852 Lorenz Scheller (Sohn) tätig, er ist auch für Oberbayern, Schwaben, Niederbayern und Neuburg zuständig; in Amberg Lorenz Scheller (Vater) (gest. 15.8.1864), der sich aber oft von seinem Sohn vertreten lässt. Der zweite Sohn Alois Scheller ist zuerst in Eichstätt Scharfrichter und ab 1855 von Würzburg aus für die Oberpfalz, Regensburg, Ober-, Mittel- und Unterfranken zuständig (Schurr, Stephan: Studien zur Geschichte der Hinrichtung in Bayern im 19. Jahrhundert. München 1987, 107 f.; Wartena, Sybe: Die bayerische Fallschwertmaschine: zwischen Humanisierung der Justiz und nationalsozialistischem Terror-Regime, unveröffentlichtes Manuskript, voraussichtlich in: Zeitschrift für bayerische Landesgeschichte, 2022 (die Nummer soll im Frühjahr 2023 erscheinen). Ich bedanke mich an dieser Stelle ausdrücklich für die außerordentliche Großzügigkeit des Verfassers, mir das Manuskript vorab zur Verfügung zu stellen).

14 Neue Münchener Zeitung, 12.5.1854, p. 1174.

15 Münchener Bote für Stadt und Land, 12.5.1854; Bayerische Landbötin, 12.5.1854; Kurier für Niederbayern, 13.5.1854; Völderndorff, Otto von: Harmlose Plaudereien eines Alten

Münchners. Neue Folge. München 1898, 143; Nowosadtko, Jutta: Scharfrichter und Abdecker: Der Alltag zweier „unehrlicher Berufe“ in der Frühen Neuzeit. Paderborn 1994, 339 f.; Leistner, Gotthold: Sachsen und die Guillotine. Ein Beitrag zur Geschichte eines Tötungsmonstrums. In: Sächsische Heimatblätter 48 (2002), 130–149, 130; Constitutio Criminalis Carolina Art. 98; Evans, Öffentlichkeit 218; Wegener, Bernhard: Zur Psychohistorie der Scharfrichter und verwandter Professionen. Göttingen 2017, 87; Leder, Karl Bruno: Todesstrafe. Ursprung, Geschichte, Opfer. München 1986, 126–129. Die der Entlastung dienende Frage des Henkers, ob er recht gerichtet habe, entfiel 1814 (Schurr 65); Glenzdorf/Treichel 71–79.

16 Urgicht zu Christian Hussendörfer (HSTA München MInn 46136, zit. nach Evans, Rituale 1141); Augsburger Abendzeitung, 12.5.1854 (zit. bei Bürger, Altbayern 236); Völderndorff 143.

17 Der Bayerische Landbote, 12.5.1854.

18 Gutachten des Josef von Aschenbrenner vom 20. Mai 1854: „Alleruntertänigster Bericht des Staats-Ministeriums der Justiz an Seine Majestaet den König, den Vollzug der Todesstrafe betreffend“ (HSTA MJu 13066; mit freundlichem Dank an Sybe Wartena für die Transkription des in Sütterlin geschriebenen Textes).

19 Regierungsblatt für das Königreich Bayern (32), 5.8.1854, 585–587; HSTA MJu 13066; Schurr 86–89; Gutachten von Aschenbrenner (HSTA MJu 13066, zit. nach Wartena); Evans, Rituale 277 f.; Overath 185.

20 Eisenburg, Beni und Rausch, Waldemar (Hg.): Johann Baptist Mannhardt - ein Genie. In: Gmunder Hefte. Beiträge zur Heimatkunde, 10 (1998); Holland, Hyacint: Mannhard, Johann. In: Allgemeine Deutsche Biographie (ADB), Bd. 20, Duncker & Humblot, Leipzig 1884. 200–203; Langheiter, Alexander: Johann Michael Mannhardt. In: Ders.: Miesbach. Ein Kulturführer. Miesbach 2006; Maier, Lorenz: Mannhardt, Johann Michael. In: Karl Bosl (Hg.): Bosls bayerische Biographie. Regensburg 1983, 504; Schurr 102–104; Winterstein, Axel: Erfinder in München. Genies, Querköpfe, Tüftler. Landsberg 1997, 47–52; StadtAM DE-1992-GEW-3857/I und II.

21 Wartena.

22 Zapf, Hannelore: Die Amberger Fronfeste erzählt... Amberg 2015, 44. Der Fallbeilrahmen hat eine Höhe von 2,56 Metern. Wenn er etwas über Bodenniveau an den Bock geschraubt ist, ergibt sich eine Gesamthöhe von ca. 2,85 Metern vom Boden bis zur Oberkante der Seilrolle.

23 Overath 114.

24 Overath 16; Schurr 15.

25 Overath 32; Martschukat 2000, 13–17, 69 ff., 185.

26 Overath 38, 90.

27 Overath 103, 108 und 117; Schurr 34; HSTA MInn 46136.

28 Overath 65 f.

29 Waibel, J. Maximilian: Altmünchener Richtstätten und anderes hier Einschlägige. In: Bayernland, 25 (1914), 634–639, 638; Leder 75–164.

30 Evans, Rituale 59–65; Schurr 22 und 25.

31 Martschukat 2000, 44 ff.; Evans, Öffentlichkeit 192 und 247.

32 Leder 124 f.; Evans, Öffentlichkeit 196–199, 206.

33 Evans, Rituale 281 ff.

34 Martschukat 2000, 110; Schurr 22.

35 Strafgesetzbuch 1813, I. Art. 6; Schurr 18, 31; Evans, Öffentlichkeit 193.

36 Overath 45, 55 und 57; Martschukat, 2000, 113–116 und 190–94.

37 Meiners, Christoph: Betrachtungen über die Hinrichtung mit dem Schwerdte. In: Berliner Monatsschrift (3) 1784, 408–422, S. 410 f.

38 Leder 234; Overath 187; Meiners 420 f.

39 HSTA MJu 13066.

40 Evans, Rituale 280.

41 HSTA MJu 13066.

42 Overath 186 und 207.

43 HSTA MJu 13066.

44 Taeger, Angela: Die Guillotine und die Erfindung der Humanität. Stuttgart 2016, 34.

45 Overath 207 f.

46 Martschukat 2000, 124–133.

47 Kershaw, Alister: Die Guillotine. Eine Geschichte des mechanischen Fallbeils. Hamburg 1959, 102 f.

48 Docteur Beaurieux, Exécution de Languille, observation prise immédiatement après decapitation. In: Archives d'anthropologie criminelle, Bd. XX, 1905, 643–48.

49 Rijn, Clementina M. van (et al.): Decapitation in Rats: Latency to Unconsciousness and the "Wave of Death". In: PLOS ONE. 6 (1), 27. Januar 2011, Online: e16514. https://www.ncbi.nlm.nih.gov/pmc/articles/PMC3029360/ (zuletzt abgerufen am 13.6.2022).

50 Böhmer, Georg Wilhelm: Kritische Geschichte der Guillotine. Göttingen 1821, 4.

51 Taeger 49; Larue, Sylvain: Le couperet de l'éternité: Histoire de la guillotine. Chamalières 2021, 11 ff.; Schurr 77 f.

52 Kershaw 34 ff.; Larue 11; Böhmer 21; Schurr 77.

53 Arasse, Daniel: Die Guillotine. Die Macht der Maschine und das Schauspiel der Gerechtigkeit. Reinbek 1988, 24 ff.

54 Böhmer 23 f.

55 Böhmer 32–35, 47 f. und 54 f.; der Autor stellt über die Gründe nur Vermutungen an.

56 Larue 30; Böhmer 56.

57 Taeger 52, 58; Kershaw 18 f., Larue 57.

58 Schlieper 11.

59 Larue 39.

60 Taeger 38–42.

61 Taeger 42–48 und 54; Larue 32 f.

62 Lichtenberg, Georg Christoph: „Ein Wort über das Alter der Guillotine". In: Göttinger Taschenkalender (1795), 157–165; Schurr 81.

63 Taeger 51; Larue 67–70.

64 Arasse 40 und 74; Larue 56; Ortner, Helmut: Das Buch vom Töten. Über die Todesstrafe. Springe 2013, 51–64.

65 Larue 397; z. B. https://www.youtube.com/watch?v=_uGNfQ22CxA (zuletzt abgerufen am 18.8.2022).

66 Taeger 51 f.; Kershaw 17 ff.

67 Arasse 75 und 116.

68 Arasse 13 f.

69 Larue 38; Taeger 39; Donald M. Greer: The incidence of the terror during the french revolution. A statistical interpretation. Cambridge (Massachussetts) 1935; Evans, Rituale 184 f.

70 Sanson, Henri: Tagebücher der Henker von Paris. München 1983.

71 Martschukat, Jürgen: Ein schneller Schnitt, ein sanfter Tod? Die Guillotine als Symbol der Aufklärung. In: Anne Conrad et al. (Hg.): Das Volk im Visier der Aufklärung. Studien zur Popularisierung der Aufklärung im späten 18. Jahrhundert. Hamburg 1998, 121–142, 130–136.

72 Taeger 56 f.

73 Larue 111–158, 223–325 und 335–394.

74 Larue 341.

75 Niederhut, Jens: „Es ist besser zu sein als nicht zu sein". Arnold, Heinemann, Sträter und die Todesstrafe in Nordrhein-Westfalen. In: Geschichte im Westen (GiW) (28) 2013, 141–160, 144–146; Stumme, Wolfgang: Die letzte Guillotine in Mainz (aktualisiert am 22.07.2016) http://www.regionalgeschichte.net/rheinhessen/mainz/einzelaspekte/die-letzte-guillotine-in-mainz.html?L=0 (zuletzt abgerufen am 20.8.2022); Küppersbusch, Friedrich/Becker, Oliver: Lebenslänglich Todesstrafe. Deutschlands letzte Todeskandidatin. Hamburg 2000, 62–74; Wartena.

76 Aufstellung der Hinrichtungen nach 1945 von Susanne Opfermann, Strafvollzugsmuseum Ludwigsburg (sie zitiert dafür: Evans 886, 900; Eberle, Eva-Maria: Tribunal Général, Kriegsverbrecherprozesse Rastatt 1946–1950; Klöpfer, Roland (Hg.): Ottersweiler, BOD, Anhang; Düsing, Bernhard: Die Geschichte der Abschaffung der Todesstrafe in der Bundesrepublik Deutschland. Offenbach 1952, 230–232; Peter Steinhauer am 11. Mai 1949. Pöppel, Ernst/Wagner, Beatrice: Von Natur aus kreativ. Die Potenziale des Gehirns entfalten. München 2012 (Internet 09.12.15); Landesarchiv Berlin, Rep. 5 ACC 2863 Nr.70).

77 Larue 393.

78 Stadtkommissarius von Amberg am 25. August 1854 (HSTA MInn 46136, zit. nach Seidl, Helmut A.: Zwei Spektakel im Morgengrauen. Der Ersteinsatz der

Guillotine in Niederbayern und der Oberpfalz. Norderstedt 2018, 22 und 24).

79 Hofmann, Prof. Dr.: Die Einführung des Fallschwertes zu Hinrichtungen im Königreiche Bayern. In: Adolph Henke's Zeitschrift für die Staatsarzneikunde, 4 (1855), 369–387, 379–382.

80 Der Fall ist ausführlich nachzulesen bei Seidl, Helmut A.: Ein Mördertrio auf dem Schafott. Die Hingerichteten beim ersten Einsatz der Guillotine in Bayern. Norderstedt 2017.

81 Ausführlich nachzulesen ist der Fall ebenfalls bei Seidl, Mördertrio.

82 Beilage Nr. 139 zur Neuen Münchener Zeitung, 12. Juni 1864, S. 1479.

83 Strafgesetzbuch 1813, I. Art. 7; Seidl, Helmut A.: Die Gattenmörderin von Oberzeitlbach. Wie die Bäuerin A.M. Pickl 1857 auf dem Schafott endete. Norderstedt 2017, 33; Overath 243 f.; Schurr 33.

84 Die folgenden Beschreibungen basieren auf den Artikeln folgender Zeitungen: Bayerischer Landbote, Nr. 233, 18. August 1854 und Nr. 235, 20. August 1854; Neue Salzburger Zeitung, Nr. 193, 25. August 1854; Neueste Nachrichten aus dem Gebiete der Politik, Nr. 232, 20.8.1854, S. 2949 (zit. nach Seidl, Mördertrio 34–38).

85 Regierungs-Blatt für das Königreich Bayern N° 32, 5. August 1854, Sp. 585–587.

86 Grau, Bernhard: In einem funktionierenden Königreich mussten auch die Köpfe ordentlich rollen. In: Bayerische Staatszeitung, 3 (2007) (Kunst- und kulturhistorische Beilage), 7–10, 7; Overath 183 f.

87 Neueste Nachrichten aus dem Gebiete der Politik, Nr. 232, 20. August 1854, S. 2949.

88 Evans, Öffentlichkeit 204.

89 Neue Salzburger Zeitung, Nr. 193, 25. August 1854.

90 Friedens- und Kriegs-Kurier, Nr. 141, 20. August 1854; Grau 8 f.

91 Seidl, Spektakel 5–23.

92 Schreiben des „Königlichen Stadtkommissarius Amberg" vom 25. August 1854 an die „Koenigliche Regierung der Oberpfalz und von Regensburg, Kammer des Inneren zu Regensburg" (HSTA MInn 46136, zit. nach Seidl, Spektakel 22 und 24).

93 Ebd.

94 Seidl, Spektakel 26–38.

95 HSTA MInn 46136 (zit. bei Seidl, Spektakel 37 f.).

96 Ebd.

97 Hofmann 379–382.

98 Instruction Zur Behandlung und Aufstellung der Fallschwert-Maschinen, die am 9. Mai 1855 vom Kreis- und Stadtgericht München an die Königliche Lokalbau-Inspektion München versandt wurde (HStA MJu 13066, zit. nach Wartena).

99 Ebd.

100 Gutachten Josef von Aschenbrenner (HSTA München MJu 13066).

101 HSTA MJu 13066 (zit. bei Wartena und Schurr 100 f.).

102 STAM Landbauämter 3037 und STAM Landbauämter 8836 (nach Wartena).

103 STAM Landbauämter 3037 (nach Wartena).

104 Schreiben vom 22. Juni und 4. Juli 1918 (STAM Landbauämter 8836, nach Wartena).

105 Dienstknecht Max Aigner bei seiner Verurteilung zum Tode (Der Bayerische Landbote, 10.12.1859).

106 Sybe Wartena (Bayerisches Nationalmuseum) hat die Objekte im März 2022 gemessen und gewogen.

107 Der Bauplan der Bayerischen Fallschwertmaschine liegt im Bayerischen Hauptstaatsarchiv (vgl. Grau); Larue 381 ff.

108 Wartena. Seine anfängliche Vermutung, die Hamburger Maschine stamme auch aus Mannhardts Werkstatt, erkannte er kurz vor Drucklegung als irrig. Sie stamme von 1938 und sei Mannhardts Plänen nur teilweise nachempfunden.

109 Z. B. Dachs, Johann: Tod durch das Fallbeil. Der deutsche Scharfrichter Johann Reichhart. Regensburg [2]2012, 41.

110 Maße: Freundliche Mitteilung von Sybe Wartena (Bayerisches Nationalmuseum).

111 Amberger Tagblatt 20.9.1873, 1.

112 Hofmann 387.
113 Augsburger Abendzeitung, 28.1.1855.
114 Augsburger Abendzeitung, 28.1.1855.
115 Bürger, Udo: Historische Kriminalfälle in Franken und Schwaben von 1815 bis 1936. Regenstauf 2018, 164–166 und 257; Der Bayerische Landbote, 29.1. und 27.2.1855; Augsburger Abendzeitung, 27. und 28.1.1855.
116 Hofmann 387.
117 Instruktion über das Verfahren bei dem Vollzuge der Todes-Urtheile. In: Königlich Bayerisches Kreis-Amtsblatt von Oberbayern, 21 (20. April 1855), Sp. 645–652.
118 Evans, Öffentlichkeit 203 f.; Schurr 53.
119 Bamberger Neueste Nachrichten, 15.2. 1879.
120 Leder 111.
121 Overath 209–20; Grau 9; Bürger, Altbayern; Bürger, Franken und Schwaben.
122 Bürger, Altbayern 142–145.
123 Bürger, Altbayern 184 ff.
124 Bürger, Altbayern 96 ff.
125 Bürger, Altbayern 122.
126 Overath 167 f.
127 Overath 104–107, 155–182.
128 Bürger, Altbayern 122; Neueste Nachrichten und Münchener Anzeiger, 15.4. 1885, 3.
129 1820er-Jahre: 38 % (25 von 65 Todesurteilen vollstreckt), 1830er: 25 % (14 von 57), 1840er: 6 % (6 von 105), 1850er: 19 % (58 von 306), 1860er: 6 % (6 von 98), 1860er: 6 % (6 von 98), 1870er: 6 % (8 von 127), Quelle: HSTA MJu 12575 (zit. nach Overath 258–261).
130 Martschukat 2000, 181–184; Overath 160 und 222 f.
131 Kurier für Niederbayern, 13.2.1857.
132 Bürger, Altbayern 27–29; Kurier für Niederbayern 13.2.1857, S. 174; Donau-Zeitung 13.2.1857.
133 Seidl, Spektakel 18.
134 Evans, Öffentlichkeit 247; Schurr 74.
135 Evans, Öffentlichkeit 205, 213; Triest, Ludwig: Die Todesstrafe in Bayern. In: Allgemeine Deutsche Strafrechtszeitung, 2 (1862), Sp. 177–182; Martschukat 2000, 74–79, 193, 209–214; Overath 82 f.
136 GSta Berlin, Rep. 842, 7882, Bl. 184 (zit. bei Evans, Öffentlichkeit 225).
137 Schurr 35–38 und 61–75; Grau 8; Overath 196–198; Zapf, Hannelore: Die Amberger Fronfeste erzählt... Amberg 2015, 40; Neueste Nachrichten und Münchener Anzeiger, 15.4.1885, 3.
138 Strafgesetzbuch, 1861, Art. 15; Triest 178; Overath 186.
139 Schurr 40–52.
140 Bürger, Altbayern 31 ff.; Passauer Zeitung, 9.4.1866 und 19.4.1866; Straubinger Tagblatt, 14.7.1866.
141 Strafgesetzbuch 1861, Art. 15, 105, 110, 111, 121, 228, 302, 381; Overath 104; Schurr 37.
142 Korrespondenz vom 5. August bis 8. Oktober 1926 (STAM Landbauämter 3037, zit. nach Wartena).
143 Martschukat 2000, 6.
144 Evans, Öffentlichkeit 237, 240 f. und 244 f.
145 Overath 198.
146 Dachs, Reichhart 24.
147 Schurr 75.
148 Gromann, Jürgen (Hg.): Aufzeichnungen eines Scharfrichters. Das Tagebuch des Königlichen Nachrichters von Bayern Franz Xaver Reichhart. Donauwörth 2018, 35–40; Bürger, Franken und Schwaben 187; Dachs, Reichhart 24 f.
149 Liedtke, Rüdiger: 55½ Orte rund ums Oktoberfest, die man gesehen haben muss. Köln 2014, 92.
150 Vgl. auch Overath 201–203.
151 Münchner Neueste Nachrichten, 27.11.1887 (Hervorhebungen im Original).
152 Ebd.
153 Bürger, Altbayern 127–130; Rosenheimer Anzeiger, 21. Juni 1887; Münchner Neueste Nachrichten, 24., 25. und 27.11.1887; Wendelstein: Rosenheimer Anzeiger 29.11.1887; Rosenheimer Anzeiger, 29.11. und 2.12.1887; Evans, Öffentlichkeit 234.
154 Overath 190 f. und 200–203; Völderndorff 141 f.
155 Evans, Rituale 507 ff. und 501; Evans, Öffentlichkeit 234 f.
156 Overath 110–118; Schurr 38.
157 Overath 224–237.

158 Der Bayerische Landbote, 10.12.1859 (siehe auch die Ausgaben vom 6. bis 9.12.1859); Overath, 230 f.; Bürger, Altbayern 245.

159 Overath 236; Bürger, Altbayern 219; Intelligenz-Blatt der Aschaffenburger Zeitung, 2.4.1868; Der Sammler, Beiblatt zur Augsburger Abendzeitung, 2.11. 1867.

160 Bamberger Neueste Nachrichten, 31.1.1884; Der Wendelstein, 3.11.1883; Bürger, Altbayern 190 f.

161 Bürger, Altbayern 204; Neue freie Volks-Zeitung 13.4.1904.

162 Bürger, Altbayern 189, 263 (Fußnote 29); Bamberger Neueste Nachrichten 19.9.1873.

163 Bürger, Altbayern 111 f.; Neueste Nachrichten, 10.10.1876.

164 Kristl, Wilhelm Lukas: Das traurige und stolze Leben des Mathias Kneißl. München [2]1978; Dachs, Reichhart 28 f.

165 Gromann 51.

166 Bürger, Altbayern 197–199; Dachs, Reichhart 26.

167 Leder 222–234; Schurr 108; Schattenhofer, Michael: Henker, Hexen und Huren im alten München. In: Ders.: Beiträge zur Geschichte der Stadt München, Oberbayerisches Archiv 109/1. München 1984, 113–143, 122; Waltenbacher, Thomas: Zentrale Hinrichtungsstätten. Der Vollzug der Todesstrafe in Deutschland von 1937–1945. Scharfrichter im Dritten Reich. Berlin 2008, 66; Wegener 88, 90; Glenzdorf/Treichel 75 und 142; Nowosadtko 340.

168 Die Beschriftung im Staatsarchiv Augsburg („Vollzug der Todesstrafe an Georg Kroll. Aufgen. von Baupractikant Kroll 20. II. 98") kann aus mehreren Gründen nicht zutreffen: 1. An oder um den 20. Februar oder 20. November 1898 hat in Augsburg keine Hinrichtung stattgefunden, 2. Scharfrichter Kißlinger war bereits 1894 gestorben und F. X. Reichhart sein Nachfolger, und 3. ist ein Hingerichteter namens Georg Kroll nicht bekannt, wohl aber eben Georg Kratzer. So wurden wohl die Namen verwechselt, da Kroll auch als Fotograf genannt wird und sein Name ebenfalls mit den Buchstaben „Kr" beginnt. Wenn die Aufnahme am Tag vorher nach dem Aufbau von Podest und Guillotine gemacht wurde, würde der 20. als Kalendertag stimmen, nicht aber Monat und Jahr.

169 Overath 187–91; Nowosadtko 373; Wartena; Würzburger Anzeiger, Nr. 344, 13.12.1866; Würzburger Stadt- und Landbote, Nr. 297, 13.12.1866, S. 69 (907).

170 Dachs, Reichhart 29; Bürger Altbayern 265 f. und 40–45; Wartena.

171 Grau 9; Bürger, Altbayern 206 f.

172 HSTA MA 101130.

173 Evans, Rituale 653.

174 HSTA MJu 9208a Nr. 28 und 30. Laut seiner eigenen Aussage hat er „etwa 3.500 Hinrichtungen durchgeführt" (STAM Staatsanwaltschaften 21857 Bl. 10).

175 HSTA MJu 9208a Nr. 10.

176 HSTA MJu 9208a Nr. 14 und 19 f.; STAM Staatsanwaltschaften 21857; Dachs, Reichhart 31–36; Drasch, Rudolf: Die Todesstrafe. Hinrichtungen im Münchner Strafgefängnis Stadelheim. Enthauptet, erschossen, erhängt (Stadelheimer Hefte 7). München 2010, 42; Koch, Jürgen Reinhard: Die Todesstrafe unter nationalsozialistischer Strafrechtsherrschaft (Dissertation). Heidelberg 1948, 52.

177 Evans, Rituale 652 ff.

178 HSTA MJu 9208a Nr. 35–37, 52, 57; Drasch 2010, 41; Ernst 68 f.

179 HSTA MJu 9208a Nr. 24 f., 39–43; Dachs, Reichhart 49–54; Ernst, Roland: Der Vollstrecker. Johann Reichhart. Bayerns letzter Henker. München 2019, 71–77.

180 HSTA MJu 9208a Nr. 56–59.

181 Dachs, Reichhart 59–61 und 67; Ernst 78–81; STAM Spruchkammerakten 1393 Johann Reichhart; HSTA MJu 9208a.

182 Ernst 81; Dachs, Reichhart 62.

183 Seit Februar 1925 steht auch in Regensburg eine Hinrichtungsbank, an die den aufrechtstehenden Fallbeilrahmen der Münchner Guillotine geschraubt werden kann (Wartena).

184 Die *Berliner Morgenpost* berichtet zwar von einem Coupé des Modells „Laubfrosch", auf einem Foto des ausgebrannten Wagens im *Regensburger Anzeiger* (19.3.1931) ist jedoch eindeutig zu sehen, dass er kein festes Dach hatte.

185 Dachs, Reichhart 60f; Amberg, Stefan (Pseudonym von Will Berthold): Vollstreckt. Johann Reichhart, der letzte deutsche Henker. München 1982, 197–256; Berliner Morgenpost, 19.3.2006 p. 8; Regensburger Anzeiger, 18.3.1931, 4ff; 19.3.1931, 14; 20.3.1931, 5 f.

186 Dachs, Reichhart 62–65; Ernst 80.

187 Glenzdorf/Treichel 153 führen für das Jahr 1932 keine Hinrichtung durch Reichhart.

188 HSTA MJu 9208a (bes. Bl. 83); Dachs, Reichhart 33, 66–71; Ernst 86.

189 Koch 74.

190 Schütz, Mathias (et al.): Munich anatomy and distribution of bodies from the Stadelheim execution site during National Socialism. In: Annals of Anatomy 211 (2017), 2–12, 7.

191 Schütz, Mathias: Das Strafgefängnis Stadelheim als zentrale Hinrichtungsstätte im Nationalsozialismus. Entwicklungen und Opfer. In: Zeitschrift für Geschichtswissenschaft (2016), 854–875, 860 (zu der Publikation gehört eine Excel-Datei mit den Namen und sonstigen Daten der Hinrichtungsopfer zwischen 1933 und 1945, die der Autor mir freundlicherweise zur Verfügung gestellt hat. Laut seiner Aussage ist sie auch im Staatsarchiv München und im Münchner Stadtarchiv hinterlegt); nach der Liste sind fünf Menschen durch den Strang gestorben (Listennummern 546, 547, 548, 549, 550), vier durch Erschießung (389, 402, 634, 764) und einer durch das Handbeil (904). Außerhalb von München sind in Bayern bis Ende 1936 in Bayern noch 18 Hinrichtungen vollzogen worden. Ab 1937 finden alle Hinrichtungen Bayerns in Stadelheim statt.

192 Evans, Rituale 775 und 777; Kubink, Michael: Strafen und ihre Alternativen im zeitlichen Wandel. Berlin 2002, 267.

193 Reichsgesetzblatt Teil I, 31. März 1933, Nr. 28, 151; Kerrl, Hanns: Nationalsozialistisches Strafrecht. Denkschrift des Preußischen Justizministers. Berlin 1933, 139.

194 Kubink 266 f.

195 Koch 19–28; Evans, Rituale 760 ff. und 775 ff.; Oleschinski, Brigitte: Gedenkstätte Plötzensee. Berlin [2]1995, 11–16.

196 Die überwiegende Mehrheit derjenigen, die „Feindsender" abgehört hatten, wurden jedoch nicht hingerichtet (Gruchmann, Justiz 905 f.).

197 Schütz 2016, 861.

198 Gruchmann, Justiz 909.

199 Gruchmann, Lothar: Hitler über die Justiz. Das Tischgespräch vom 20. August 1942. In: Vierteljahreshefte für Zeitgeschichte, 12 (1964/1), 86–101, 96–98.

200 Evans, Rituale 753 f.; Evans, Öffentlichkeit 245.

201 BA Berlin R 3001/4720 Abschrift 20. August 1942 (zit. bei Evans, Rituale 843 und Fußnote 45, 1197).

202 Koch 12 ff.

203 Programm der Reichsregierung vom 23. März 1933. Zit. nach Thierack: Sinn und Bedeutung der Richtlinien für die Strafrechtsreform. In: Grundzüge eines Allgemeinen Deutschen Strafrechts, 25.

204 Moll, Christiane (Hg.): Alexander Schmorell / Christoph Probst: Gesammelte Briefe. Schriftenreihe der Gedenkstätte Deutscher Widerstand. Berlin 2011, 270.

205 Evans, Rituale 753, 758 und 767.

206 Evans, Rituale 831 ff.

207 Evans, Rituale 826 ff.

208 Evans, Rituale 828 ff.

209 Vgl. Evans, Rituale 843.

210 Boberach, Heinz (Hg.): Richterbriefe. Dokumente zur Beeinflussung der deutschen Rechtsprechung 1942–1944. Boppard am Rhein 1975, 56.

211 Gruchmann, Justiz 675–694.

212 Evans, Rituale 783–791.

213 Waltenbacher 15.

214 BA Berlin R 3001/1314, Bl. 14 f.: Protokoll der Sitzung vom 1.3.1934 (zit. bei Evans, Rituale 784); Evans, Rituale 739, Waltenbacher 11 und 15 f.

215 Waltenbacher 13.

216 Evans, Rituale 783 ff.; Waltenbacher 14.
217 Waltenbacher 18; Evans, Rituale 860.
218 Augenzeugenbericht des Gefängniswärters Hans Hoffmann, zit. bei Koch 54 f.; Alt 12 f.; Evans, Rituale 859 f.; Waltenbacher 43–49; Ernst 166; Hillenbrand, Klaus: Berufswunsch Henker. Warum Männer im Nationalsozialismus Scharfrichter werden wollten. Frankfurt a. M. 2013, 100; Wartena; STAM JVA 28238; STAM Spruchkammerakten 1393 Johann Reichhart.
219 Waltenbacher 49–53.
220 Waltenbacher 19, 22 f. und 185; Wartena; Oleschinski 17.
221 Bundesarchiv Berlin BA 3001/21314, fol. 271 (zit. nach Wartena); Waltenbacher 26.
222 Waltenbacher 26 f.
223 Waltenbacher 28 f.; Fallhöhe von der Mitte der Kante des hochgezogenen Messers bis zum oberen Rand des Halsausschnittes der Lunette, gemessen an der Tegel-Guillotine im Besitz des Strafvollzugsmuseums Ludwigsburg (persönliche Mitteilung von Leiterin Susanne Opfermann).
224 Waltenbacher 29–31.
225 Waltenbacher 29–39, 19.
226 Waltenbacher 64 f.
227 Waltenbacher 70–75 und 88; Wartena; die *Mainpost* (Nr. 211 vom 13.9.1988, 15) schreibt wohl fälschlicherweise, die Würzburger Guillotine sei bis 1936 in Verwendung gewesen und dann in Ölpapier verpackt auf den Speicher und nach dem Krieg zum alten Eisen gewandert.
228 Ernst 119; Waltenbacher 73; STAM JVA München 28238.
229 Hitler, Adolf: Reichstagsrede am 11.12.1941 (zit. nach Völkischer Beobachter, 12.12.1941, 4).
230 STAM JVA M 196.
231 Schütz 2017, 7 führt 49 % der Opfer unter „other offenses" au f. Auf Nachfrage schrieb mir der Autor, dass die allermeisten von ihnen als „Volksschädlinge" oder „Gewohnheitsverbrecher" verurteilt waren. Genauere Zahlen habe er „hierzu leider nicht, weil der Urteilsgrund den Hinrichtungsakten nicht immer zu entnehmen ist und die beiden Verordnungen oft gemeinsam angeführt wurden" (Mail vom 19.7.2022).
232 STAM JVA München 241.
233 Nerdinger, Winfried 291; STAM JVA München 126.
234 Drasch 2010, 37; STAM JVA München 332.
235 STAM JVA M 199.
236 Drasch 2010, 36 f.; Stuiber, Irene: Hingerichtet in München-Stadelheim. München 2004, 82 ff.; STAM JVA München 199.
237 Drasch 2010, 40; STAM JVA München 194.
238 Koch 17.
239 Zitiert bei Koch 74.
240 Stuiber 36 f.
241 Evans, Rituale 760.
242 Schütz 2017, 7.
243 Stuiber 48.; Ernst 126 f.; http://www.stolpersteine-regensburg.de/Eichm_Bollw_2010.pd f.
244 Nerdinger, Eugen: Die unterliegen nicht, die für eine große Sache sterben! Augsburg 1965, S. 60; Nerdinger, Winfried (Hg.): München und der Nationalsozialismus. Katalog des NS-Dokumentationszentrums München. München 2015, 268 f.
245 Zitiert nach Leonhard, Henrike: Jahrzeit. Erinnerung an Maria Ehrlich, enthauptet am 10.2.1944 in München-Stadelheim. Radiofeature, Bayerischer Rundfunk 1994.
246 Brinkmann, Elisabeth: Der letzte Gang. Ein Priesterleben im Dienste Todgeweihter. Erinnerungen an meinen Bruder. Münster 1950, 69 f. (Elisabeth Brinkmann hat das Gespräch mit ihrem Bruder später aus dem Gedächtnis aufgeschrieben und hier veröffentlicht.)
247 STAM JVA München 157.
248 Nerdinger, Winfried 293.
249 Hormayr, Gisela: „Wenn ich wenigstens von euch Abschied nehmen könnte". Letzte Briefe und Aufzeichnungen von Tiroler NS-Opfern aus der Haft. Innsbruck 2017, 53.
250 Hormayr 60.
251 Hormayr 47–66.

252 Schütz 2017, 8; ders. 2016 (Liste); Stuiber 31–32 und 56–78, Görtemaker, Manfred/Safferling, Christoph: Die Akte Rosenburg. Das Bundesministerium der Justiz und die NS-Zeit. München 2016, 351.

253 Blazek, Matthias: Zur Biographie Roland Freislers (1893–1945). In: Journal der juristischen Zeitgeschichte, 1 (2010), 35–37.

254 Zoske, Robert M.: Die Weiße Rose. Geschichte, Menschen, Vermächtnis. München 2023 (der Autor hat mir das Manuskript freundlicherweise vorab zur Verfügung gestellt); Zoske, Robert M.: Flamme sein! Hans Scholl und die Weiße Rose. München 2021 (EA: München 2018); Zoske, Robert M.: Sophie Scholl: Es reut mich nichts. Porträt einer Widerständigen. Berlin ^{3}2021 (EA: 2020); Webseite der Weiße-Rose-Stiftung e.V. https://www.weisse-rose-stiftung.de (zuletzt abgerufen am 2.7.2022).

255 Schütz 2017, 8.

256 Evans, Rituale 869 f.; Schütz 2016, 865.

257 Schütz 2016, 868.

258 Evans, Rituale 872.

259 Stuiber 79.

260 STAM JVA München 144. Ich bedanke mich bei Prof. Patrice Hamon (Paris) für die freundliche Übertragung des orthographisch abenteuerlichen und schwer lesbaren Briefes in korrektes Französisch, sodass ich ihn übersetzen konnte.

261 Stuiber 80.

262 Drasch 2010, 39; STAM JVA München 98.

263 Chef des Oberkommandos der Wehrmacht, 12.12.1941, zit. bei Huhle, Rainer: „Nacht und Nebel" – Mythos und Bedeutung. In: Zeitschrift für Menschenrechte, 8 (2014), 120–135. (https://gewaltsames-verschwindenlassen.de/wp-content/uploads/2015/10/Nacht-und-Nebel-Aufsatz_end.pdf (zuletzt abgerufen am 12.4.22), 2.

264 Gruchmann, Lothar: „Nacht- und Nebel"-Justiz. Die Mitwirkung der Strafgerichte an der Bekämpfung des Widerstandes in den besetzten westeuropäischen Ländern 1942–1944. In: Vierteljahreshefte für Zeitgeschichte, 29 (1981/3), 342–396; Huhle; Schütz 2016, 866 ff.; Schütz 2017, 7; Drasch 2010, 35; Görtemaker/Safferling 57 f.

265 Hillenbrand 84.

266 Schütz, 2016 (diese Zahl habe ich aus der zur Publikation gehörenden Liste entnommen).

267 Stuiber 62.

268 Gollwitzer, Helmut (et. al.): Du hast mich heimgesucht bei Nacht. Abschiedsbriefe und Aufzeichnungen des Widerstands 1933–1945. München 1954, 85; Drasch 2010, 38.

269 Chaussy, Ulrich: „Und ihr Geist lebt trotzdem weiter…": Wie Hans Leipelt und Marie-Luise Jahn den Widerstand der „Weißen Rose" fortsetzten. Radiofeature, Bayerischer Rundfunk 1995; Stuiber 44 ff.

270 Hamm, Heinrich: „Wir hörten das Fallbeil fallen". In: Werkstatt Düsseldorf des Werkkreises Literatur der Arbeitswelt (Hg.): Der rote Großvater erzählt. Frankfurt a. M. 1974. 166–174; Drasch 2010, 47; Huber, Clara (Hg.): Kurt Huber zum Gedächtnis. Bildnis eines Menschen, Denkers und Forschers. Regensburg 1947, 39.

271 Brinkmann 50 und 65.

272 Brinkmann 73.

273 Stuiber 23.

274 Drasch 2010, 40.

275 Hillenbrand 96; Evans, Rituale 861.

276 Waltenbacher 20.

277 Alt 38; Stuiber 60 ff.; Hillenbrand 96; Waltenbacher 60; Maser, Werner/Poelchau, Harald: Der Mann, der tausend Tode starb. Rastatt 1982, 71; Drasch, Rudolf: 110 Jahre München-Stadelheim. Die Justizvollzugsanstalt München (Stadelheimer Hefte 2). München 2004, 32.

278 Hormayr 61.

279 Maser/Poelchau 68.

280 Drasch 2010, 27; Anordnung des Reichsjustizministers vom 19.2.1939 (Archiv der JVA Stadelheim).

281 Ernst 175; Waltenbacher 171; Amberg 240; Dachs, Reichhart 95 f.; Anordnung des Justizministeriums vom 18.2.1939, zit. bei Drasch 2010, 31–34; STAM JVA

München 28238; STAM Staatsanwaltschaften 21857 Bl. 5–11.

282 Amberg 15 und 23 ff.

283 Waltenbacher 168 f.

284 Freundliche Mitteilung von Sybe Wartena (Bayerisches Nationalmuseum).

285 Waltenbacher 39 f. und 60; Amberg 17; Hillenbrand 69 und 113.

286 Amberg 27 f.; Alt 43.

287 Alt 63 f.

288 Alt, 36 (Alt schreibt offenbar irrtümlich von bis zu 18 Todeskandidaten an einem Tag, laut der Liste von Schütz (2016) sind es nie mehr als 17); Drasch, Rudolf: Mündliche Mitteilung im April 2022. (Drasch hat neben seiner Tätigkeit als Innenrevisor von Stadelheim bis zu seinem Ruhestand jahrelang das Archiv betreut und historische Aufklärung betrieben.) Als Quelle für seine hier wiedergegebenen Schilderungen nennt Drasch seine Tonband-Interviews mit ehemaligen Bediensteten des Gefängnisses, die die Zeit der Hinrichtungen noch miterlebt hatten. Die Bänder sind offenbar nicht erhalten.

289 Süddeutsche Zeitung, 16.5.1953, 3.

290 Hillenbrand 136; Dachs, Reichhart 78; Helmensdorfer, Erich: „Ich tät's nie wieder": Scharfrichter Reichart(!) ist gegen die Todesstrafe. In: Die Zeit, 30.10.1964; STAM Staatsanwaltschaften 14132. Auch der Erholungsurlaub hat laut den Akten nicht stattgefunden, denn etwa in München finden Hinrichtungen am 13., 21., 27. und 28.3. statt.

291 Waltenbacher 89; nach November 1942 wird das Mannhardt-Fallbeil in Breslau offenbar durch ein Tegeler F-Gerät ersetzt (vgl. Waltenbacher 38).

292 Evans, Rituale 865; Waltenbacher 139 f.; Hillenbrand 98.

293 Hormayr 84.

294 Hormayr 85.

295 Zu diesem Kapitel: Hillenbrand.

296 Hillenbrand 38 f.; Waltenbacher 17 und 66–69; Evans, Rituale 813; Wegener 89; Leder 234; Dachs, Reichhart 137 f.

297 Evans, Rituale 813 f.

298 Hillenbrand 95; Waltenbacher 66–69; HSTA MJu 9208a Nr. 105.

299 Evans, Rituale 812, 862 ff.; Dachs, Reichhart 75 f.; HSTA MJu 9208a Nr. 116.

300 STAM JVA München 28238; Hillenbrand 98.

301 STAM JVA München 28238.

302 Schreiben des Reichsjustizministers vom 23.9.1939 und 8.7.1943 (Archiv der JVA Stadelheim); Hillenbrand 96 f.

303 Hillenbrand 67; Drasch 2010, 32.

304 Hillenbrand 108–152.

305 Süddeutsche Zeitung 16.5.1953, 3.

306 Zit. bei Hillenbrand 139.

307 Süddeutsche Zeitung 16.5.1953, 3.

308 Süddeutsche Zeitung 16.5.1953, 3.

309 Evans, Rituale 803 f.; Hillenbrand 71.

310 Waltenbacher 199.

311 STAM Spruchkammerakte 1393 Johann Reichhart; HSTA MJu 9208a 196 ff.

312 Amberg 8.

313 Amberg 8; Dachs, Reichhart 32 ff., 48, 72; Ernst 17 ff.

314 Dachs, Reichhart 106; Ernst 140; Huber, Wolfgang (Hg.): Die Weiße Rose. Kurt Hubers letzte Tage. München 2018, 232.

315 Evans, Rituale 864; Amberg 15 und 28; Evans, Rituale 918; Hillenbrand 91; Waltenbacher 142 f.; Ernst 113; STAM Spruchkammerakte 1393 Johann Reichhart.

316 Waltenbacher 164; Dachs, Reichhart 101; Ernst 119 f.

317 Zit. bei Waltenbacher 165.

318 Hillenbrand 136; Evans, Rituale 862 und 865; Ernst 119 f.

319 Ernst 120 f.; Waltenbacher 167; Hillenbrand 91.

320 Dachs, Reichhart 102; die Abrechnungen von Johann Reichhart sind im Staatsarchiv München zu finden (STAM Staatsanwaltschaften 14132–14166 (oder als Mikrofilm: S-Film 1162 und 1163)); STAM Spruchkammerakte 1393 Johann Reichhart; HSTA MJU 9208a Nr. 121, 175, 224.

321 Ernst 99–102.

322 Alt 43.

323 Amberg 22 f.; Dachs, Reichhart 117 f.; Raithel 2009, 65; Ernst 161; MacLean, French L.: American Hangman. MSgt. John C. Woods. The United States Army's Notorious Executioner in World War II and Nürnberg. Atglen (Pennsyl-

vania) 2019, 89 und 97–104; Reichhart selbst gibt 1964 an, bis 1947 hingerichtet zu haben (STAM Staatsanwaltschaften 21857 Bl. 10 f.).

324 Pflanz, Heinrich: Der Spöttinger Friedhof in Landsberg am Lech. St. Ottilien [2]2005; Raithel, Thomas: Die Strafanstalt Landsberg am Lech und der Spöttinger Friedhof (1944–1958). Eine Dokumentation im Auftrag des Instituts für Zeitgeschichte München-Berlin. München 2009, 62, 65, 81–115 (am Ende des Buches findet sich auch ein herausnehmbarer Friedhofsplan, auf dem viele Gräber mit Namen verzeichnet sind).

325 Münchner Scharfrichter verurteilt.In: Oberösterreichische Nachrichten, 3.9. 1947, S. 2; Dachs, Reichhart 121–132; Ernst 161–174; Hillenbrand 104f; HSTA MJu 9208a Nr. 251–254; STAM Spruchkammerakte 1393 Johann Reichhart.

326 Amberg 19 und 25.

327 Helmensdorfer; Iken, Katja: Todesstrafe in Deutschland: „Gehen Sie mutig und gefasst Ihren letzten schweren Gang". In: Der Spiegel, 18.2.2019 https://www.spiegel.de/geschichte/todesstrafe-fuer-richardschuh-letzte-hinrichtung-durch-westdeutsche-justiz-a-1252841.html (abgerufen am 4.12.2022); Dachs, Reichhart 136.

328 Koch 52; Dachs, Reichhart 138ff; Ernst 185.

329 Dachs, Reichhart 44.

330 STAM Staatsanwaltschaften 21857 Bl. 8 f. (Roemer schrieb sich nicht mit ö und hatte auch nicht promoviert).

331 STAM Staatsanwaltschaften 21857 Bl.12.

332 STAM Staatsanwaltschaften 21857; Will, Martin: Ephorale Verfassung. Das Parteiverbot der rechtsextremen SRP von 1952, Thomas Dehlers Rosenburg und die Konstituierung der Bundesrepublik Deutschland. Tübingen 2017, 258–263; Ernst 110–112, 173 f. und 184 f.; Görtemaker/Safferling 57–59 und 345–356. Wie viele der Hinrichtungen in Stadelheim Roemer im Vergleich zu seinen Kollegen hat durchführen lassen, ist bisher nicht untersucht.

333 Evans, Rituale 792–98 und 852; Evans, Öffentlichkeit 245; Hillenbrand 73–77; Anordnung des Reichsjustizministers vom 19.2.1939 (Archiv der JVA Stadelheim).

334 Waltenbacher 21 und 171 ff.; Hillenbrand 134.

335 Evans, Rituale 850-853; Waltenbacher 21; Schütz 2016, 863; ders. 2017, 8; Amberg 28; BA Berlin R3001/1316 Bl. 203 (zit. bei Evans 850).

336 Evans, Rituale 852 f.; Schütz 2016, 863; ders. 2017, 8; Amberg 28; Oleschinski 53; Waltenbacher 57; Anweisung des Reichsjustizministers vom 15.10.1942 (Archiv der JVA Stadelheim); Waltenbacher 173. Der Gefängnispfarrer Karl Alt erinnert sich, dass das letzte Gebet erst im letzten Kriegsjahr gestrichen wurde (Alt 39); Scharfrichter Reichhart wiederum gibt 1940 als Zeitpunkt dafür an (STAM Staatsanwaltschaften 21857).

337 Evans, Rituale 854 f.

338 Schreiben des Reichsjustizministers vom 27.8.1943 (Archiv der JVA Stadelheim); Hillenbrand 96.

339 Evans, Rituale 857 und 868.

340 Behrens, Petra (et al.): Gedenkstätte Plötzensee. Hinrichtungen im Strafgefängnis Berlin-Plötzensee. Katalog zur Dauerausstellung. Berlin 2019, 45; Oleschinski 18 f.; Hillenbrand 102; Evans, Rituale 857 f. (er spricht von 194 Hingerichteten).

341 Archiv der JVA Stadelheim (abgedruckt bei Drasch 2010, 22).

342 Drasch 2010, 22 f.; Waltenbacher 57–61 und 199 f.; Dachs, Reichhart 48.

343 Schütz, Mathias (et al.): Anatomische Vitamin-C-Forschung im Nationalsozialismus und in der Nachkriegszeit: Max Claras Humanexperimente an der Anatomischen Anstalt München. In: Medizinhistorisches Journal 50 (2015), 330–355; Schütz 2016; Schütz 2017.

344 Schütz 2017, 6 und 8.

345 BA R 3001/21315 (zit. bei Schütz 2016, 870).

346 Zit. bei Schütz 2016, 872 f.

347 Max Clara an das Gefängnis München-Stadelheim, 31.5.1943, STAM JVA München 28281 (zit. bei Schütz 2015, 336).

348 Mail von Mathias Schütz am 19.7.2022.

349 Max Clara an das Gefängnis München-Stadelheim, 3.3.1943, STAM JVA 28281 (zit. nach Schütz 2015, 336).

350 Anordnung des Reichsjustizministers vom 19.2.1939 (Archiv der JVA Stadelheim).

351 Evans, Rituale 855 f.; Hillenbrand 72 und 97; Drasch 2010, 31; Stuiber 39.

352 Schütz 2016, 871; Stuiber 7 und 25.

353 Valentin, Karl: Eine Schlamperei. In: Ders.: Sämtliche Werke in neun Bänden. München 2007. Bd. 3, 129–132, 132; Ernst 96.

354 Evans, Rituale 810 f.; Schweiggert, Alfons: Karl Valentins Panoptikum. Wie es ächt gewesen ist. München 1985; Glasmeier, Michael C.: Die Geschichte des Valentin-Panoptikums. In: Wolfgang Till (Hg.): Karl Valentin. Volks-Sänger? Dadaist? München 1982. 104–150, 138 f.; Glasmeier, Michael C.: Karl Valentin. Der Komiker und die Künste. München 1987, 134 f., Schulte, Michael: Karl Valentin. Eine Biografie. München 1998, 163; Münz, Erwin und Elisabeth (Hg.): Geschriebenes von und an Karl Valentin. Eine Materialsammlung 1903 bis 1948. München 1978, 202; Dimpfl, Monika: Karl Valentin. Biografie. München 2007/2017, 240–250; Memminger, Josef: Karl Valentin. Der grantige Clown. Regensburg 2011, 107–111; HSTA MJu 9208a Nr. 80 f.

355 Zit. bei Glasmeier 1982, 138.

356 Koch 53; Münz 201; schriftliche Auskunft des Münchner Stadtarchivs.

357 Telefonische Mitteilung von Wolfgang Till im August 2021.

358 Alt 75.

359 Ich habe die Zahl der aus den erwähnten Zeitungsrecherchen stammenden Fälle anhand der Gnadenakten des Kriegsarchivs des Bayerischen Haupstaatsarchivs noch einmal – wie folgt – überprüft: Die Beamten der Zeit vermerkten üblicherweise auf jeder Akte der hingerichteten zum Tode verurteilten mit blauem Buntstift ein ✝ oder † außen auf dem Deckel (selten auch bei in der Haft verstorbenen Begnadigten). Ich habe sämtliche 650 Akten von Todesurteilen zwischen 1855 bis 1935 auf dieses Kreuz hin durchgesehen und keinen weiteren Fall eines vollstreckten Todesurteils gefunden. Allerdings fehlt die eine oder andere Akte und manchmal auch das Kreuz darauf. Teilweise sind in einer Akte mehrere Personen zusammengefasst, die zu einem Fall gehören (K-HSTA 17741-18733).

360 Bürger, Altbayern 209 f. und Bürger, Franken und Schwaben 234. Eventuell ließe sich anhand der – in unterschiedlich gut lesbarer Sütterlinschrift verfassten – Schriftwechsel, die die verschiedenen Behörden anlässlich jeder Hinrichtung austauschten, definitiv feststellen, welche Guillotine wann wo verwendet wurde (STAM Landbauämter 3037 und STAM Landbauämter 8836).

361 HSTA MA 101130.

362 Ernst 94.

363 Schütz 2016, 860.

364 1.188 Stadelheimer Opfer insgesamt listet Schütz 2016 auf. Diese Liste erfasst zwar sicher die überwiegende Mehrheit der Opfer, ist jedoch nicht ganz vollständig. Denn bei einer Stichprobe in den Abrechnungsakten von Johann Reichhart (STAM Staatsanwaltschaften 14151 und 14152) haben sich zwei weitere Opfer gefunden: Mathias Lederer († 23.12.1943) und ? Werler, († 17.1. 1944); Schütz 2017, 7.

365 Mitteilung des Bayerischen Justizministeriums per E-Mail am 13.8.2021.

366 Schütz 2016.

367 STAM JVA München 2 (den Hinweis auf ihre Geschichte verdanke ich Alexander Korb (Leicester)).

368 STAM JVA München 81.

369 Drasch 2004, 30 und 2010, 44 f.; Wartena; Häftlingskarte v. Heinrich Hamm (STAM JVA M 29976/1).

370 Häftlingskarte v. Heinrich Hamm (STAM JVA M 29976/1); Drasch 2010, 45; Schreiben des Anwaltes an Hamms Ehefrau vom 28.3.45, abgebildet in Hamm 1974, 174.

371 Alt 95.

372 Staatsarchiv Freiburg C 20/3, 278, 06.07.1946 (vielen Dank für die Information an den ehemaligen Leiter des Strafvollzugsmuseums Ludwigsburg Dr.

Erich Viehöfer); De Pasquale, Silvia/Nagel, Sebastian (Hg.): Auf dem Görden: Die Strafanstalt Brandenburg im Nationalsozialismus (1933–1945) und in der DDR (1949–1990). Eine Ausstellung am historischen Ort. Berlin 2020, 185; Hillenbrand 146; laut Wartena befindet sich die Gördener Guillotine heue im Depot des Deutschen Historischen Museums in Berlin.

373 Hamm 1974; Drasch 2010, 47.

374 Koch 1; Düsing 231 f.; Mitteilung des Bayerischen Justizministeriums per E-Mail am 13.8.2021; laut Düsing 231 f. fallen bei deutschen Gerichten zwischen 1946 und 1949 noch 128 Todesurteile, vollstreckt werden aber lediglich 24 von ihnen, nämlich in Nordrhein-Westfalen, Hamburg, Württemberg-Hochzollern und Groß-Berlin. Hinzuzurechnen sind die Todesurteile der alliierten Gerichte.

375 Landesarchiv Baden-Württemberg StAF C 20/1 (Scan 33 und 34); für die Aufklärung Nachkriegsgeschichte zum Umgang mit Guillotine und Todesstrafe in Bayern ist vor allem zu nennen: Wartena, der auch für die folgenden Abschnitte als Quelle dient.

376 Evans, Rituale 923; Bayerisches Staatsministerium der Justiz, Sammelakten, Vollzug der Todesstrafe, 45 bis 1960, Bd. I., Aktenzeichen 4417 E (zit. nach Wartena); HSTA MJu 9208a Nr. 245.

377 Die Information, dass es der Dachboden war, wo die Guillotine in der Regensburger JVA stand, stammt von einer Person, die seit Jahren für die dortige Justiz arbeitet und nicht genannt werden will.

378 Wartena; Protokoll der 31. Sitzung des Bayerischen Landtages vom 21.6.1951, 909–917; Süddeutsche Zeitung, 22.6. 1951; Kock, Peter Jakob: Der Bayerische Landtag. Eine Chronik. München [7]2016, 76.

379 https://bayerische-verfassung.de/artikel-43-bis-59/ (zuletzt abgerufen am 19.5. 2022); Süddeutsche Zeitung, 6.2.1998; taz, 7.2.1998.

380 Mündliche Mitteilung im April 2022 von Rudolf Drasch, der als Bediensteter der JVA Stadelheim jahrelang nebenher historische Aufklärungsarbeit geleistet hat. Er hat von dem oder den Tauchgängen allerdings auch nur über Dritte erfahren, die nicht mehr zu eruieren sind.

381 Der Verbleib der Guillotine hätte bereits 1981 öffentlich werden können. Denn auf eine Anfrage des Berliner Hobbyhistorikers Dieter Paprotka, die nicht überliefert ist, schreibt ihm das Bayerische Justizministerium am 11. November 1981, dass die Stadelheimer Guillotine inzwischen im Depot des Bayerischen Nationalmuseums steht (HSTA MJu 9208a Nr. 351). Er hat sein Wissen aber offensichtlich nicht bekannt gemacht.

382 Vgl. hier etwa „Viktors Kopf" von Carmen Eckhardt, Film (2016) und Radiofeature (2018).

383 Bayerisches Nationalmuseum am 30.05. 1974 an das Bayerische Staatsministerium der Justiz (Bayerisches Nationalmuseum, Dokumentation, Objektakte NN 2793).

384 Wartena.

385 Freundliche Mitteilung von Sybe Wartena (Bayerisches Nationalmuseum). Ein Obergestell fehlte natürlich beim Augsburger Bock, weil der Münchner Scharfrichter stets das Münchner Obergestell zum Einsatzort mitbrachte.

386 Waltenbacher 41 ff.

387 HSTA, MJu 13066.

388 Wartena; De Pasquale/Nagel 186; https://www.brandenburg-zuchthaus-sbg.de/hinrichtungsstaette/ (zuletzt abgerufen am 5.11.2022). Wer sich Farbfotos der heute in der Gedenkstätte Brandenburg-Görden ausgestellten Guillotine ansieht und sie mit aktuellen Bildern der Münchner Guillotine vergleicht, erkennt unschwer, dass sie – trotz einiger Umbauten – eindeutig aus der Hand von Johann Mannhardt stammt (De Pasquale/Nagel 11, 183).

389 Waltenbacher (26) vermutet ein Mannhardt-Fallbeil in Dresden. Das dürfte nicht zutreffen, weil Sachsen die Guillotine bereits vor Bayern einführte und über eine eigene Guillotine verfügte, für die in den darauffolgenden Jahrzehnten wohl kein Ersatz notwendig war.

390 Waltenbacher 35 und 37.

391 Schreiben von Johann Reichhart vom 10.8.1940 – an das Schreiben ist zwar der ablehnende Bescheid des Gefängnisdirektors geheftet, weil durch die Blende „das einwandfreie Arbeiten der Maschine gehemmt“ würde, de facto findet sich die Blende jedoch heute an der Guillotine (Archiv der JVA Stadelheim).

392 Die Pläne liegen heute im Bayerischen Hauptstaatsarchiv.

393 Informationen von Heribert Hohlheimer, der bis zu seinem Ruhestand in der JVA Amberg als Lehrer gearbeitet und Führungen durchgeführt hat, und von Johanna Rubenbauer (JVA Bayreuth).

394 Zapf 44; schriftliche Mitteilung von Angestellten der JVA Amberg. Den Hinweis auf die Existenz des Amberger Bocks verdanke ich Gerald Stelzer vom Hotel Fronfeste in Amberg.

395 Informationen aus Interviews mit Sybe Wartena (Bayerisches Nationalmuseum).

396 Im BR-Interview erzählte Sybe Wartena im Jahr 2013, dass der Depotwart bei Wartenas Dienstantritt 2012 auf den Fallbeilrahmen gezeigt und gesagt habe: „Und das ist die Guillotine, von der es heißt, es sei die der Geschwister Scholl.“

397 Interview 2021 in der 11. Klasse des Willi-Graf-Gymnasiums in München.

398 Zu erwähnen sind hier etwa die Gedenkstätten Plötzensee in Berlin, Roter Ochse in Halle (Saale), Münchner Platz in Dresden oder Zuchthaus Brandenburg-Görden.

399 Vgl. auch Drasch 2004, 35 und 2010, 2 und 50; Dachs, Reichhart 140; http://kirchenundkapellen.de/kirchen/dahkarmel.php (zuletzt abgerufen am 25.4.2022).

400 Vgl. auch Drasch 2010, 49.

401 Behrens; De Pasquale /Nagel; Wartena.

402 Frech, Siegfried und Richter, Dagmar (Hg.): Der Beutelsbacher Konsens. Schwalbach 2017, 11 f.

403 Trebbin 2021; in den Interviews für diese Sendung haben die Sprecher der Familien der hingerichteten Mitglieder der Weißen Rose ihre Positionen wie folgt erläutert: *Wolfgang Huber*, der Sohn von Prof. Kurt Huber, sagte, er würde die Guillotine selbst nicht sehen wollen und brauche sie auch nicht für seine Erinnerung; er halte es aber für richtig, sie für die Öffentlichkeit zugänglich zu machen; *Jörg Hartnagel*, der Neffe von Hans und Sophie Scholl, fände es sinnvoll, mit einer Ausstellung einen Ort zu schaffen, an dem Menschen sich mit dem NS-Unrecht auseinandersetzen könnten und dabei auch dieses Mordinstrument zu sehen bekämen – vorausgesetzt, die Ausstellung setze nicht auf Grusel und Sensation, sondern auf die Aufklärung des historischen Kontextes; er selbst würde sich den Anblick zwar lieber ersparen, aber ihm sei klar, dass eine etwaige Ausstellung nicht für ihn gemacht würde; *Markus Schmorell*, der Neffe von Alexander Schmorell war ursprünglich gegen eine Ausstellung der Guillotine, hat inzwischen aber nichts mehr dagegen einzuwenden, weil ihr Anblick jungen Menschen helfen könne, die Unerhörtheit der tausendfachen Todesurteile im NS-Staat zu begreifen; *Joachim Baez*, der Neffe von Willi Graf, forderte sogar eine öffentlich sichtbare Guillotine, weil es die Verpflichtung der Gesellschaft sei, das NS-Unrecht zu schildern und dabei auch das Fallschwert zu zeigen; zur Familie von Christoph Probst habe ich trotz mehrerer Versuche keinen Kontakt herstellen können; die Vorsitzende der Weiße Rose Stiftung e.V., Dr. Hildegard Kronawitter, hat sich mehrfach für eine Ausstellung der Guillotine ausgesprochen.